- 国家自然科学基金"研究型大学创业与科学能力集成发展研究"（项目编号：71273232）
- 国家社科基金"高校创业教育教师的创业能力提升机制研究"（项目编号：CIA150201）
- 浙江省哲学社会科学后期资助"大学学科组织的学术创业力研究"（项目编号：15HQZZ008）

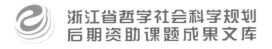

浙江省哲学社会科学规划
后期资助课题成果文库

大学学科组织的学术创业力研究

Daxue Xueke Zuzhide Xueshu Chuangyeli Yanjiu

黄扬杰　著

中国社会科学出版社

图书在版编目(CIP)数据

大学学科组织的学术创业力研究 / 黄扬杰著 . —北京：中国社会科学出版社，2016.12

ISBN 978 - 7 - 5161 - 9575 - 8

Ⅰ.①大⋯　Ⅱ.①黄⋯　Ⅲ.①高等学校 - 学术研究　Ⅳ.①G644

中国版本图书馆 CIP 数据核字(2016)第 316087 号

出 版 人	赵剑英
责任编辑	赵　丽
责任校对	张依婧
责任印制	王　超

出　　　版	中国社会科学出版社
社　　　址	北京鼓楼西大街甲 158 号
邮　　　编	100720
网　　　址	http://www.csspw.cn
发 行 部	010 - 84083685
门 市 部	010 - 84029450
经　　　销	新华书店及其他书店

印　　　刷	北京君升印刷有限公司
装　　　订	廊坊市广阳区广增装订厂
版　　　次	2016 年 12 月第 1 版
印　　　次	2016 年 12 月第 1 次印刷

开　　　本	710×1000　1/16
印　　　张	17.5
插　　　页	2
字　　　数	286 千字
定　　　价	66.00 元

凡购买中国社会科学出版社图书，如有质量问题请与本社营销中心联系调换
电话：010 - 84083683

《创新创业教育研究丛书》总序

2002 年我曾经写过一篇短文"高等学校要向学生进行创业教育",是基于我自 1999 年高等学校扩大招生以后大学毕业生就业困难而发出的倡议,想说明社会不仅要给大学毕业生提供就业的机会,大学应该教育学生具备自己创业的意识和技能。2009 年我到温州参加他们创业教育的课题结题鉴定会,实地参观了他们的创业园,看到学生开的各种公司、创造的产品、经营的状况,感到非常兴奋。今年又一次访问温州,再一次来到他们的创业园,发现他们的创业园不仅规模扩大了,而且在理念上有了更新,从理论和实践上又上了一个台阶。黄兆信教授详细介绍了他们的研究成果和对创业教育的理念,回到北京,又在《新华文摘》上读到转载的黄兆信①老师的文章,更加感到温州高校对大学生的创业教育有很深入的研究。

用什么理念来对大学生进行创业教育?是简单地给学生讲授一些创业的知识,还是给学生提供创业的条件,让学生去尝试、体验,毕业以后能够自己创业?黄兆信教授认为,不是那么简单。他认为,"创业是自我实现与自我超越的行为。"因此,"大学教育的目的不仅是传授给学生必要的专业知识和专业技能,更重要的是使大学生更深刻地理解他们所掌握的知识和技能来改变这个世界去实现自我价值的同时为社会的发展作出贡献。"我非常同意他的观点,而且受到启发。创业教育不是大学附加的课程,而是大学本质应有之义。大学的本质是求真育人。求真就是追求科学的真理,创造新的知识和思维方式;育人就是培养具有服务国家服务人民的社会责任感、勇于探索的创新精神和善于解决问题的实践能力的人才。

---

① 黄兆信,温州医科大学创新创业教育学院院长,《创新创业教育研究丛书》主编。

这样的人才就是创业的人才，他在创业中就能实现自我价值和不断地自我超越。

要培养这样的人才，大学教育要改变人才培养模式，深入教育教学改革。在传授知识和技能的过程中，重视创新思维、批判思维的培养。让学生认识到专业知识和技能的社会价值，认识到自身的价值。同时让学生去实践创业。学生创业园的建设就是很好的学生创业平台。学生在创业园中不仅学习到经营产品的技能，而且培养自我创新的意识和管理企业的能力。是一种全方位的体现。

黄兆信教授带领的团队通过十多年的研究和实践，总结了一套《创新创业教育研究》丛书。我虽然未能全部阅读洋洋数十万字的全书，但经过这次在温州与他的交谈，已经感受到他的创业教育的深刻思想和他对创业教育的情怀。因此兴然为他的丛书写这几句话。

2013 年 11 月 30 日

序 一

李克强总理提出大众创业、万众创新是中国经济新的发动机。随着科技、教育和产业间需要越来越多更深层次和更有效率的互动，创业型大学、学术创业等继而成为重要的研究主题。创业型大学的诞生和发展，是20世纪末以来世界高等教育领域出现的新趋势，基于伯顿·克拉克的创业转型五要素和基于亨利·埃茨科维茨的三螺旋理论是创业型大学研究的两大主线，笔者分别称之为"变革式"和"引领式"。2013年笔者主持的国家自然科学基金"研究型大学创业与科学能力集成发展研究"开始在这方面进行系统的探索。而学科是大学的基本元素，一流的大学，首先是因为有一流的学科。笔者曾将学科组织定义为：根据科学技术发展的需要，由战略、结构、文化、人员、流程和物质技术所构成的大学的基本元素，是大学科研、教学和社会服务的基本组织单元。并提出学科组织的核心能力来自卓越的学科知识创造能力、先进的学科组织文化和高效的学科组织结构。但总的来说，目前国内外对大学学科组织该如何向知识创业型组织转型的相关研究还较缺乏。

在此背景下，弟子黄扬杰博士的《大学学科组织学术创业力》一书基于学科组织层次提出了学术创业力的概念，并借鉴知识管理理论、组织能力理论和三螺旋理论，认为学科组织的学术创业力的四种构成能力中资源整合能力最关键，其次是学术支撑能力、机会探索能力和管理支持能力。并根据其实证调查，有针对性地提出了系统打造学科组织的学术创业力对策，为协同创新、学术创业兴起、新知识生产模式背景下的学科建设提供了一种新思路。

该书思路开阔、观点新颖独特、理论适切、资料翔实，难能可贵的是为了构建学科组织学术创业力模型：

首先，黄扬杰博士查阅了大量的国内外文献，这从其参考文献中可见一斑，并运用知识图谱软件对 1979—2012 年的 666 篇文献进行了可视化展示，绘制了首张学术创业的知识图谱，有助于其快速便捷地把握研究现状，同时对该领域关键点、经典文献作了简要说明，为后续分析提供了直接、客观的切入点。

其次，该书花费了大量的时间进行问卷调查、访谈，由于调研对象多数是高层次人才，问卷总体调研质量较高，结果可信度强。该书对国外一流大学斯坦福、ASU、TUM 等的学科组织打造学术创业力案例研究也颇具启示。

再次，该书的每一点结论都是基于实证分析的结果，结合了多种研究方法，保证了学术研究的科学性、严肃性，该书提出的五点对策：更新理念，明确定位，系统打造 RAOS；对接产业，基于问题，加速学科整合；人才为本，树立楷模，凝聚团队合力；政策引导，把握差异，分层分类推进；搭建平台，注重参与，激发创业激情。不少观点亦是作者首次并创新性提出的，颇具借鉴价值。

当然，学科组织的学术创业力研究是复杂且庞大的课题，由于时间、空间等因素的限制，使得该研究难免有不少不足之处。期望徒弟能以此作为一个新起点，在创业型大学、创业教育、学科建设等研究领域有更多作为。

浙江大学党委常务副书记　邹晓东

2015 年 9 月

序　二

在中国经济发展新常态下，创业型大学的兴起适应了我国经济发展的新要求，也适应了国际高等教育发展的趋势。创业型大学是在竞争性市场上获取资源的，这就对创业型大学知识生产的效率提出了更高的要求。因为，市场在配置资源的过程中，总是使资源流向效率最高的部门。创业型大学必须适应这样一种竞争性的机制，变革自身的学术运行系统。而作为大学最基本的运行单元和最基层的学术组织单位的学科该如何转型为知识创业型组织的研究不仅具有较高的理论价值，更具有重要的现实意义。

一提到学科，人们会浮现"教学科目""知识门类""科学分支"等字眼，而现代大学的学科建设其实有两种内涵，其一是作为一门门的学科在知识上的增进；其二是作为不同学科要素构成的组织的建设，即作为知识劳动组织的学科建设。2009年我的著作《大学变革的逻辑（上下册）》，上篇为"学科组织化及其成长"，下篇为"学科制构建：公共治理的视角"，提出了基于学科，重构大学的逻辑。之后又探讨了创业型大学如何基于学科组织，来激活学术心脏地带。当时黄扬杰博士，张鹏、杨奕、黄一岚等几位师兄妹参与其中，就大学学科组织进行大量的问卷调查和访谈研究，就学科组织的生命周期展开了系统的研究。

在多年学术积累和持续努力的基础上，黄扬杰博士的《大学学科组织的学术创业力研究》一书以协同创新要求学科组织转变发展方式、创业型大学的本土化亟须理论指导、学科组织传统的知识生产模式面临挑战为研究背景，以大学学科组织为研究对象，围绕三个研究问题，得出学科组织的学术创业力包括资源整合能力、学术支撑能力、机会探索能力和管理支持能力。再通过多元回归实证，得出学科组织要提升绩效，资源整合能力最关键。这对促进学科组织更好地服务经济社会发展、推动创业型大学的本土化进程、优化学科建设的机制体制有着重要的理论和现实意义。

该书的研究视角独特新颖,从学科组织层次切入,对我国大学学科建设新思路有很强的针对性;在研究方法上,综合了定量和定性实证,不仅有花费一年多的时间对院士、国家杰青等高层次人才的问卷,亦有国外一流大学的案例,研究结论亦有实证支持,使得该书的一些观点顺理成章、令人信服;该书的理论、文献综述丰富翔实,知识图谱直观可视,梳理脉络清晰,体现了作者扎实的理论功底和潜心追求学问的精神,值得高度肯定。

在弟子黄扬杰博士的著作付梓之际,赠其新南威尔士大学校长 J. 尼兰德之语:"在任何一个特别的时刻,我们都必须及时提醒我们这些在大学里的人,我们在这里所做的一切——就是保证能给后人留下一个比我们所继承的大学更富有、更美好的大学。"期望他能仰望星空、脚踏实地,有更多研究成果问世,也推荐广大教育研究或管理者阅读此书。

浙江农林大学党委书记　宣勇

2015 年 9 月

目　　录

第一章

绪　论

第一节　研究背景

一　协同创新要求学科组织转变发展方式

在建设创新型国家的背景下，科学、技术、经济和教育之间的协同创新日趋重要。胡锦涛总书记在庆祝清华大学建校 100 周年大会上指出我国高校特别是研究型大学要在"积极提升原始创新、集成创新和引进消化吸收再创新能力"的同时，同科研机构、企业开展深度合作，"积极推动协同创新"。随后，教育部"2011 计划"亦提出要充分发挥高等教育作为科技第一生产力和人才第一资源重要结合点的独特作用，在国家创新发展中做出更大的贡献，并提出了"1148"的整体思路。

我国大学知识产出总量极为庞大，以课题、发明、专利等形式呈现出来，但知识的转化率却很低，如何郁冰（2012）所言我国科技与经济"两张皮"现象仍然突出：一方面是企业的核心技术能力还不强，未形成创新驱动的发展模式。另一方面是"R&D 边际化"，大学和科研机构的科技成果转化率长期偏低，未能有效支撑经济发展。每年省部级以上科技成果转化率仅为 25% 左右，真正能实现产业化的不足 5%。张平（2011）也指出我国高校专利转化存在：与市场脱节、维持年限不高、科研导向不明、激励不足、专利投入产出过低等问题。李忠云（2011）同时指出当前高校存在缺乏领袖，不愿协同；利益失调，不想协同；思想各异，不好协同；条块分割，难以协同等问题。张力（2011）指出协同创新既是国家战略的顶层设计，也是多方联合行动的系统工程，尤其需要深入整合产、学、研各方及社会其他方面资源，在引导外部需求和刺激内生动力之间实现平衡，不断营造有利于协同创新健康发展的政策环境和社会氛围。

可见，协同创新既需要宏观层面的整合与协作，也需微观层面的联动。而大学功能的实现以及如何在协同创新中发挥作用，落脚点在学科组织上，如郭贵春（2011）提出了新形势下学科建设的十个转向。因此新形势下，需多关注微观的学科组织层面，尤其是在协同创新背景下，学科组织如何转型的问题。

二 创业型大学的本土化亟须理论指导

当前，我国大学发展趋同化明显，研究导向、科研成果至上现象妨碍了大学系统的多元分工和有序协同（吴伟、邹晓东等，2012）。与此同时，创业型大学的浪潮已逐渐席卷全球，基于伯顿·克拉克的转型五要素"强有力的驾驭核心、拓宽的发展外围、多元化的资助基地、激活的学术心脏地带和整合的创业文化"和基于亨利·埃茨科维茨的三螺旋理论的是两大研究主线，并为我们提供了两种不同类型的创业型大学发展视角。大学和学科是互动的，进一步而言，我国大学学科组织该如何转型，如何提升其学术创业绩效却还较少有文献研究，缺乏理论支撑。现有的文献多集中在案例介绍：如美国的经典榜样 MIT（陈霞玲、马陆亭，2012；崔连震，2009；涂秀珍，2011）、斯坦福大学（顾征、李文，2011；李莉莉，2009；梁传杰，2010；刘林青、施冠群等，2009）、创业新贵如亚利桑那州立大学（黄扬杰、邹晓东，2011）、史蒂文斯理工学院（石变梅、陈劲，2011），欧洲的沃里克大学（刘叶，2010）、慕尼黑工大（吴伟、邹晓东，2010）等，以及来自澳大利亚（安文旭，2011）、新加坡（燕凌、洪成文，2007）、印度（阿莎·古达，2007）等的创业变革。但是创业是大学跨越发展的催化剂已达成普遍共识。

另一方面，一些美国（州立）大学的发展已呈现多样化的态势，以创业型大学为基础的"新美国大学""参与型大学""AE 三角"等新概念也已不断冒出并被实践，显示了极强的竞争力，我国差距明显，现有的研究还都是偏定性，缺乏系统和经定量实证检验的学术创业框架体系，亟须相关的理论探索。

国内一些大学如福州大学、南京工业大学、浙江农林大学等也均提出要注重学术创业，但创业型大学的本土化进程任重道远，远未落实到实践层面。如上所述，现有的研究多是针对国外大学相关案例的介绍与探讨，正如（张应强，2011）所说下一步应该进入院校研究的高级阶段——"做中国的院校研究"、实现"中国化"改造。大学和学科是互动的，学科是大学发挥四大职能的基础与平台，是学校的根本性建设，也是衡量一所大学办学水平的重要标志，因此以学科组织为出发点，探讨并归纳其学术创业能力的构成要素和提升机制有较强的现实指导意义，也更有助于揭示其复杂性和矛盾性（Tuunainen & Knuuttila，2009）。

三 学科组织传统的知识生产模式面临挑战

经过自20世纪90年代来的体制调整和重点建设，我国大部分高校完成了阶段性的学科布局调整，学科结构规模基本确定，今后5—10年成为大力提高学科建设质量、培育学科特色、形成学科优势、促进学科发展的关键阶段，这个阶段除了继续加大人、财、物等资源投入，尤其还需要重视的是学科特色与优势、制度与文化等深层次的问题（韩文瑜、梅士伟，2011）。

迈克尔·吉本斯（2011）提出知识生产模式变化的新观点，即：传统的知识生产模式1是指基于牛顿模式科学研究，以单学科研究为主，而知识生产模式2是指在应用环境中，利用交叉学科研究的方法，更加强调研究结果的绩效和社会作用的知识生产模式。但他也指出模式1乃模式2的"深井"——为之提供源源不断的知识，虽模式2有合并模式1的可能，但两者将会共存。王建华（2011）亦指出在西方国家跨学科研究已渐入佳境，但我国大学还是不可能跳过学科组织化这一环节，因为在我国大学里学科制度化和组织化进程尚未全部完成。因为跨学科不是目的，而是解决复杂问题促进科学创新的途径（张炜、邹晓东，2011）。而且学科和跨学科有着内在统一型，科学的分化与整合也并不互相排斥，而是相互交织、互为补充、彼此转化的（王媛媛，2010）。斯坦福大学在建设创业型大学的过程中亦是学科组织和跨学科共存发展的（Eesley & Miller，2012）。

而且，从科技政策角度看，由于高科技各个领域的研究开发活动大都集聚于新巴斯德象限上，因此应该将科学理论背景的应用研究和面向应用的基础研究并重，优先发展技术科学以反哺基础科学理论和大力推进以技术科学为基础的自主技术创新的政策范式（刘则渊、陈悦，2007）。

因此，传统的学科建设将由单学科的注重知识生产能力演进为跨学科的注重知识生产的结果绩效和社会作用，并相互共存。换言之，这种新模式要求学科从科学范式走向学术和创业集成范式，即在注重学术能力的同时亦要

建设创业能力，也就是学术和创业集成的学术创业力的建设。李克敏
（2012）曾调研发现我国产、学、研合作形成学科特色与优势存在着以下三
个问题：我国产业化的学科多集中于某些优势的技术学科，学科辐射力不
够；产、学、研合作的模式单一且受到体制机制的约束问题，制约了开发潜
力，从而影响学科反哺；我国产、学、研合作起步较晚，学科反哺能力不
强，应加快产、学、研合作的水平提升。这亦是本书从学科组织视角切入，
研究其组织共性上学术创业力的构成要素及作用机制的价值所在。

第二节　研究意义

一　促进学科组织更好地服务经济社会发展

协同创新对大学的战略管理能力提出了更高的要求，针对面临的机遇
和挑战、优势和劣势大学必须主动做好定位，采取有效行动去实现目标。
而其中一个较好的策略就是大学依托自身的优势或特色学科，选择差异化
竞争策略，这是大学争取和获得各种资源的前提，也是实现跨越式发展的
根本。如美国史蒂文斯理工学院（SIT）在其学术创业理念（战略）的影
响下，虽然学校规模不大，学科门类也较少，但是教师和学生都有着强烈
的创业意图，以此为目标整合相应的资源，突出重点，学术创业成果显
著，很好地促进了经济社会发展，并与教学和科研形成良性循环，学校水
平提升很快（石变梅、陈劲，2011）。

复旦大学的学科办主任刘承功认为学科壁垒和"碎片化"现象会削
弱学科整合能力和竞争力，而协同创新一定会推动大学更加主动地根据经
济社会发展要求谋划学科布局和发展战略；一定会促进学科交叉和整合；
一定会促进改革学科的发展体制机制，尤其是评价考核机制。2013 年 2
月，教育部学位与研究生教育发展中心网站公布了我国 2012 年学科评估
结果，这次评估在教育部"提高高等教育质量三十条""2011 协同创新计
划"和"研究生教育综合改革"等有关精神文件的指导下，进行了五大
措施的改革，改革突出质量，尤其强调了学科的社会服务能力。本书所研
究的对象是学科组织，针对性强，通过对国内创业成效比较显著的院校，
以及一些国家重点学科或省重点学科的调研统计分析，总结其经验措施，
有利于其他学科组织更新发展战略，更好、更主动地服务经济社会发展。

二　推动创业型大学的本土化进程

在我国，创业型大学远未落到实处，也没严格意义上的创业型大学。但是一些学科组织学术创业成效已显著。学术创业（AE）与创业型大学（EU）既有联系又有区别。埃兹科维茨认为 EU 是经常得到政府政策鼓励的大学，其构成人员从知识中获取资金的兴趣使得学术机构的精神在实质上更接近公司，而公司对知识的兴趣总是与经济应用紧密相连。伯顿·克拉克认为 EU 是凭它自己的力量，如何在它的事业中创新，并寻求在组织特性上有实质性的转变，以便为将来获得更好的发展态势（伯顿·克拉克、王承绪译，2003）。王雁认为 EU 是具有"企业家精神"的研究型大学，其三大功能即教学、研究和创业是三位一体的完整体系。邹晓东（2011）等通过对创业型大学的两种不同研究路径的分析，提出了变革式和引领式两种不同内涵。

可见创业型大学的概念比学术创业更宽泛，包含了学术创业。如 Kirby & Urbano et al.（2011）认为创业型大学的概念比学术创业和技术转移的概念都要广，因为创业型大学还包括组织结构、领导、控制系统、人力资源和组织文化等一系列特征。Brennan & McGowan（2006）认为学术创业的过程和活动既是嵌在大学系统内部的，又与大学外部有密切的联系。因此，只有在大学全校大范围实行学术创业的大学才能称之为创业型大学，而大学的创业水平高低也可以通过学术创业的层次或范围来衡量和比较。学科建设在我国大学发展中有着特殊的地位和意义，创业型大学亦必定是从一两个强势学科转型并不断拓展而来，因此本书基于学科组织视角，更符合我国大学现状和实际情况，也有更多的样本供研究的进一步开展，而不是仅仅停留在理论或简单的案例介绍上。

浙江农林大学党委书记宣勇认为，创业型大学是在竞争性市场上获取资源的，这就对创业型大学知识生产的效率提出更高的要求。因为，市场在配置资源的过程中，总是使资源流向效率最高的部门。因此，创业型大学必须适应这样一种竞争性的机制，变革自身的学术运行系统。而宣勇（2009）又指出现代大学的学科建设有两种内涵，其一是作为一门门的学科在知识上的增进；其二是作为不同学科要素构成的组织的建设，即作为知识劳动组织的学科建设。大学学科建设实质上包括两个方面，一是完善学科知识体系，二是提升学科组织在知识生产中的能力。大学学科建设应以提升学科组织的知识生产能力为根本目的。可见，创业型大学的学科建设既要提升效率又要提升效能，本书有利于推动创业型大学的本土化进程。

2015 年 5 月国务院办公厅印发《关于深化高等学校创新创业教育改革的实施意见》（以下简称《意见》），全面部署深化高校创新创业教育改革工作。《意见》指出，深化高等学校创新创业教育改革，是国家实施创新驱动发展战略、促进经济提质增效升级的迫切需要，是推进高等教育综合改革、促进高校毕业生更高质量创业就业的重要举措。《意见》明确，要重点抓好九个方面的任务：一是完善人才培养质量标准。二是创新人才培养机制。三是健全创新创业教育课程体系。四是改革教学方法和考核方式。五是强化创新创业实践。六是改革教学和学籍管理制度。七是加强教师创新创业教育教学能力建设。八是改进学生创业指导服务。九是完善创新创业资金支持和政策保障体系。作为承担大学科学研究、人才培养、社会服务和创业的大学基层学术组织，其学术创业力的相关研究势必对大学创业教育的落实有重要推动作用。

三　优化学科建设的机制体制

以往，在大学内部，往往由于学科划分过细，导致学院和机构臃肿、数目庞大、边界分明，而在新知识生产模式下，必定会引起学科组织边界淡化、跨学科、学科结构重组等重大变革。而且以往的学科评价机制多关注的是量化的指标，强调的亦是个体，而忽视组织或团队的作用，亦正如教育部 2012 年学科评估的改革方向所指，未来的学科评价必将"强调质量，淡化规模，强调学科的社会服务能力"等。

牛顿第一定律表明没有外力推动的组织将保持停滞状态，第二定律则表明外力的大小决定了物体运动的加速度。正如美国亚利桑那州立大学（ASU）校长 Michael M. Crow 所说："无处不在的组织惯性比学院稳定增长的专业化知识更加明显，我们也必须非常警惕组织抵抗变革的惯性，而这种惯性无疑会给他们带来灭亡。"在 Crow 的领导下，美国 ASU 围绕如何借助"创业"这个外力进行了全校范围"学科重组""定制式"的动态整合等一系列基于所有学科的全校范围的制度变革，大步迈向了创业型大学（黄扬杰、邹晓东，2013）。

本书在研究对象的选择上究竟是"学科组织"还是"跨学科组织"，

导师课题组成员曾经多次讨论，后一致认为以"学科组织"为研究对象，因为更符合我国的实际，而以"跨学科"作为重要的影响因素，因为跨学科是手段，学科组织成长是本。学科组织的学术创业力的构成及作用绩效模型研究，势必要求学科组织在制度层面有相应的变革，因此对新形势下学科建设机制体制的改革有着理论和现实意义。

第三节　问题的提出

一　本书拟解决的问题

学科建设是大学发展的龙头，一流的大学，首先是因为有一流的学科。随着创业型大学的日渐兴起，克拉克的创业型大学的转型五要素耳熟能详，但与大学相对应的学科组织该如何转型却较少有文献具体涉及。本书所指学科组织是指"作为不同学科要素构成的组织的建设"（宣勇，2009），是根据科学技术发展的需要，由战略、结构、文化、人员、流程和物质技术等所构成的大学的基本元素，是大学科研、教学和社会服务、学术创业的基本组织单元（邹晓东，2003）。本书将结合访谈、问卷分析、案例比较、方差分析、多元回归实证，为协同创新、学术创业兴起、新知识生产模式背景下的从学术创业能力这个独特的视角为学科建设提供一种新思路。因此，本书拟解决的问题如下：

问题1：学科组织学术创业能力的概念是什么？

问题2：作为Y的学科组织学术创业（能）力的构成要素是什么？即如何打造学科组织的学术创业力？

问题3：作为X的学科组织学术创业力的作用于绩效的模型是什么？即学术创业力和学术创业绩效的关系如何？以及不同变量下的学术创业能力的差异分析。

二　本书的主要研究内容

与上述三个问题相对应，因此本书的主要研究内容如下：

1. 基本概念和特征研究

学科有知识性和组织性两种属性，学科组织的概念是什么。学术创业和技术转移、衍生企业以及创业型大学等概念又有何联系和区别，作为组织能力的学术创业力内涵究竟是什么。学术创业又有哪些典型特征，这些概念的界定是本书的基石。

2. 文献述评与理论基础的分析

对学科组织，基于国内相关学者在核心高等教育期刊上的文献（时间为 2006—2012 年，主题 = 学科建设 或者 主题 = 学科组织），并通过定性内容分析法，归纳概括相关学者在新形势下对"作为不同学科要素构成的组织的建设"该如何构建的研究成果。按关于学科概念和评价、不同要素的学科组织的建设、不同类型高校的学科建设经验的相关研究三大类进行分类辨析。由于学科建设主要是组织建设，对学术创业，则运用知识图谱分析，结合国外主要的文献，对学术创业的概念、特征及绩效的影响因素进行解析。同时阐述知识管理理论、组织能力理论（组织二元）和三螺旋理论的最新研究进展，本书的研究有助于为后续构成要素的鉴定提供基础。

3. 学科组织学术创业绩效的评价

国际上学者较常见的做法，是用组织绩效直接测量。但如 Mars（2010）的研究结论指出，学术创业绩效评价要考虑价值创造，尤其是有形价值和无形价值、长期绩效和短期绩效的综合评价，因此本书对学科组织学术创业绩效的评价主要采用李克特量表 7 级打分法，而选用的主观评价指标主要包括学科组织有形的产出（出版物、专利等）和无形的产出（对培养学生创业能力、对学科建设的反哺贡献、社会声誉等）指标，并将结合访谈、案例研究进一步实证优化，这亦是本书可能的创新之处。

4. 国外一流大学学术创业的案例研究和国内的访谈研究

包括对国外较典型的案例：美国的斯坦福和 ASU；欧洲的慕尼黑工业大学的"面向未来技术的学科"和英国帝国理工（IC）的相关措施，从大学如何打造学科组织学术创业力的视角进行剖析和比较。对国内做得较好的院系、学科及其相关管理部门，进行访谈调查，为归纳学科组织学术创业能力的构成要素奠定基础。

5. 学科组织学术创业能力的构成要素

个体、团队、学科组织、学校等不同层次都有学术创业力，都有各自不同的构成要素，有共性亦有差异，因此本书将基于国内外文献，结合相关理论，作系统详尽的分层梳理，搭建学科组织学术创业的构成要素框架体系，并经探索性因子分析实证优化。这对后续分析学科组织学术创业力作用于绩效的模型研究是关键工作。

6. 学科组织学术创业力作用于绩效的模型实证研究

综合上述研究成果，学科组织要提升学术创业绩效，以学科规模、学科重点级别（国家重点、省校重点）、学科分类为控制变量，以有形和无形产出作为学术创业绩效的测量维度（因变量），以学术创业能力的构成要素为自变量，运用多元回归模型，进行学科组织学术创业力作用机制的定量实证探究，最后，基于上述研究，提出相应的策略。

第四节　研究方法

1. 知识图谱

采用 Citespace 软件进行知识图谱可视化的绘制，展示"学术创业"主题的文献信息，在一定程度上可反映学术创业研究的实践概貌。CiteSpace 是美国 Drexel 大学陈超美教授开发编写的，是近几年来在美国的信息分析中最具特色及影响力的可视化信息软件，可以帮助学者分析知识领域中的研究现状及新趋势，主要包括分析某一领域研究前沿、知识基础和关键的知识点等（陈超美，2009）。

2. 内容分析

内容分析是一种系统设计的方法，用来突出或捕捉口语和书面文字中所隐藏的内容（Krippendorff，2004）。在高等教育相关主题研究中也经常运用（Donaldson & Townsend，2007；Hartley & Morphew，2008）。课题在系统梳理知识管理理论、组织能力理论、三螺旋理论、学科建设理论、学术创业理论的基础上，着重对"学科建设"进行定性内容分析。而在对学科组织学术创业半结构访谈问卷数据处理的时候将采用定量的内容分析方法。

3. 案例研究

对于"为什么"和"怎么样"的问题，运用案例研究方法能给出较为满意的回答，因为从某种抽象的意义而言，方法论研究的是一条思考理据的道路，从本质上说更是一条探索关于实践与思维的重大问题的必由之路，案例研究方法作为方法论研究的一种，它的诞生和运用标志着人们对社会实践和人类思维认识的一种不可避免的、合乎逻辑的发展，因此，案例研究采用"分析性概括"，而非"统计性概括"的方法（Yin，2003）。本书将对案例研究进行复合应用，且将单案例历史分析和多案例的比较相结合，因为从多角度客观地剖析案例，能得到更有价值的结论。主要通过以下途径获得信息：浏览官网材料、年度发展报告、分析二手文献等。

4. 访谈调查

本书同时还会对有关大学、学科进行深入的半结构化访谈。访谈问卷围绕本书主要问题，设计如下：①"您认为当前形势下学科建设该怎么建？"②"请简要谈谈您参与（或管理）的学术创业（或产学合作）的经历和经验。"③"您认为应当如何评价学科组织学术创业绩效的问题？"④"您认为提升学科（组织）创业（绩效）关键有哪些问题？"访谈获得的资料采用如上所述的定量式内容分析法。

5. 问卷调查

在上述工作完成的基础上，本书将设计学科组织学术创业力的李克特量表问卷。问卷先小规模试调查，经修正和完善后，问卷大规模调查对象为985、211、2011计划学校以及几所致力于创业型大学建设高校的高层次人才、国家或省重点学科带头人、王牌学院院长、大学的高级管理者、一线创业经历的教师等。问卷的发放将以网络在线调查为主。问卷分析以探索性因子分析、多元回归、方差分析为主，主要软件为SPSS20.0。

6. 文献梳理

这亦是最基本的方法。围绕本书题目的关键词"学科组织""学术创业力"，按照"关键词树"不断衍生新关键词分支，如"创业型大学""知识管理""技术转移""组织能力"等，综合分析国内外期刊、著作、报告、课题等资料，并系统梳理和评述。

第五节　课题技术路线与结构

一　本书的技术路线

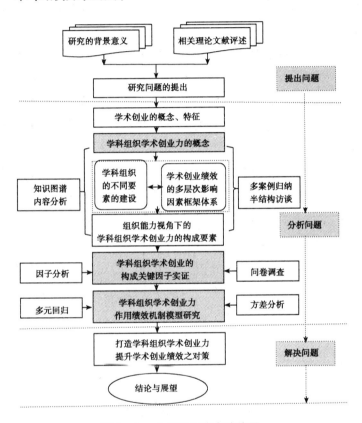

图1-1　本书研究技术路线图

二　本书的结构

第一章　绪论。主要包括研究背景、研究意义、研究问题、研究方法和预期的创新点等。

第二章　文献综述和理论基础。围绕关键词"学科组织"和"学术创业"，运用内容分析法和知识图谱进行文献综述，同时梳理知识管理理论、组织（能力、二元性）理论、三螺旋理论的主要思想和发展及对研究的贡献。

第三章　学科组织学术创业力解析及构成要素识别。定义学科组织学术创业力的概念，分析其特征，以及其构成维度。先分析不同层次（国家、大学、组织、团体、个人）学术创业的影响因素，用中观理论整合在学科组织层次，再结合第二章"学科组织不同要素的建设"的相关结论，融合访谈、问卷调查等方法，通过探索性因子分析识别学科组织学术创业力的公共因子。

第四章　国外一流大学打造学科组织学术创业力的案例研究。以第三章构建的学术创业力构成四维度为理论框架，分析美国斯坦福大学、美国亚利桑那州立大学、英国帝国理工学院和德国慕尼黑工大，进行案例复合分析，充实学术创业力四维度理论框架，为该能力的打造和学术创业绩效的提升提供启示。

第五章　学科组织学术创业力作用于绩效的模型研究。基于第二、第三、第四章的内容，尤其是在学术创业力公共因子辨析清楚的基础上，通过问卷调查数据的多元回归分析，实证其作用绩效的机制模型。

第六章　打造学科组织学术创业力，促进绩效提升之对策。根据前五章的研究，结合定性和定量的分析，提出相应的对策，如像伯顿·克拉克的转型五要素耳熟能详那样，本书的预期目标也会提出我国大学学科组织适用的关键转型要素或理论模型，以期推动创业型大学的本土化进程。

第七章　结论与展望。分析本书的主要结论和不足之处，并为未来研究提供展望。

第六节　预期创新点

创新点一：大学学科组织学术创业力解析。本书对学术创业力概念的提出和界定，以及基于学科组织层次分析其学术创业力的构成要素是可能的创新点，这些要素不是简单的罗列，而是充分结合了文献研究、案例剖析、理论推演、实证检验多种方式。

创新点二：大学学科组织学术创业力作用绩效机制模型方面。本书拟结合组织二元性理论、知识管理和三螺旋等相关理论，先用因子分析法探寻学科组织学术创业力的构成因子，实行降维，再根据学术创业绩效的主观评价指标，分析学术创业能力与绩效的关系，探寻学科组织学术创业力系统的作用机制，是可能的创新之处。

　　创新点三：研究方法和研究视角。本书融合知识图谱、内容分析、案例研究、访谈调查、问卷调查、多元回归、方差分析、因子分析等各种方法，定性和定量相结合，在研究方法上有一定创新。而研究视角上，从学科组织层次切入亦较新颖，对我国大学学科建设新思路有很强的针对性。

第二章

文献综述与理论基础

第一节　学科组织研究述评

一　学科、学科组织及发展趋势

学科是大学最基本的运行单元和最基层的学术组织单位，学科一词最初源自于印欧字根，希腊文中的 didasko（教）和拉丁文中的（di）disco（学）相同。古拉丁文中的 discipline 同时具有知识和权力之意（杨天平，2004）。英文亦沿袭了古拉丁文之意，因此现代语境中"学科"在牛津高级英汉词典中被认为是知识的分支；教学科目。宋代的孙光宪在《北梦琐言》卷二中称："咸通中，进士皮日休进书两通，其一请以《孟子》为学科"。其中的"学科"即指科举考试的学业科目，因此知识的分门别类与围绕各门知识所展开的规训方式则是学科的原初之意，也是基本之意（肖楠、杨连生，2010）。宣勇（2009）教授对"学科"的概念进行了系统的梳理①：在这些散见于不同研究领域的说法背后存在着某种必然的联系，根据出现时间及内涵相似性原则可将其分为以下几种：

1. 教学科目说。这类观点与学科的英文解释"subject of instruction"（即教学科目）② 有关，试图从学科与学校教育之间的关系出发，说明学科在学校教学中的作用，以辞海对学科的另一种解释为代表，认为学科是

---

① 参见宣勇《大学变革的逻辑》人民出版社 2009 年版（上册），首创了学科的双重形态说。

② 参见李振华等主编《最新牛津现代高级英汉双解词典》，山西人民出版社 1989 年版，第428 页。

"教学的科目，学校教学内容的基本单位"，或者说是为培养人才而设立的教学科目。

2. 创新活动说。这类观点倾向于动态理解人与知识创造之间的关系，以及在创造知识过程中人与人的关系，认为学科是一种社会活动，是关于知识的创新活动。有的学者用发生学的方法来考察学科，认为学科是一种创造活动，是一个集学科精神、学科风格、学科价值、学科内容、学科方法、学科模式、学科素质、学科优势于一身的统一体。

3. 知识门类说。这类观点希望说明学科与知识之间的关系，以现代汉语词典对学科的定义为代表，普遍认为学科是知识发展成熟的产物，是专门化的知识体系，是划分知识或学问的门类，或者说是"按照学问的性质而划分的门类"。具体而言，即认为学科是由专业人员以独有的领域为对象，按照专门的术语和方法建立起来的概念一致、体系严密、结论可靠的专门化知识体系。

4. 科学分支说。这类观点从学科与科学之间的关系出发，试图说明学科与科学的密切联系。以辞海对学科的一种解释为代表，认为学科是一定科学领域内的分支，如自然科学中的物理学、生物学，社会科学中的史学、教育学等。有学者从生产知识、学问研究的角度提出，学科就是指"学问的分支"，即科学的分支或知识的分门别类。

5. 双重形态说：双重形态说的提出源于宣勇（2002）对大学学科组织的讨论，提出学科也是一种在学术组织的基础上，进一步提出学科具有不同形态的存在方式，并从形态上把学科区分为知识形态的学科和组织形态的学科。认为学科在知识形态上的存在是"形而上"的，是关于知识或教学科目的分类；在组织形态上的存在是"形而下"的，语义上即指大学的基层学术组织，是大学组织的细胞。这一观点得到众多学者的支持，有学者根据自己对这一"说"的理解，提出把学科分为理论形态和实体形态的观点。

在"双重形态"提出之前，学者们在理论上探讨学科问题，视角似乎仅限于从学科与知识增长、知识分类的关系来解释学科概念的本意。但事实上，作为一种普遍认识，把学科看成是知识分类体系的一元性释义无法满足学科建设的实践要求。稍加留意，我们就可以观察到，近年来在我国的大学发展过程中，学科建设的重要性被提到了空前的高度，而学科建设必然涉及学科带头人和学术梯队的培养，研究方向的凝练，学术研究平台的搭建，学术交流和跨学科合作能力的提升等内容。学科的水平决定了大学的声誉已成为共识。在这里，学科已经不仅是从知识增长或者知识分类的角度加以描述的基于对经验和事实、形式和结构的抽象的"形而上"的学科了，而是一种基于动态的和社会活动过程的实体分析的"形而下"的学科。

前已述及，邹晓东（2003）将学科组织定义为：根据科学技术发展的需要，由战略、结构、文化、人员、流程和物质技术所构成的大学的基本元素，是大学科研、教学和社会服务的基本组织单元，邹晓东教授基于此定义而所著的博士学位论文《研究型大学学科组织创新研究》是该领域引用次数较高文献之一。据此，大学学科建设实质上包括两个方面，一是完善学科知识体系，二是提升学科组织在知识生产中的能力。而大学学科建设应以提升学科组织的知识生产能力为根本目的，他还提出了学科组织化循环往复的成长路径。宣勇教授还在其2009年所出版的《大学变革的逻辑（上下册）》，上篇为"学科组织化及其成长"，下篇为学"科制构建：公共治理的视角"，系统地提出了基于学科，重构大学的逻辑。并探讨了创业型大学如何基于学科组织，来激活学术心脏地带（宣勇、张鹏，2013）。综上，本书对学科组织的定义采用的是"作为不同学科要素构成的组织的建设"，这也是当前我国学科建设的实际所指。

宣勇提出"学科组织是以知识的发现、传播和应用为使命，以学者为主体，以知识信息和各类学术资源为支撑，依据知识的具体分类开展科学研究、人才培养及社会服务的大学基层学术组织"。对学科组织可以有以下理解：

一是大学学科组织在本质上是一种知识型组织，其一切活动都是围绕知识展开，知识既是学科组织活动的对象，也是学科组织活动的工具，还是学科组织活动的目的。

二是大学学科组织是由学者组成的组织，是学者从事知识劳动的地方，作为学科组织的主体，学者的特点决定组织的特点。

三是大学学科组织是大学的基层学术组织，它的任务就是完成大学分解在学科上的科学研究、人才培养和社会服务及创业三大功能，这三大功能决定了学科组织进行学术活动时的多重目标，也意味着大学对学科组织具有一定的权力。

按照狭义的理解，在外延上，只有对应教育部学位与研究生教育发展中心在学科、专业目录分类中二级学科建立的集科学研究、人才培养和社会服务为一体的大学基层学术组织才是大学学科组织。单纯以教学为目的的系、专业或者以研究项目为目的的研究所等学术组织都不是真正的学科组织。当然，如果从广义的角度来看，不但依据一定学科知识分类建立的传统意义上院、系、所、讲座可以被认为是学科组织，而且连各种跨越传统学科界限的教育和研究机构，以及各种学群和学术团体都可以被认为是学科组织。

自 20 世纪末以来，在国家政策的引导下，我国研究型大学基层学术组织急剧变革，以科技创新平台、国家实验室等为代表的大型基层学术组织和以创新科研团队为代表的小型基层学术组织成为改革的亮点和焦点（郑晓齐、王绽蕊，2009）。浙大王沛民、孔寒冰在《面向高新科技的大学学科改造》一书中，从学科组织创新的视角，提出了学科创新平台概念，并认为大学学科改造应该从厘清高等教育体系分类、开展学科和跨学科的研究、创新学科运作的模式和机制、塑造 21 世纪的学术新文化、改造急功近利的评价系统等几个方面入手（王沛民、孔寒冰，2005）。有学者指出大学学科组织形态的演变也出现如下趋势：第一，新形势下要其实现学术资源上的帕累托最优；第二，学科壁垒已经被打破；第三，基于问题取向的知识生产与应用必须以不同学科的思维方式完成学科组织的新构建（胡仁东，2011）。在知识生产模式 1 逐渐转变知识生产模式 2 的新形势下，学科组织在承担传统学术任务的同时要兼顾创业需求，原有的科学范式需要转变，即要打造学术创业力，这种战略选择有助于学科处于较好的竞争地位，获得大量资源，因为除了基本的学术（研究、教学）能力，学科组织还能够展示出创业能力来提出研究并发展其来进行应用。这对投资者或赞助者来说是有价值的，因为他们想看到的不仅是对新知识的发现，而且也要有真实的应用结果（黄扬杰、邹晓东，2011）。这亦是学科组织"靠山吃山、靠海吃海"的竞争策略。

二　学科组织的构成要素和功能

大学学科组织的构成有四大关键要素：学科使命、学者、学术信息和学术物质资料。四大学科要素形成有机的学科组织系统。在学科目标明确，要素匹配均衡的状态下，学科能够实现知识的集团创造功能，保证高效地持续产出新知识。

1. 学科使命

学科使命即规定学科组织从事何种学术活动，以及多大的活动边界范围。使命一词很明显带有方向性和目的性，把学科与使命一词连在一起，意味着人们倾向于按照某种既定目标和方向规定学科组织的发展。由于知识存在方式的特殊性，学科组织可以以一种虚拟的形式来集约所有符合其学科使命的资源的实体形态，并不像其他组织一样一定要以清晰的刚性结构来规范它的实体边界，也就是说，学科组织虽然是一个时空概念，却并不要求所有的组织要素均出席在当场，联系所有学科组织要素的唯一纽带是学科组织的使命。学科使命是形成学科组织的决定性因素。具体而言，学科使命的作用表现在三个方面：一是决定学科发展的方向，对学科组织的发展起目标指引作用；二是有效集约其他所有的学科要素，对学科组织形成结构起凝聚作用；三是提供学科发展的动力，对学科组织的内部成员起激励作用。

2. 学者

学者即"做学问的人"。学者是学科组织的基本要素，是在学科组织中从事创新性学术工作的人。在学科组织中，学者包括学科带头人和学科人才。学科带头人是学科组织的头领，在学科组织中扮演着战略决策人、领导人、资源分配人、联络召集人、发言人以及混乱驾驭者等多重角色。一般来说，学科带头人的水平决定学科组织的学术地位和学术声誉。学科人才是对学科组织中除学科带头人之外的所有成员的总称，是指有特定学科组织的学术工作人员，包括学科知识开发型人才、学科知识传播型人才、学科知识应用型人才和学科服务型人才。

学科组织是一个学术共同体，是一群学者的有机整体，是一支具有合理年龄结构、专业知识结构、层次结构和学缘结构的高合作性学术队伍。合理的年龄结构是指梯队成员的年龄大致呈梯形，即年龄大的人少一些，年纪轻的人多一些。这种结构有利于使学科组织梯队保持正常的新陈代谢和持续发展的能力。专业知识结构是指梯队里所有成员的知识组合情况。一般来说，研究课题都具有综合性，且研究的形式和方法较为多样，所以，梯队成员除了有自己的理论系统和基本知识外，还应了解其他学科的相关知识。一个学术队伍的知识结构应该有同有异，有主有从，从而形成一个比较完备的知识体系。一个学科组织内部往往由于研究内容不同而形成若干子梯队，所以如果整个梯队形成"学科组织带头人—学科方向带头人—骨干成员——般成员"的树型结构层次，高层次的保持相稳定性，而低层次保持一定的竞争性和流动性，就会有利于整个梯队不断提高水平。学缘结构指同一个学科组织中各成员的师承关系。所有成员师出同门，虽然在学科思想和知识上容易形成一个统一系统，但不可避免地会造成近亲繁殖，甚至引起学术上的退化。合理的学缘结构应该是远缘杂交，只有教师来源的多源化，才能有利于不同学术风格和学术思想的相互渗透和竞争，活跃学术空气。

3. 学术信息

学术信息是学科组织中学者的操作对象——知识及其载体，以及信息交换水平。学科组织是以高深专门知识为直接操作对象的，其操作对象及其载体——课程、教材、专著、论文、科研成果等的水平以及学术交流的频率和层次对学科组织具有重要的意义。一方面它是学科水平的表征，学科水平通过其发布的学术信息而被社会所肯定。另一方面对学术信息的掌握和占有也同样反映一个学科的水平，全面完整的学术信息使得学科组织避免了对他人已取得的知识发现作重复的探索而始终处于学术的前沿阵地。

4. 学术物质资料

学术物质资料是学科发展的基础，也是学科实力和水平的象征。虽然不同学科组织对学术物质资料的要求有很大差别，但作为学者进行学术活动的基础条件，学术物质资料一般包括研究的场所、资金、设施仪器、图书资料等要素。大学学科组织是一个时空概念，其存在必须依赖一定的空间和场所。空间和场所是学科组织稳定发展的基本条件，没有确定的空间和场所不利于学科组织的教学、科研活动进行积累和沉淀，也不利于学科成员的交流和形成共同的学科文化和学科行为方式。资金是学科组织自身发展和开展工作的最根本的物质基础，所谓"巧妇难为无米之炊"，学科组织发展中的各项工作，如实验设备的更新、学术人才的引进、学术资料的搜集，都需要较大数目经费的支持。只有充足的源源不断的研究经费，才能保证学科组织建设和发展的最终成功。对于工学、医学等门类的学科而言，没有专门的实验室和相关的实验设备，学术研究工作可能根本无法开展，在很大程度上，实验室设备的先进和完备与否决定学科组织研究的水平。而对于哲学、文学等门类的学科而言，掌握必要的图书资料是开展学术研究的重要前提。

学科组织是大学的基层学术组织，表现大学本质现象，实现大学传播、应用、融合和创造高深学问的功能，只能由学科组织来承担并实现，因此，学科组织发挥着人才培养、科学研究和社会服务及创业的三大功能。具体对每一个学科组织而言，其主要功能是完成大学分解在本学科领域内的科学研究工作、人才培养工作和社会服务及创业工作。

1. 从事科学研究

科学研究活动是学者们依据学科不同的研究方向，组成研究机构和队伍，建立研究基地，争取各种科研项目进行的知识创新活动。大学学科组织作为学科的基本载体，必然要担负起拓展研究领域、促进学科发展的职责。而学科的发展能丰富和更新教学内容，从而满足人才培养的高要求。

2. 进行人才培养

人才培养包括两个方面：一是对本科生、研究生的培养，这一功能通过专业教育、学位点的建设乃至建立博士后流动站等途径来实现。实现的关键环节就是教学。所以，教育者要善于利用学科组织这样一个集体的合力来对教学对象、教学内容、教学方法进行讨论和研究，促进教学效果的最优化。二是青年科学家的培养，大学学科组织通过指导、训练方式实现学科人才的成长。学科组织中的各成员个体，其掌握的知识往往有限，而在一个学术氛围浓厚的组织中参加集体讨论和研究，会获得更多的信息，更能有效地提高成员的学术能力和水平，而青年学者往往就会在这样的学科组织中得到锻炼，慢慢地成长起来。

3. 提供社会服务及创业

知识经济的作用在现代社会日益显现，这就要求学科组织不能闭门造车，必须加强与社会的联系。学科组织通过为社会提供知识传授、咨询等一系列服务，能在实践中发现新的研究领域，这些新生产点的发现往往会为学科发展开辟新的道路。而且，将学术理论放到市场中接受检验，不仅能对现有学术知识进行修正，也能调整科学研究方向，使学科组织的工作更具社会性。

总之，人才的培养为科研的展开奠定了基础，而科学研究的不断深入，则丰富了教学内容，提高了教学水平，反过来促进了人才培养质量的提高。同时，科研成果的取得为拓展学科组织的社会服务及创业功能提供了更大的发展空间。所以，学科组织的三大功能是紧密联系，相互促进的。

三　学科组织的生命周期及成长策略[*]

学科建设是高等学校建设的核心，是现代大学发展的永恒主题，是提高学校教学、科研创新以及社会服务能力的重要基础，也是学校改革和发展的龙头。大学的学科建设工作直接影响着学校的学术水平、地位和综合实力，学科水平决定一所大学的水平。宣勇（2006）提出大学学科组织的生命周期划分为生成期、生长期、成熟期与蜕变期四个阶段，并在此基础上提出大学学科组织生命周期理论模型。对于处于生成期的学科组织有以下特征：①学科形成第一个较为明确的研究方向；②整体学术水平相对较低，物质条件相对薄弱；③学科组织基本成形。生长期（也称成长期）：①学科拥有若干个较明确的研究方向，学科队伍形成梯队；②学科的物质条件有较大改善；③学科在学位点建设方面开始有所突破；④学科的组织结构与内部管理的正式化程度相应提高。成熟期：①学科拥有若干个稳定的国内领先、国际知名的研究方向；②学科各项能力已经发展成熟并保持稳定，表现为拥有博士学位授予权，通常已经成为国家重点学科（或具备相当的水平）；③形成了独特而又稳定的学科文化；④学科组织结构清晰、规范。蜕变期：①由于知识更新以及社会需求发生变化，学科组织发展遇到困境；②学科组织面临或正在做研究方向上的调整，以寻求自身发展的突破；③这种突破建立在较高的平台上。

值得一提的是2014年2月15日，国务院办公厅发布《国务院关于取消和下放一批行政审批项目的决定》，提到取消国家重点学科审批以及高等学校设置和调整第二学士学位专业审批，同时把高等教育自学考试专科专业审批下放至省级人民政府教育行政部门等。国家重点学科审批是一项教育部门和高校都特别看重的审批，这不但涉及国家对学科的投入，而且也被学校作为重要的办学指标，每一轮重点学科评审之后，高校都会将有多少学科被评为国家一级重点学科、二级重点学科作为学科建设的重要成绩，就是社会机构制作的大学排行榜，也把这作为一项指标。

---

[*] 本部分文献综述参考笔者曾参与并撰写的宣勇教授的国家自然科学基金《大学学科组织的成长机理研究》课题部分资料。

国家重点学科是国家根据发展战略与重大需求，择优确定并重点建设的培养创新人才、开展科学研究的重要基地，在高等教育学科体系中居于骨干和引领地位。到目前，我国共组织了三次重点学科的评选工作。[①]

第一次评选工作是在 1986—1987 年。1985 年 5 月 27 日颁布的《中共中央关于教育体制改革的决定》中提出"根据同行评议、择优扶植的原则，有计划地建设一批重点学科"。根据这一要求，原国家教育委员会于 1987 年 8 月 12 日发布了《国家教育委员会关于做好评选高等学校重点学科申报工作的通知》，决定开展高等学校重点学科评选工作。此次评选共评选出 416 个重点学科点，其中文科 78 个，理科 86 个，工科 163 个，农科 36 个，医科 53 个，涉及 108 所高等学校。

第二次评选工作是在 2001—2002 年。根据《教育部关于开展高等学校重点学科评选工作的通知》规定，开展了新一轮的高等学校重点学科评选工作，共评选出 964 个高等学校重点学科。

第三次评选工作是在 2006 年。根据《教育部关于加强国家重点学科建设的意见》精神，在"服务国家目标，提高建设效益，完善制度机制，建设一流学科"指导思想下，调整的重点是在按二级学科设置的基础上，增设一级学科国家重点学科。二级学科国家重点学科的建设要突出特色和优势，在重点方向上取得突破。共评选出 286 个一级学科，677 个二级学科，217 个国家重点（培育）学科。

取消国家重点学科评审后，如何评价判断学科组织的绩效，如何在新形势下研究学科组织的学术创业能力问题都显得更加重要。基于组织生命周期理论，笔者曾在宣勇教授的指导下研究提出，学科组织要快速生长需要解决三个问题，这对任何学科组织的发展都有一定的参考价值，对后续问卷设计的自变量提取也提供了一定的理论参考，现简要论述之：

（一）学科组织生长的动力和逻辑

1. 学科组织生长的内部动力和外部动力

任何一个组织的生长都离不开一定的内部动力和外部动力的共同作用。学科组织生长的内部动力有知识增长、学科成员间的竞争协作和学科带头人能力，学科组织生长的外部动力有社会需求、政策引导及良好的学

---

① 资料来源于中国学位与研究生教育信息网。

科生态环境。内部动力主要包括：

（1）知识增长："知识是包含在高等教育系统的各种活动之中的共同要素：科研创造它；学术工作保存、提炼和完善它；教学和服务传播它。自高等教育产生以来，处理各门高深知识就是高等教育的共同领域。"知识增长一直伴随着大学内以知识作为操作材料的学科组织的生成、生长、成熟与蜕变。知识增长经历了"综合—分化—再综合"的过程，作为劳动对象的现代科学知识本身日益分化的趋势，决定了知识劳动者的生产方式也必须走向集群化、组织化。在古代，整个社会的知识处于一种混沌状态。古希腊人把所有知识都概括为一门知识——哲学。随着社会实践活动的发展和人类认识能力的不断提高，知识不断分化，特别是到了19世纪上半叶，科学分化已达到了相当精细的程度，知识体系日益膨大。20世纪中叶以来，知识的发展出现了新的变化，一方面进行分门别类的研究，比近代科学更精细、更深入，另一方面综合化、整体化的趋势更加突出。在现代科学知识高度分化和高度综合的有机统一中，综合交叉居于主导地位。作为知识分类体系的学科是一定知识范畴的逻辑体系，它的分化、发展有效地推进了知识的系统繁殖。从作为知识分类体系的学科来看，每一门学科本身都具有系统性和整体性。任何一门学科在其未成"学"（科）之前，总是支离破碎、不成系统的，总是感性认识或部分理性知识的杂合，一旦成"学"（科），它就是一个由不同的但却相互延伸并连接在一起的具有内在逻辑关系的各个知识单元和理论模块组成的知识系统。因此，它具有系统的知识管理和知识创造的功能和价值。学科组织正是依据具体的知识分类而进行知识生产的集约化组织，符合知识增长的内在逻辑要求，将能大大提高知识产出的效率，也就是将能大大促进学科组织的生长。

（2）学科带头人能力：学科带头人对学科的核心作用是不言而喻的，在很大程度上，他是学科的旗帜，是他决定了一个学科的发展方向和学术声誉。他应该有本学科坚实的理论基础，较宽的相关学科的知识面，敏锐开阔的视野，善于把握本学科的发展方向，有较强的组织才能和协调能力，把学者们团结在他的周围，带领本学科始终走在学术的前沿。学科带头人的能力决定学科组织的发展速度以及学科组织的兴衰，其能力主要包括学术研究能力、战略规划能力、社会活动能力、组织管理能力及创新变革能力。笔者与宣勇教授曾在《高等工程教育研究期刊》上发表《学科带头人能力与学科组织成长》一文专门论述了学科带头人能力对学科组织成长的作用。在生长期，学科成员迅速增多，学科规模不断扩大，学科研究方向不断扩展，由于学科的物质条件已有较大改善，相应的，学科在知识产出方面的能力迅速提升，学科在基地建设以及学位点建设方面开始有所突破。这一切都对学科带头人能力的提升提出了迫切要求。同时在生长期，学科带头人必须为学科组织明确研究方向，明确"做什么"的问题，专注于做好某一或某几个研究方向，这样才能逐步确立自己的优势，同时目标明确了也有助于激励学科成员更好地为实现目标而奋斗。因此，学科带头人的能力强弱非常关键，是学科组织生长的内在动力。值得一提的是学科带头人的社会网络对创业能力会有一定的作用，相关研究指出基于之前关于创业者社会网络的研究，个体层面的社会网络维度主要包括网络规模、网络密度、异质性和联系强度。网络规模越大，异质性越明显，获取资源的数量和类型越丰富，越有利于创业者识别创业机会，获取更多的融资方式选择，提高创业的信心和决心。另外，网络关系强度会影响创业者从网络中获取关键信息和知识的难易程度，进而影响创业能力的形成和发展。国外学者 Granovetter（1973）提出的"弱关系的力量"已成为一个经典命题。弱关系指的是网络成员之间较宽松的关系，他认为弱关系会带来更多异质性的信息和资源，而强关系则会带来很多冗余的信息和资源，因此弱关系可能会比强关系发挥更强有力的作用。而国内学者得出的结果却并不一致，尤其在特有的"差序格局"（费孝通，1947）中国文化背景下，强关系将更起作用。

（3）学科成员间的竞争协作：一个学科的成长发展光靠一个好的学科带头人还是不够的，学科发展的任务还需要通过一支知识结构和年龄结构合理、具有团结协作精神和较强研究开发能力的学术梯队来完成，他们在学科组织内部承担着各自的学术任务，对学科的发展起着关键的作用。自组织理论认为，有机系统的演化（进化）是在开放条件下进行的，演化的方向是由吸引子诱使的，但最终的路线是涨落决定的。在系统演化过程中，系统要不断与外界进行物质、能量和信息的交换。同时，役使支配原理和竞争协作原理发挥着重要作用（哈肯，1984）。学科组织生长实际上也是自组织演化的过程，它具备了自组织演化的条件，即存在着吸引子——社会需求，涨落——人力资本、物质资源与知识等的流动。学科组织内也存在着其内在的单元——学科成员之间的竞争协作关系。学科组织也正是通过社会需求、成员竞争协作、各种要素投入以及政策行政扶植等得到生长演化的。因此，学科成员的竞争协作同样是关键的内部动力。

而大学学科组织生长的外部动力主要包括：

（1）社会需求：社会需求（包括经济、政治、文化等广泛领域的需求）是整个人类社会发展的不竭动力。学科组织产生于社会需要，并为满足社会需求服务。社会需求是学科发展的外在动力。学科组织是大学的基层学术组织，学科组织的社会需求与大学的社会需求密不可分。从欧洲中世纪到现在，大学已历经近千年历史。Rederick E. Balderston（1995）在他的《管理现代大学》中称："大学是我们最伟大且最恒久的社会机构。"历史学家哈德罗·珀金教授曾说"大学是人类社会的动力站"。大学之所以如此受社会的推崇，是因为大学在社会发展中具有其他社会组织机构所无法替代的重要作用或职能。大学历来被认为是实施高等教育的社会组织；在现代科技高度发达的今天，尤其是大学承担了科研任务，更是成为推动社会进步与发展、科技创新不可或缺的重要力量；同时，大学还要为社会发展提供服务而经常被称为"服务站"。人才培养、科学研究、社会服务与创业——是现代大学为满足社会需求而具备的三大职能。同时在资源稀缺的现代社会，更加需要学科组织这种高效的基层学术组织紧密跟随社会需求来提高知识产出的效率，实现大学组织功能和效益的最大化。社会需求是学科组织成长重要的外部动力。

（2）政策引导：政策引导主要是指政府和学校通过政策倡导并支持。在现代社会系统中，大学组织的存在必须要有政府的支持，政府兴办大学的目的是要求大学为政府设置的奋斗目标服务。同样的，政府在经费上的投入、政策上的激励，也是促使学科组织生长的重要动力。我国近年来高校学科的蓬勃发展与政府的大力支持是密不可分的。1995 年，国家出台《"211 工程"总体建设规划》，并拨出专项资金实施"211 工程"建设。据统计，"211 工程"立项高校的仪器设备总值由 1996 年的 77 亿元增加到 2000 年的 313 亿元，科研经费总数由 1996 年的 45 亿元增加到 2000 年的 94 亿元。经过"211 工程"重点建设，使学科门类增加，覆盖面广，学科结构优化，基本办学条件明显改善，师资队伍建设明显增强。1998 年《中华人民共和国高等教育法》的颁布和实施，意味着大学具有独立法人资格，其主体地位及自主办学的权利从法律上获得了根本的保障。大学是独立的办学实体，学校对办学方针制定、资源分配等都有自主权。学科组织是大学内部特有的学术组织，因此学校的发展规划和相关政策对于学科组织的影响最为直接，包括学校的战略规划、经费政策、人员政策、用房政策等，对学科组织的生长具有决定性意义。随着国家实施"211工程"建设产生的巨大示范作用和辐射作用，高校对学科建设的核心地位和龙头作用已达成普遍共识，加强学科建设已成为我国大学发展的共同选择，明确写进了各高校的发展规划中，这也必将大大促进学科组织的生长。

而2010年教育部《关于大力推进高等学校创新创业教育和大学生自主创业工作的意见》详细指出"创新创业教育是适应经济社会和国家发展战略需要而产生的一种教学理念与模式。在高等学校中大力推进创新创业教育，对于促进高等教育科学发展，深化教育教学改革，提高人才培养质量具有重大的现实意义和长远的战略意义。创新创业教育要面向全体学生，融入人才培养全过程。要在专业教育基础上，以转变教育思想、更新教育观念为先导，以提升学生的社会责任感、创新精神、创业意识和创业能力为核心，以改革人才培养模式和课程体系为重点，大力推进高等学校创新创业教育工作，不断提高人才培养质量"。各高校要提升培养创新创业教育学生的能力需要在创新创业教育课程体系建设、师资队伍建设、创新创业实践活动、创业基地、创业扶持、资金投入、创业培训、良好舆论氛围等方面去努力。而2015年教育部文件又进一步指出要全面推进创新创业教育和自主创业工作，"各地各高校要把创新创业教育作为推进高等教育综合改革的重要抓手，将创新创业教育贯穿人才培养全过程，面向全体大学生开发开设创新创业教育专门课程，纳入学分管理，改进教学方法，增强实际效果。坚持理论与实践相结合，组织学生参加各类创新创业竞赛、创业模拟等实践活动，着力培养学生创新精神、创业意识和创新创业能力。高校要建立弹性学制，允许在校学生休学创业。高校要聘请创业成功者、企业家、投资人、专家学者等担任兼职导师，对创新创业学生进行一对一指导。要加大对大学生自主创业资金支持力度，多渠道筹集资金，广泛吸引金融机构、社会组织、行业协会和企事业单位为大学生自主创业提供资金支持。建设一批大学生创业示范基地，继续推动大学科技园、创业园、创业孵化基地和实习实践基地建设，高校应开辟专门场地用于学生创新创业实践活动，教育部工程研究中心、各类实验室、教学仪器设备等原则上都要向学生开放。实施好新一轮大学生创业的引领计划，落实创业培训、工商登记、融资服务、税收减免等各项优惠政策，鼓励扶持开设网店等多种创业形态。完善大学生创业服务网功能，提供项目对接、政策解读和在线咨询等服务"等。而其中关于学科，文件中指出"各地各高校要以提高质量为核心，结构调整为突破，加快推进高等教育综合改革，进一步优化区域布局结构、培养层次结构和学科专业结构。引导一批普通本科高校向应用技术型高校转型发展，继续扩大专业学位研究生类型和规模。完善专业预警、退出和动态调整机制，及时调减就业率持续较低的专业招生计划，使学科专业结构与经济社会发展需要相适应、与就业对接。探索建立高校毕业生就业和重点产业人才供需协调机制，推进校地合作、校产联合、校企对接，构建高校与有关部门、科研院所、行业企业协同育人机制。推动大学生参加形式多样的实习实训、社会实践和志愿活动，增强就业创业能力"。总之，这一切都需要学科组织大力提升自身的学术创业力，培养更多更优秀的创新创业人才。

（3）良好的学科生态环境：生态是一个来自生物学的概念，在生物生态系统中，一方面，单个生物的生存与发展取决于自己与别的生物的竞争能力以及其适应环境的能力；另一方面，周围生态环境的好坏对生物个体的生存与发展起着推动或制约的作用。学科生态环境是指生态环境中学科之间的相互关系与影响。不同学科之间会像生物种群一样存在着竞争和共生的关系。也有学者称之为学科协同效应（苗素莲，2005），学科协同效应又可分为三种类型：一是综合效应。在学科群中，通过采各学科之长，集各学科理论之精华，走综合创新之路，在条件成熟的情况下，建构出自成体系的新学，如环境科学的产生就得益于多学科的综合协同效应。二是交叉效应。当多门学科研究共同的问题时，最容易产生交叉学科。也就是说一旦跨学科的研究课题确定下来，相应地交叉学科的产生也就初见端倪了。在跨学科活动中，最初要建立起一系列立足于某一交叉地带的概念、命题、方法以及评价标准等，进而形成一个新的具有内在逻辑的知识体系，发展成为新的交叉学科。三是横向效应。多门学科以事物多方面的共同点为研究对象，撇开事物现象、过程的具体特性，用抽象的方法研究事物共同的运动规律，反映多学科领域共同的事实时，就会使许多不同的学科领域拥有共同的概念、原理和方法，改变原有的学科格局，产生新的学科。系统论、控制论、信息论就是这样产生的。学科的横向效应揭示了科学的本质。由于学科间的有机联系，形成了学科群，使知识本身从混沌走向有序。各大学普遍实行的学院制改革，初衷就是利用学科的协同效应，促进学科组织的生长。

综上所述，学科组织生长的内部动力和外部动力是相互关联和互动的，在一定条件下外部动力完全可以转为内部动力，而且各动力要素间也存在相互作用，为学科组织的生长提供了协同作用的综合驱动力。

2. 学科组织生长的逻辑

任何组织都要遵循一定的成长逻辑。学科组织究竟是如何生长的，各组织要素间又是以怎样的逻辑联系的？首先，学科组织包含学科带头人和学术梯队、学科研究方向、学科经费、学科研究平台、学科战略与规划等多要素，有着科学研究、人才培养和社会服务三大功能。不同的要素、不同的层次具有不同的功能，并且从不同的角度，以不同的方式帮助学科组织实现整体的各种功能。其次，知识增长、社会需求还有政策引导等动力源都通过学科任务的形式交由学科组织去完成。而学科任务的层次、多寡无论是人才培养、科学研究还是社会服务及创业无不反映了一个学科的综合实力和水平，反映了一个学科的学术声誉和社会认同程度。在学科内部能把学者们团结并组织起来为之奋斗的不是行政命令，只能是为完成学科任务的各种学术活动。学科是学者们成长的土壤，学科任务是学者们进行学术活动的黏合剂，专业建设、学位点的申报与建设，饱满的教学工作热情，高水平的科研项目，充足的资金来源和对社会的各种服务，把学者们凝聚在学科中，支撑着学科的不断发展壮大。特别是现代科学技术的重要特点是在高度分化基础上的高度综合，要争取重大项目，必须把学者们组织起来，协作攻关。实践证明，只有通过大项目的申报、立项和研究，才能使学者出大成果，获大奖，培养和锻炼高水平的学者，从而促进学科的成长发展。再次，通过完成学科任务尤其是高层次的学科任务后，学科组织增加了其有形资源和无形资源。有形资产包括学术成果和资源平台。其中学术成果主要是指通过不断地完成学科任务，学术成果渐渐增加，尤其是重大项目的研究所取得重大成果后，将有助吸引和带来更多的学科任务；资源平台主要是指学科的人力资源和物质资源（学科经费，学科研究平台等），有高层次的研究平台如国家重点实验室，国家工程研究中心、国家人文社科重点研究基地等又能吸引和带来更多的更高层次的学科任务，获得更多的学科经费，吸引更多的优秀人才加盟，促进学科组织的生长。无形资源的增加主要包括学术声誉和学科成员能力的增加，通过完成大项目，使学者出了大成果，获了大奖，产生了大师，优秀的学科带头人，"所谓大学者，非谓有大楼之谓也，有大师之谓也"。大师是实力的象征，地位的象征，声望的象征，良好的学术声誉能源源不断地吸引大量高层次的学科人才。同时，通过大量项目的立项研究，锻炼和培养了学科成员的能力。学科成员能力增强后又能更为快速有效地完成学科任务。一个学科的成长发展光靠一个好的学科带头人是不够的，学科发展的任务还需要通过一支知识结构和年龄结构合理、具有团结协作精神和较强研究开发能力的学术梯队来完成，他们在学科组织内部承担着各自的学术任务，对学科的发展起着关键的作用。因此，完成了学科任务后学术声誉和成员能力都会增强。最后，随着有形资源和无形资源积累后，推动学科任务的增强。在世界范围内流行的大学评价与排名，在人们谈到一流大学的时候，最为重要的前四项指标是：学术声誉、学生选择、教师师资和经费资源。学术声誉始终处于第一位。因此，尤其是作为无形资源的学术声誉的提升，对增强学科组织影响力，提高组织美誉度，吸引更多的学科任务及优秀人才的加盟有着极为重要的作用。

（二）学科组织快速生长的主要障碍

1. 学科队伍结构不合理，人才难以引进

在学科队伍中，学科带头人是学科发展的核心。因此，一个合格甚至优秀的学科带头人对其能力要求很高。首先在人格魅力上，应有较好的学术感召力和人格魅力，能够团结和公平对待学科队伍的每一分子，使该学科队伍有较强的向心力、凝聚力，能让该学科团队的成员心悦诚服团结其周围；在学术水平上，学科带头人必须在该学科领域具有一定的知名度、影响力、号召力，在学术上能够服众，有较高的学术视野并能敏锐地把握前沿的研究方向；在管理能力上，要有较强的组织协调能力，会识人，会用人，能把学科队伍整合成一支有生机、有活力、有能力的团队；在战略规划能力上，能结合国家需求和知识发展的内在规律，善于抓住学科发展的机遇，甚至创造机遇，让该学科不断有新的生长点和发展空间。目前一些大学学科组织在学科带头人的选择上，往往顾此失彼，一味考虑其学术水平、学术地位，过多地考虑发了几篇文章，却忽视了其组织协调能力、战略规划能力甚至人格魅力等。还有一些并不是根据自身学科组织的特点和所处的阶段特征，而是盲目地来选择学科带头人，甚至缺乏统一的学科带头人，不知如何利用有限的资源去引进或培养适合自己学科组织的学科带头人。然而光有学科带头人还不够，学科成员梯队是学科发展的关键。目前不少高校引进人才时，更多地是引进其他兄弟学校现有的优秀人才，从而形成了国内优秀科研人才流动频繁、不断跳槽的不良现状，造成了国内人才资源的恶性竞争。相反，有的被调查的省级重点学科带头人认为因学科人员难以流动，或因缺乏人事权，无法将优秀人才引入，也无法将庸才淘汰而导致队伍结构难以优化。南开大学世界史陈志强教授认为"成熟的学科组织应该有稳定性，学科的发展不以一两个人的意志为转移，当前不少生长期的学科组织人才流动是一种无序流动，有些顶尖人才同时在几个学校摇摆，人一走整个学科就垮了"。

2. 学术声誉不高，缺乏标志性成果

"扩大学科组织在学术界的影响"是影响学科发展一个关键的因素。在对国家重点学科的访谈中发现，之所以能成为国家重点学科，良好的学术声誉，以及标志性的原创性的成果是成熟的学科组织之所以成熟的重要标志和体现。良好学术声誉和重大学术成果又将吸引和带来更多更高层次的学科任务。学科建设最终是要相应的标志性成果甚至一系列的重大成果来体现的。而一般性的学科组织由于缺乏国家级项目尤其是重大项目也是其难以产生标志性的成果的原因之一。

3. 资源获取能力薄弱，研究平台不高

学术研究平台建设、学科研究与建设经费的获取是影响学科发展较关键的问题。"获得政府的政策扶植与奖励"和"获得学校的政策支持与投入"等问题亦很重要，一般实力较弱的大学学科组织对政府和学科的资源依赖还比较强，还未形成像成熟学科组织那样的资源的自生循环能力。并且可能由于缺乏博士学位点无论在原创性成果创造上还是高层次人才培养和吸引上都是不利于学科组织的生长。

4. 研究方向不稳定，难以形成特色

《大学学科组织成长机理》课题组数据显示67.1%的受调查国家重点学科选择了学科研究方向的稳定程度是生长期能力提升的关键因素，受调查的浙江省重点学科有17.5%选择了凝练学科研究方向是影响其发展的关键问题。值得注意的是，仅有17.6%的被调查学科选择了学科组织的进一步升级，和12.5%的被调查学科选择了学科内部管理制度的健全与完善，学科队伍优化和人才引进及学科经费的获取、研究平台的建设是影响学科发展的关键因素无可厚非，但是，如上所述，尽管在特定时期，存在影响学科组织发展的关键因子，但关键因子的发挥离不开其他因子的匹配。因此，如果较少地关注学科组织整体功能的发挥，这种离散的学科要素投入的建设方式也会导致投入效率与效益大打折扣，需要加快生长期的学科制度建设。

（三）学科组织快速生长的策略

针对上述的这些问题，笔者提出了相应的四点策略，这些策略同样对后续自变量的选取有着一定的理论参考价值。

1. 凝练学科研究方向，催生学科新生长点

刘献军（2000）认为学科方向是学科建设的基础，在选择和调整学科方向时要注意以下几点：首先在学科的本体部分，要设立研究方向。如有的学科，为了适应市场经济的需要，为了生存，完全放弃学科的本体部分，如历史学科转向旅游，先进制造学科只搞数控 CAD，等等。在设立学科方向时，在学科的本体部分，至少要有一个方向，否则，本学科难以发展。其次要确立有特色的学科方向，并以此为重点加强建设。学科建设中，应审时度势，采取"异军突起，出奇制胜"的策略，选择能在国内外产生重大影响，或者独一无二的研究方向。例如，英国剑桥大学卡文迪什实验室，第二次世界大战后，果断地从核物理研究转到天文和生物的研究，结果发现了基因双螺旋结构，此发现成为 20 世纪人类几个重大科学发现之一。特色方向的选择，可以在主体部分，也可以在非主体部分。例如，华中科技大学理论物理以引力研究为特色，新闻学科以信息传播为特色，都取得了好的效果。

万丈高楼平地起，既然学科方向是基础，就需要坚实稳定。因此，作为生长期关键是要处理好原有学科方向的深化和新学科方向拓展即如何凝练的问题。在上述分析资源依赖生长路径时也曾提到，要综合运用好横向一体化、纵向一体化，相关多元化和混合多元化四种策略。通过对国家重点学科带头人的访谈，几乎所有的带头人都认为拥有一个有特色的学科研究方向是一个学科成熟的重要标志，那么在生长期时如何去凝练研究方向？就是要在本学科原来的一个方向上长期坚持不懈，逐渐形成特色，以横向一体化策略为主，结合其他三种策略。

笔者曾访谈时任华南农业大学管理学院院长罗必良也认为，学科快速发展的关键是研究方向，他举了个很生动的例子："这跟一个人是一样的，一个人成才的快慢与早期的定位很有关系。你这辈子打算干什么，想

往哪个方向发展，学科也是同样如此。学科方向定的越早越好，你不能让他自然形成，就是让他慢慢做，它自然会有特点，是的。如果我们有一千岁的话，它可以活一千年，但是我们做研究都只能假定一个老师只活65岁，然后他就退了。而且我只假定一个老师能做研究30年，那就不得了。一般做研究做到30岁左右的时候才能成器。二十几岁的包括博士毕业的，博士毕业的都二十七八了。一个博士要做到比较成熟的时候至少要5年时间，一般都三十几岁，你还能干多少年，所以我假定一个人只能干30年。那我们就要琢磨这个方向，未来10多年20年时间。大方向你不能变，比方说我们整个学院，整个学科不管有多少个博士点多少个硕士点，始终要坚持一点：以农业经济为重点来带动其他学科发展。也就是说我们的贸易也是跟农业有关的，带有农业特色的，我研究的金融也是跟农业有关的，就这么个意思。所以说研究方向太重要了，一个学科发展选什么样的研究方向，这个研究方向显示出什么样的特色，这点格外重要。"因此作为一个学科组织，正如《大学学科组织成长机理》课题组的问卷统计[①]结果显示的那样，稳定的研究方向是学科组织生长期能力提升的重要因素（67.1%），一个人作研究的时间非常有限，通过学科组织，虽然突破个人生命周期，几代人能使研究得以延续，但要形成一个有特色的研究方向还是得以方向的稳定为前提的。

　　但是随着进一步发展，光有1—2两个稳定的方向还不够，《大学学科组织成长机理》课题组问卷统计也显示，国家重点学科平均有4.3个稳定的研究方向，因此还提到要不断催生新的生长点。现在，学科发展变化很快，只有不断地寻找新的生长点，学科建设才能焕发生机。生长点具有时代性、灵活性和不稳定性等特点。这就要求不断追踪学科发展的前沿，在学科前沿，寻找生长点，努力创新。因此，生长期的学科组织要适当考虑选择人无我有的方向，异军突起形成特色，这时就可综合运用纵向一体化，相关多元化和混合多元化等三种方式。

---

　　① 笔者曾在2007年参与《大学学科组织成长机理》课题组时负责问卷调查分析统计及数十位国家重点学科带头人的访谈，本部分综述所引用的数据均来自此。针对本书，笔者于2013—2014年依托导师邹晓东教授的浙江大学科教战略发展研究中心平台，又进一步开展了新一轮的大规模问卷调查和访谈，结果分析见后续章节。

2. 优化学科队伍结构，保持人才有序流动

学科队伍要围绕学科方向组织建设，队伍要适应战略安排。生长期的学科组织应该根据自身的实际需要和阶段特征，避免现有国内人才资源的恶性竞争和无序流动。在积极合理地引进学科人才的同时，更应制定相应的政策、运行相应的机制，让人才的作用和能量得到真正充分的展现和发挥。

又如上所述，知识自身的发展和社会需求是学科生长的动力，学科带头人是学科成长发展的核心，学术梯队是学科成长发展的关键，生长期的学科组织结合自身的学科特点找到成长的突破口后，全面协调发展。通过对研究方向的凝练，学科组织适应外部环境，在取得突破，学科资源有一定积累后，组织开始把重心集中到人才队伍上。因为无论是已有学科建设的文献还是问卷统计结果，学科组织生长期的生长从内涵上注重队伍建设已达成高度共识。根据国家重点学科建设访谈介绍的经验这里又可分为变态繁殖策略和饱和生长策略。

南开大学的经济学科共有180多位教师，这在全国规模是最大的，从策略来讲这是一种"变态繁殖"策略，通过产生大量"变态"的后代适应不稳定的环境。因为当今全球经济一体化日趋加快，知识更新速度也越来越快，从知识自身发展规律和社会需求这两个角度来说，经济学科面临着极不稳定的外部环境。他们快速成长经验主要就是有一支比较优化的，不仅能够适应今天，而且能够适应未来的一个队伍结构。适应未来这个结构主要做好三点：首先是年龄结构要形成梯次，梯次不合理就没有竞争力和战斗力，上面有一退休，下面得有接班人；其次是知识结构，比如经济学科国际化程度，步伐已大大加快，因此需要有大量海外人才或有海外背景的本土人才；最后是学缘结构，要"变态繁殖"但减少近亲繁殖。如南开大学周立群教授所说："经济学今天我们要研究三农问题，农村土地问题又要和法律结合起来，光经济学的背景不行，他需要这方面的知识背景。那么要研究宏观经济运行的时候，我们原来有很多范式，就需要大量的搞计量的人才，能建立模型，研究我们国家的财政政策，贸易等等问题。而再如培养人才方面，一个老师能开的课，其他三个老师都能开，可是有一门不能开，就得到外面去请，这又带来一个问题，就是在180个人的队伍里，你还开不了这么一门课。"从复杂性科学理论看，当组织内部的复杂性比外部环境更复杂时，组织就能适应环境获得成长。在瞬息万变

的知识经济时代，学科队伍的结构显得尤为重要。

时任华南农业大学管理学院罗必良院长认为他们管理学科的快速发展主要是抓队伍，抓骨干和中坚力量，学科队伍的结构要是橄榄型的，原来他们学科在很长时间内前五名的老师占了大概60%的成果总量，少数人掌握了大量的经费和大量的成果，后来他们招了30多位博士，而且还充分考虑了这些骨干的知识背景和研究领域和学科的研究方向对不对接，确保了研究方向的稳定。

生长期的学科组织相对于成熟期的学科组织来说在人员规模上还需进一步扩大。当然前述这种变态繁殖策略是相对于学科组织资源积累已经比较丰富时采用，但是当学科组织资源还不够丰富，比较有限，或者如问卷统计的那样生长期的人文社科类的学科组织人员规模已比较大，不能再大量进人时，或者学科组织也没有足够的人事权时则应采取饱和生长策略，这种策略有利于增加竞争能力的选择，表现为能更有效地利用资源，当环境比较稳定时，组织个体通过改善组织内部要素的效率来提高核心竞争力，以保证组织个体能从单项资源中获取足够的成长支持。访谈资料显示，大连理工大学的船舶与海洋结构物设计学科教师一共26个人，这26人的结构中，正高职46.2%，副高职30.8%，中级职称23.1%，行政秘书2人，从结构上说这支学科队伍不是橄榄型结构。该系有本科生500来人。光本科生教学任务比例就约1:25，再加上博士硕士300个人，那比例就是1:40；光教学压力就很大，然后在科研上一个人年科研平均经费，一个人一年大概是三四十万。就是这二十几个教师一年要完成1000多万的科研任务，这800来个学生，有1000多万的科研任务，就这二十几个教师承担，致使每个学科成员的能力得到了很好的锻炼，效率也非常之高。总之两种策略各有各的前提条件，因学科差异而各有选择。

那么对于生长期的学科组织具体如何去优化学科队伍？要注意以下几点：

（1）要根据阶段特征选拔和任用学科带头人。学科带头人是学科建设的核心，众多经验表明没有一流知名的学科带头人是不可能建成一流的学科的。上面已提到学科带头人的能力决定学科组织发展的兴衰，但是生长期学科组织的资源毕竟有限，难以像一些很成熟知名的学科组织那样去聘任国内甚至世界的高水平学科带头人，因此生长期的学科带头人的选拔和任用要根据自身阶段特征来决定，不同阶段对学科带头人的能力是各有侧重的，《大学学科组织成长机理》课题组问卷统计显示 70.9% 的受调查学科选择了学科带头人的管理水平为影响生长期能力提升主要因素。学科带头人要通过组织管理能力，把学者们团结在自己周围，激发他们的团队意识与合作精神，再如上所述学科研究方向的稳定程度也是影响学科生长阶段能力提升的主要因素，这是因为在生长期，学科带头人必须为学科组织明确研究方向，明确"做什么"的问题，专注于做好某一或某几个研究方向，这样才能逐步确立自己的优势，同时目标明确了也有助于激励学科成员更好地为实现目标而奋斗。因此，此阶段选拔和任用学科带头人时，在关注其人格魅力的基础上，着重其组织管理能力和战略规划能力。

（2）要建立结构合理的学科队伍。《大学学科组织成长机理》课题组问卷统计显示，有利于学科组织生长的学科梯队应具备的前三项是：知识结构合理（74.7%）、年龄结构合理（71.5%）和具有共同的理想和追求（57.6%）。因此，一支实力雄厚的学科队伍必须是结构合理、能力强、学术水平高的学术团队。一是年龄结构。学科队伍的年龄构成必须有梯度、有层次，梯队成员的年龄配备要力求呈现承接有序的最佳状态，体现老中青相结合，其比例以 1∶2∶3 为宜，这种结构可以使学术队伍保持正常的新陈代谢以及稳定和持续发展的能力。二是知识结构。知识结构也要形成互补的优势，要求成员要有不同的业务专长，队伍中要有具备扎实雄厚的专业知识的专才，还要有一定比例的知识面广、涉猎领域宽泛的通才；不但要有本专业的人才，还要有一定数量相关学科领域的人才。像上述南开大学经济学科的案例，如果知识结构不合理，180 人的队伍还开不了这么一门课。三是学缘结构。要克服"海归情节"和"近亲繁殖"两种现象，如访谈中，南开大学经济学院院长周立群教授所说"适应未来的梯队结构并不是说只要海外来的都是香饽饽，本土培养的就不值钱。关键是这个结构要能适应发展的需要"。

另外，要建立结构合理的学术梯队，人才引进、培养及留住也是重要的一步。首先可以采取各种优惠措施实施高级专门人才引进战略，通过优惠政策逐步吸引一批高水平的人才，把人才引进来。其次要尽可能地把人才送出去培养，多参与学术交流，接触学术前沿，如制定优惠政策鼓励中青年教师到国内外著名大学攻读学位、做访问学者、进修等，以提高他们的知识水平和教学科研能力。在生长期资源有限的情况可以考虑尽可能地培养中青年骨干，保持学科组织的对外开放性。最后还要建立各种队伍管理机制，如公平客观的激励约束机制，人才的有序流动机制，保持学科梯队的相对稳定性，同时注意激发学科成员们共同的理想和追求，留住人才。

（3）积极争取学科任务，构建博士学位点

学科任务主要来源于社会的需求，而学科任务的层次、多寡无论是人才培养、科学研究还是社会服务无不反映了一个学科的综合实力和水平，反映了一个学科的学术声誉和社会认同程度。在学科内部能把学者们团结并组织起来为之奋斗的不是行政命令，只能是为完成学科任务的各种学术活动。学科是学者们成长的土壤，学科任务是学者们进行学术活动的黏合剂，专业建设、学位点的申报与建设，饱满的教学工作热情，高水平的科研项目，充足的资金来源和对社会的各种服务，把学者们凝聚在学科之中，支撑着学科的不断发展壮大。特别是现代科学技术的重要特点是在高度分化基础上的高度综合，要争取重大项目，必须把学者们组织起来，协作攻关。实践证明，只有通过大项目的申报、立项和研究，才能使学者出大成果，获大奖，培养和锻炼高水平的学者，从而促进学科的成长发展。

《大学学科组织成长机理》课题组数据统计显示生长期科研经费横向/纵向平均是1.83，可见生长期资源的积累还是以横向课题为主。而生长期的学科组织面临的问题是缺乏标志性的成果，那么好成果如何来？大连理工大学的船舶与海洋结构物设计学科的纪卓尚认为："这学科能出成果，需要载体，那载体就是学科任务，尤其是大量的项目，科研项目。通过完成科研项目，一方面是培养研究生，博士、硕士；一方面给社会解决实际问题，这样的话，才能保证学科建设也好，出成果也好，有这么一批载体载着，才能出成果。"因此，生长期的学科组织应积极申请争取科研项目，在通过横向项目完成资源的原始积累后，要向纵向科研项目开始突破。那么如何获取科研项目，生长期主要还是通过学科带头人的学术影响力，申请到如国家项目等，然后让年轻教师参与，借此机会锻炼培养科研能力。大连理工大学的管理科学与工程学科有很好的经验：该学科设置了"青年教师培养基金"，从2001年开始，这个基金发挥了很大的作用，其主要是瞄准国家自然科学基金，所有的过程就相当于事先演习，每年可以申请，申请之后，经过评审，经过一些类似通信评审网络评审，评的时候答辩，整个过程模仿国家基金，填表也是国家基金。这个青年教师培养基金做了几年之后该学科有5个青年教师申请了国家自然科学基金，申请到了 5 项，效果非常不错。值得注意的是生长期学科组织在项目的取舍中应该以稳定研究方向为前提，要符合学科组织自身发展的战略。

我国自 1981 年开展第一次全国学位授权审核以来，迄今为止已进行了 9 次学位授权审核工作。经过 20 多年的改革和发展，我国建立了学士、硕士、博士三级学位相互衔接的学位制度。学科组织承担大学三大功能中一个重要的功能是人才培养，一所学校学位点建设的水平和数量直接体现其办学水平和层次。总的来说，学位点建设和发展不能"拔苗助长"，没有学科组织的生长为基础，学位点的建设和发展只能是无源之水，缺乏生命力，更不可能上新的台阶；其次也不能搞拼凑，不要为了申报学位点而刻意拼凑文章和队伍，这样做不能真正提高办学层次和水平。学位点和学科组织的成长可谓相辅相成。生长期的学科组织尤其是先要在博士点上要争取突破，再如大连理工大学的船舶与海洋结构物设计学科，2000 年是省级重点学科，2002 年被评为国家重点学科，该学科是 1980 年有硕士授予权，1995 年有博士授予权，学科带头人纪卓尚在分析成长经验时，认为："我们 1996 年之前，没有这个博士点的帽子的时候啊，我们发展很慢很慢，在我们学校里面，我们也就是中等偏下。在学校里，我们地位也很低，有这帽子以后就进入了蓬蓬勃勃向上的一个阶段。"因为有了博士点"这一顶帽子"，该学科得到了飞速发展。

（4）加快学科制度建设，培育学科组织文化

上述这三点是生长期学科能力提升的关键要素，但我们也注意到要素和要素间其实是相互影响联系的。如建设什么样的学位点不但要考虑学科方向，还要考虑社会需要、知识自身发展规律以及学校经济实力、配套学术梯队等，要争取博士点需要有稳定的研究方向也需要一支学术造诣深、结构合理的学术队伍，而有了博士点后又更有助于吸引高水平人才，优化学科队伍，也有助于承担更多更好的学科任务（包括课题、培养博士生、社会服务等）。

再上面也提到现有的学科建设缺少的恰恰是对学科这一组织及其组织制度安排的关注，现实的状况却是大多的学科组织都是一种虚拟的存在，维系这种虚拟存在的纽带不是基于共同领域科学问题的研究，更不是增长学科知识的组织使命，而是成功申报某种级别与类型资助的现实需要与获取外部资源的兴趣，这本来也无可厚非，但问题在于，如果缺乏一个健全的学科组织与相对完善的制度安排，不能把学科的要素纳入到一个科学的

制度框架中，这种离散的学科要素投入的建设方式会导致投入效率与效益大打折扣，甚至于造成极大的浪费，投入越大，浪费越严重。因此，需要加快学科制度建设。

如在生长期一个最为普遍关注的问题就是经费分配协调问题，不少生长期的受调查的学科带头人认为最困难的活动或者最大的烦恼就是经费的分配，这是因为多数的处于生长期的学科组织在分配经费主要是靠学科带头人决策，最典型的例子就是师傅式的协调，这种方式在规模较小时非常有效率，矛盾也很小，但随着组织规模的成长，人员的增加，这种决策方式对带头人的管理协调能力要求很高，学科组织制度建设的需求就凸显出来。大连理工大学的管理科学与工程学科党延忠教授认为其学科能走向成熟很重要的一个原因是制度和机制的完善。该学科在经费分配时采取了两个措施，一个是内部采取立项制，每个成员都要填报申报书，就是在整个学科大的要求下成员要做什么，并填成员自己的任务一年一报，然后给成员一定的经费来做；另一个是跨学科间，叫交叉对象，在访谈中他讲道："也有申请书，填写要做什么最后完成什么，需要多少经费等，并需要开题答辩，然后，大家讨论，对成员申报的经费、内容提出意见进行修改，修改之后再最后审批。并且对于这个交叉项目有个投票的过程，因为交叉项目可能外围申报的比较多。一开始规定是自由申报，自由申报也不是说谁都能申报，也是和学科相关的。后来申报比较多学科开始约标，就是说学科约谁，你能做这种事我们就约，约这个评的时候和内部的是不太一样的，需要投票决定给不给这个项目，而且对交叉项目有检查，然后根据上个交叉项目做的好还是不好决定下一年的经费是增加还是减少或者是不给，形成一个机制。"

可见，生长期学科组织的制度建设最主要影响因素是学科带头人的领导风格，因此学科带头人在制度建设要发挥主导作用。其次学科在加快制度建设时还要综合考虑学校政策、本学科的规模大小和生长期的特点，坚持先进性、全面性和可操作性三大原则。另外，经过上几节中生长的动力和生长逻辑模型的分析，我们可以知道学科组织各要素间存在紧密关联和相互制约的内在关系，这种关系生动地体现着学科运行的一种机制，因此学科组织还需要积极建立科学有效的学科运行保障机制，在实践中，就是要根据社会需要、知识增长规律、学校目标等，科学规划学科发展目标，整合学科资源和研究方向，确定优先发展的战略领域和其在学科体系中的战略位置，切实有效地进行人力资源和物质资源的统筹合理配置，引导和规范学科的发展方向指向学校发展的总目标，使更多的学科步向成熟。

除了靠制度与机制的完善，还需要积极培育学科组织文化。文化是制度之母——制度的设立必须建立在文化的基础之上。否则劳心费力建立起来的学科制度将形同虚设。庞青山（2004）认为目前对学科文化的界定主要有以下三种：一是认为学科文化是学科内部的知识传统和相应的行为准则。每一学科都有自己的研究对象、思想范畴、研究方式、学术标准，学科中的成员从进入这一领域开始，就受这些学科规范和学科传统的熏陶，逐渐形成该学科的思维方式、价值评判标准、学科发展理念等。因此，不同的学科形成了不同的学科文化。如数学学科文化的基本风格是优雅和精确相结合，社会科学和人文科学则多是定性的学科思维和交流方式。伯顿·克拉克和托尼·比彻的学科文化就是以此为内涵的。国内学者刘慧玲认为，学科文化是"人们在探索、研究、发展学科知识过程中积累并传播独有的语言、价值标准、伦理规范、思维方式与行为方式等"。也属于此类。二是将学科文化等同于学科组织文化。认为"学科组织在形成和发展的过程中积累的语言、价值标准、伦理规范、思维与行为方式等即形成了学科组织文化"。三是认为"学科文化是以管理为目的，能有效地指导学科建设的文化体系和以文化为内容、手段、科学的学科建设理论体系和管理体系"。第一种学科文化的界定强调学科知识领域本身的不同，导致不同的知识传统和相应的行为方式，注重研究探求知识的人们的行为习惯和生活方式。可见这种界定将学科的价值观念等观念形态和行为方式都视为学科文化的内容。第二种界定实际上将学科组织文化等同于学科文化，他的学科组织文化的界定与前述刘慧玲对学科文化的界定雷同。第三种界定主要从学科文化与学科建设的角度，将学科文化视为一种指导学科建设的文化体系、学科建设理论体系和管理体系。因为本书讨论的学科是组织形态上的学科，因此此处所讲的学科文化就是学科组织文化，即学科组织在形成和发展的过程中积累的语言、价值标准、伦理规范、思维与行为方式。

刘虹（2007）认为学科组织文化的缺乏对学科建设将会形成长期和致命的影响。学科组织文化，对学科队伍建设具有重要的导向和约束作用。当前在学术界出现的沽名钓誉、剽窃抄袭、文人相轻等现象，其实质就是学科组织文化建设不力造成的。如果学科形成健康向上、团结公正、崇尚真理的良好组织文化，无疑会增强学科队伍的凝聚力，有效地改善组织成员之间的人际关系，有效地遏制与学术道德和科学精神相违背的行为。但在学科建设的过程中，往往只注重人才的学历、成果，而忽视了组织文化建设，造成人际关系失调甚至相互敌对（有些人才甚至仅为了摆脱不舒畅的人际环境而被迫调离），学术道德失范和科学精神的失落，难以形成和谐的学术环境。

如在《大学学科组织成长机理》课题组织访谈资料中，南开大学世界史的陈志强教授提到学科组织文化对其学科发展非常有利："一个要创造一个好的氛围，因为有的时候老师是凭着一个心情在做事的，这个事情能不能做好，有的时候完全看这个人的心情。我想学科发展也是这样要努力的去创造一个好的氛围，他根据多年经验总结出以下几点，一个是要讲团结，团结是最重要的，因为基层的单位面对的都是老师，这些老师个人有个人的问题，有个人的出发点，每个人都有自己的辛酸苦辣，每个人都是不一样的，你要把它组织在一起，首先就要强调团结的理念。第二个就是和谐，这个和谐呢是现在党和国家在大力提倡的，其实我们很早就意识到这个问题，和谐实际上就是保持大家心情舒畅，我刚刚谈到心情问题，人的需求是不同的，而且人面对的问题很复杂，你不可能说把问题都解决了，但是你能保持心情舒畅就不容易，就是说他到你这个单位来他感到心里高兴，他做事也感到高兴，这样才能做到整个心情高兴。实际上就是你得帮助他解决问题，各种各样的问题，比如生活家庭问题啊，教师之间的关系问题，利益的分配问题，包括学生的就业问题等各个方面的问题，所以就是你得想办法帮助他解决问题，他就会觉得这个单位在帮助我，这个集体在帮助我，这个就是一个和谐的氛围。所以我们就是想给每一个人创造发展的机会，老师和同学都有奔头，知道他们下一步要做什么。搞业务的和搞后勤的，每个人都知道我下一步想要干什么，而且逐渐的他一件事办成了，他心里就痛快。所以我想保持一个和谐的气氛，特别是给年轻人创造出一个发展的空间，其实这一代代的发展很快的，所以要给他们创造好的机会，让他们有发展的空间，我们作为行政领导也好学术领导也好，除了内部的协调以外，还有一个很重要的就是对外，对上，比如去向学校要更多的名额，争取更多的交流机会，我们只要有经费，就让所有的教师出去开会交流，有的甚至到国外去开会，我们的目的就是让大家扩展视野。"

《大学学科组织成长机理》课题组访谈资料显示，清华大学热能工程学科的岳光溪老教授曾总结认为学科里每个人都有自己的想法，自己的观点，这是可以的，但是在一起的工作的时候一定能够一起工作，大家都按照某一种规范来做就可以了，能够团结能够协作这是很重要。这种按"规范"来做就是学科组织文化管理的最高境界。

《大学学科组织成长机理》课题组问卷统计显示，有利于学科组织生长的学科文化更应侧重学科精神文化建设（64.6%）和学科制度文化建设（24.9%），因此，生长期的学科组织除了加快学科制度建设，还要积极培育健康和谐的学科组织文化：一要倡导合乎道德规范的学术风气，使遵守学术规范成为学科组织的基本价值观和共同的行为准；二是要建立团结和谐的人际关系，倡导尊师重教，形成平等友好，相互信任和尊重的良好氛围，上面曾提到问卷统计学科成员的团结协作是影响生长期能力提升的最重要因素，因此良好的人际关系特别重要；三是要创造一个公平竞争的环境，不任人唯亲，不嫉贤妒能，让各类人才的潜能获得最大限度的发展。

四　跨学科和跨学科组织

20世纪中叶以来，为了弥补分析式思维的缺陷，跨学科研究以及构建成为世界各国高等教育改革的重要选择（王建华，2011）。跨学科（interdisciplinary）是一个综合的概念，是各种程度学科合作的统称，它通常包括多学科、交叉学科、跨学科和横断学科等，跨学科是从单学科到交叉学科再到横断学科这个过程中的一个阶段，它跨越学科边界，把不同学科理论方法或范式有机地融为一体，跨学科不是目的，而是解决复杂问题促进科学创新的途径（邹晓东，2010）。跨学科组织是以跨学科教育、研究和创业等为核心特征的学术组织。

第二次世界大战后，美国大学为了发展新兴交叉学科或特定的研究领域，争取外部的研发经费资助，借鉴组织二元理论，在不打破原有学院系科结构的基础上，纷纷成立以开展跨学科研究为主的实验室、研究中心、研究所和大学研究院等形式的一种独立于传统院系结构之外的"有组织的研究单位（ORU）"，美国大学这一新的组织制度安排成效显著（文少保，2011）。如今，一些美国大学甚至已将跨学科视为大学发展的关键八准则之一，进行系统的"学科重组"（黄扬杰、邹晓东，2013）。而当前，我国大学整体上还处于由独立学科模式向学科会聚模式过渡阶段。大学跨学科研究的组织存在着人员流动困境、资源共享困境、考核评价困境、学科文化封闭等问题（杨连生、文少保等，2011）。这是由于大学学术组织模式在管理和运行上的历史积弊已成为制约大学跨学科组织发展的结构性障碍，亟待变革（张伟、赵玉麟，2011；张炜、邹晓东，2011）。

为了解决跨学科的各种问题，Rhoten 在运用"变化的三角形"理论分析跨学科合作时指出，阻碍向跨学科研究转变的因素既不是位居三角形顶角的"外部关注"（资助机构、研究经费）的缺乏，也不是居于三角形底部的"内部动力"（师生兴趣）的缺乏，而是居于三角形中部的"系统实施"（大学管理和结构）的缺乏。她还指出许多大学的跨学科改革只是在原有学术结构上贴上标签，而没有基于跨学科对原学术结构的重新设计进行系统实施，这是大学跨学科改革失败的关键（Rhoten，2004）。跨学科组织合作理论则指出，要在学科范式上由主导式、平行式向整合式进化；知识生产由专家型、协作型向合作型演进；工作方式由个体或群体式走向团队式；而领导关系则由上自下、推动包容式演变成网状服务式，从而才能促进跨学科切实有效的发展。因此，张伟等（2011）指出一个高产出、高效率的跨学科研究系统首先是一个获得大学中央管理系统支持和推动，与院系学术组织系统建立起良好矩阵式管理架构，并形成以学科范式整合和团队合作的知识生产方式、网络服务式管理为特征的内部运行机制的组织系统。这是一个较系统的解决方案。

此外，还有很多学者从不同的视角分析促进我国大学跨学科的策略。如刘凡丰，项伟央等（2012）介绍了宾夕法尼亚州立大学的共同资助聘任模式如何有效地促进跨学科研究。王晓锋指出我国大学科研组织要树立大科学观，通过统筹规划、健全运行机制、采取灵活组织形式等方式来提升跨学科研究的组织化水平（王晓锋，2011）。还有魏巍、刘仲林（2011）从跨学科评价理论的视角，陈平、盛亚东（2011）从跨学科团队评价指标体系，童蕊（2011）从跨学科学术组织的学科文化冲突视角，赵坤、王方芳等（2011）从共同演进治理因素视角，包国庆（2011）从跨学科科研成果的评议原则视角展开研究等等。

如上所述，跨学科不是目的，而是解决复杂问题促进科学创新的途径。学科和跨学科有着内在统一型，科学的分化与整合也并不互相排斥，而是相互交织、互为补充、彼此转化的（王媛媛，2010）。因此鉴于我国的实际，经导师学术例会的多次讨论，本书的研究视角选择学科组织，而将跨学科活动视为打造学术创业力的要素之一。

五　六种期刊的内容分析

学科组织的学术创业能力问题本质上是学术创业战略下学科该怎么改造的问题，属于学科建设该怎么建的范畴，借鉴 Mars（2010）在 *Higher Education* 上采用的研究方法——内容分析法。内容分析是一种系统设计的方法，用来突出或捕捉口语和书面文字中所隐藏的内容（Krippendorff，2004）。在高等教育相关主题研究中也经常运用（Hartley & Morphew，2008；王妍莉、杨改学等，2011）。如夏清华、宋慧（2011）对 1988—2010 年国内外有关学者创业动机的文献进行内容分析。这种方法时而被视为一种定量分析方法，时而又被视为一种定性分析方法，这是因为内容分析法有多种分类，根据分析对象的特征，可分为实用内容分析、语义内容分析、符号载体分析（陈艾华，2011）。根据分析手段和过程特征，可分为解读式内容分析法、实证式内容分析法、计算机辅助内容分析法（邱均平、邹菲，2003）。

本部分在"学科建设"的内容分析法中主要采用的是定性的解读式内容分析法，"定性"主要是对文本中各概念要素之间的联系及组织结构进行描述和推理性分析，"解读"主要是试图通过精读、理解并解释文本内容，来传达作者的意图，解读的含义不只停留在对事实进行简单解说的层面上，而是从整体和更高的层次上把握文本内容的复杂背景和思想结构，从而发掘文本内容的真正意义（邱均平、邹菲，2003）。

因此，检索中国知网 CNKI 数据库，检索条件：时间选择 2006 - 01 - 01 到 2012 - 11 - 1，"主题 = 学科建设"或者"主题 = 学科组织"，"精确匹配"，文献来源选择《教育研究》《高等教育研究》《高等工程教育研究》《教育发展研究》《中国高教研究》《中国高等教育》这六种期刊。之所以这样选择的目的一是在时间上选择"十一五"（2006—2010）和"十二五"的前两年（2011、2012）能一定程度跟踪国内最新的文献，同时这六种核心期刊发表的文章的质量较高，前五种在浙大期刊分级指导中属于高等教育类的一级期刊，理论性强，而《中国高等教育》上有许多知名校长书记的实践经验之谈与理论总结，因此这六种期刊具有一定的代表性，亦便于逐篇内容分析，当然本书观点所参考的文献绝不仅限于这些期刊。剔除部分介绍性文章后，分布结果如表2-1所示。

表2-1　　　　　　　六种核心期刊"学科建设"或"学科组织"

检索分布结果（2006—2012）

期刊名	匹配文献数	百分比
中国高等教育	178	51.1%
中国高教研究	82	23.6%
高等教育研究	33	9.5%
教育发展研究	20	5.7%
高等工程教育研究	18	5.2%
教育研究	17	4.9%
合计	348	100%

按照学科的概念和评价、不同学科要素的组织的建设、不同类型大学的学科建设三大分析框架，将表2-1中的主要文献分类辨析如下。

（一）学科的概念和评价

（1）关于学科概念的相关研究。学者们主要采用的是知识和组织上的两元界定。如宣勇（2009）认为大学学科建设实质上包括两个方面，一是完善学科知识体系，二是提升学科组织在知识生产中的能力。这是当前学者们普遍认可的定义。肖楠、杨连生（2010）认为学科的知识形态以类的方式存在，而学科组织则是以知识分类为依托而建立起来的并按照自组织方式运行的学科形态，前者是知识的现象学之维，后者是知识的社会学之维，二者是互动共融的。杨素萍（2009）从文化的角度认为大学学术结构是以两种文化即科学文化和哲学或文学文化为基础建立的，应按其内在规律和逻辑推进学科建设。蒋洪池（2008）则认为托尼·比彻从认识论角度的硬/软和纯/应用维度，以及社会学角度的会聚/分散和城市/乡村维度的划分，是对C. P. 斯诺的"两种文化"的否定与超越，较好地诠释了学科的本质属性。而杨玉良（2009）认为不要过分看重学科划分的结果，学科的划分充其量起到两方面的作用，一是起目录性的作用，二是规范性的作用，但要建立不同的学科评价方法。

（2）关于学科评价的相关研究。代蕊华、王斌林等（2007）认为学科建设主要体现在大学的学科类群（优势学科、特色学科、新兴交叉学科）、学科梯队、学科学术水平和学科结构与布局等方面。学科建设的国家许可与计划及获得的制度性或政策性资源，如国家重点学科或重点实验室、国家创新或研究基地等，更是直观地反映着大学发展的状态。邱均平、马凤（2012）基于美国《基本科学指标》（ESI）数据库，以科研生产力（课题发表数）、科研影响力（课题被引数、高被引课题数）、科研创新力（专利数、热门课题数）、科研发展力（高被引课题占有率）为一级指标，对世界科研机构学科科研竞争力进行了评价和排名，提出我国大学要迈向一流大学必须在这些指标上下功夫。上述文献中与本书最接近的是邱均平的科研竞争力，但总的来说该指标还是偏科研方面、有形的指标。

（二）不同学科要素的组织的建设

这348篇文献中，大部分学者是从不同的学科要素分别展开论述，而应用较多的理论基础依次是核心能力理论、资源依赖理论和组织生态理论等，下面按不同的学科组织要素综述之。

（1）关于学科战略的相关研究。大学和学科是互动的，在战略要素上，文献多是和大学的战略结合在一起论述。如刘献君（2006）认为大学战略管理应：将战略实施作为战略管理的主体；将提高教育质量作为核心战略；将经费筹措放在战略管理的突出地位；树立多样化的理念等。徐小洲、梅伟惠（2007）认为我国高水平大学应根据科技发展态势与国家战略发展需要，吸取世界一流大学成功的经验，以大项目为建设世界一流学科的战略起点，合理配置资源，创新学科管理机制。宣勇（2009）提出大学学科建设的一个重要目的是提升学科组织的知识生产能力。以往的学科建设由于单纯地强调了学科要素的培育而缺少整体的制度安排，导致学科建设的效率不高。因此，大学学科建设应从对学科要素投入的关注转移到对学科组织化水平的提高上来。骆四铭（2009）认为作为学科制度化过程的学科建设，越来越表现为以问题为中心，围绕解决问题组织学科团队、搭建学科平台。郭贵春（2011）提出了学科建设的十个转向：学科目标从抓布点转向抓亮点，学科方向从多而散转向少而精，学科布局从铺摊子转向重优化，学科结构从传统性转向协调性，学科投入从普遍性转向选择性，学科团队从组织化转向创新化，学科交流从意向性转向实质性，学科制度从规范化转向系统化，学科管理从功能式转向跟踪式，学科文化从外化型转向内化型。

（2）关于学科文化的相关研究。学科文化是"学科组织在形成和发展过程积累的语言、价值标准、伦理规范、思维和行为方式等"（邹晓东，2003）。这方面，学者们的提法大同小异。如肖楠（2010）提出大学学科文化是学科知识文化与学科组织文化的集合体，蕴含着学科知识与学科组织发展过程中形成的相对稳定的学科优势与核心竞争力，由学科文化主体、学科文化场域、四大核心要素（学科知识体、价值体系、规范体系、行为习惯）构成。另外，还有从学科文化是学科发展动力的角度，如学科发展的动力包括内部动力（使命、方向、师资、文化）和外部动力（社会需要、国家政策、大学竞争）（赵坤，2011）。

（3）关于学科资源的相关研究。资源依赖理论是这些文献中参考较多的理论，主要是围绕人、财、物（平台）等资源展开。如科技创新平台对学科建设至关重要，因为它是为了将学科、人才与科技发展统一起来，实现人才和资源的充分共享（苏跃增、徐剑波，2006）。学科带头人的能力主要包括学术研究能力、战略规划能力、社会活动能力、组织管理能力及创新变革能力，其能力决定着学科组织的发展速度以及学科组织的兴衰，是学科组织成长发展的核心（宣勇，2007）。学科带头人更选是实现大学学科组织延续和健康发展的重要环节。张金福（2012）认为当前我国大学学科建设的几种模式本质上都是要素（经费、权力、资源、范式）发展模式，即从离散的学科要素上去改进学科的既有状态，而不能从根本上解决学科建设的主要矛盾。因为经费、权力、资源、范式都是从学科的外部去改善学科发展的条件，而不能从学科内部找到学科发展的真正动力——学科自主性。黄超等（2011）则认为大学学科资源具有即刚性依赖和马太效应的特殊属性，学科成长能力对大学学科发展的战略、制度、知识和网络过程产生作用。

（4）关于学科政策的研究。政府的重点学科建设制度是主要的研究对象。左兵（2008）认为新制度经济学中的路径依赖和组织趋同中的模仿机制，是重点学科建设制度成为我国学科建设制度的制度性根源。钟伟军（2009）提出学科在大学治理中的功能缺失：在与政府的关系方面，学科缺乏独立性；在与市场关系方面，学科缺乏必要的抵御性；在大学治理过程方面，学科缺乏有效的参与，因此大学须创新大学组织制度，使学科成为大学治理结构的权力中心，建立一种基于学科平台的协商性网络。张金福、吴倩（2012）提出新公共管理理念下，政府对大学学科建设介入也带来了政府管理碎片化问题，具体表现为政策上的交叉、平台上的重叠和项目上的重复，从而导致非重点学科边缘化、教师价值观与科研行为异化、学科的自主性缺失与主体性缺位和学科投入产出不匹配等乱象，并提出要树立协同理念、构建整体政府管理模构建政府与大学的缓冲组织、改变政府直接管理的现状来消除这些负面影响。

（5）关于学科结构的相关研究。文献主要在学科组织和跨学科组织间展开论述。马廷奇（2011）认为传统单科制的组织体系带来的惯性，当务之急是树立大学科意识，积极推进学科交叉的制度创新，整合不同学科资源，实现交叉学科建设与拔尖人才培养的互动和协同。后者如伍蓓，陈劲等（2008）认为学科的发展经历了学科交叉、学科群和学科会聚三个阶段，并提出影响学科会聚的外部因素主要是科研体制和机制障碍、学科评估与评价机制障碍、学科建设与行政管理机制障碍三大因素，内部因素主要是学术、价值观、沟通、合作障碍。胥秋（2010）通过对国外大学组织结构的分析，提出我国大学应尽快以学科群和学科门类为依据整合第一层级的院系组织，促进其内部的学科融合；在容纳多个学科的学院中设立交叉学科研究中心。

（6）关于学科流程的相关研究。学者们普遍认为通过扁平化追求效率是学科流程改造的重要趋势。如梁传杰、曾斌（2009）以南京大学学科特区为例，介绍其有意识地将资源向产出效益高的学科集中配置，以学科群和学科特区的运作方式，使学科群从面上加快学科发展的进程的管理模式。北京师范大学在2009年组建了教育学部，教育学部下属机构实行"扁平化"，共设立了25个学术机构，其中包括14个实体性学术机构和11个综合性交叉研究平台，所有下设单位直接对学部负责由学部统筹人事、财务、学生事务、外事、党务等方面的管理，从而改变了过去金字塔式的科层设置和管理模式，有利于节约管理成本，提高管理效率（钟秉林，2009）。邹晓东、吕旭峰（2010）以浙江大学为例，提出在学部的运行机制中，学术管理职能是核心，学术委员会制是根本，规划、统筹、协调、服务是关键。学部的主要职能体现在学术发展和学科建设方面，并在一定程度上实现学术权力与行政权力的分离。宣勇提出创业性大学学术运行机制的变革应当围绕学科、任务与平台三大核心要素展开，构建基于学科、面向任务、整合资源的矩阵型组织结构。

（三）不同类型大学的学科建设

不同类型高校学科建设经验的综述有利于本书全面把握大学学科组织

的发展趋势，此处主要按文献里提及的内容来划分，而不是按常见的武书连的《再探大学分类》的四种类型划分。下面简要论述之。

（1）关于地方型高校学科建设经验的相关研究。总的来说，学者们均非常强调特色一词，并且强调集中有限的资源来满足地方的社会经济需求。如孔建益、杨军（2008）认为地方高校学科建设存在对学科认识不够深透、学科建设的驱动力不强、建设条件较差、大学组织制度创新滞后等问题，应采取差异化发展和错位竞争策略建设学科。南京工业大学的学科建设在思路上"顶天立地"，在政策上"育种育苗"，在机制上"蓄水养鱼"，如其生物化工学科的发展构建了基础研究——技术创新——工程化的研发模式，促进原创性成果的快速转化，取得了以国家科技进步一等奖为代表的一批重大成果（万永敏、欧阳平凯等，2009）。李大勇（2010）提出满足社会需求是地方高校走特色发展道路的外部动力，要充分发挥行业和区域优势，培育新的办学特色。杨林（2010）提出"集成"是强调各组成部分的主体行为性和集成后的整体功能倍增性，地方高校普遍存在的基础薄弱、资源有限、目标趋同、机制不活、形式单一、特色迷失、质量不高等弱势表现，弥补这些弱势的有效方法就是将综合得到的各方各类资源集成为自身的教学和科研特色，构建具有整体实力的核心竞争力。冯志敏、单佳平（2010）提出地方大学的特色学科建设要围绕地方经济社会发展需求，按照系统工程要求，树立"品牌、竞争、团队、顶天、立地、质量"六种意识。陈笃彬、陈兴明等（2011）认为教学研究型大学由于学科形态不完整，要推进学院制改革，通过一定的行政手段来进行学科整合。单佳平（2012）提出地方大学构建学科组织结构的基本原则：学术权力和行政权力相互制衡、资源配置科学有效的原则、分类指导逐步推进。

（2）关于研究型大学学科建设经验的相关研究。学者们除了强调特色外，则非常强调集成，包括与其他学科、产业界的整合，形成协同优势。如侯自新（2006）提出如何更好地借助国家和区域整体发展的趋势来提升自己的学术水平、科研能力和为社会服务的水平是高水平大学建设必须思考和实践的问题，由于对学科的狭隘性理解，将其等同于学位点的申报，建设规划目标不明确，缺乏科学论证，讲投资不讲效益，追求大而全，忽视了系统集成和整体效应。朱崇实（2008）提出厦大坚持"保证重点，兼顾一般"的原则，大力发展应用学科，同时也越来越重视以创新平台、基地和重大科研项目为纽带，打破院系之间、学科之间的界限，强化资源配置的导向、激励机制，大力推动不同学科的融合与渗透。顾海良（2009）认为加强研究型大学学科建设管理，需要从片面追求短期局部效应向全面注重中长期整体规划转变；从日常事务管理向系统宏观管理转变；从强调学科建设目标向注重目标和过程双重管理转变。杨玉良（2009）认为几乎所有的软学科均诞生于硬学科，大学必须加强和重视基础学科、硬学科的持久建设，同时也应保持各相关学科间的连通性，关注学科布局和空间布局。郑南宁（2009）认为如果偏离大学人才培养的根本目标，片面强调大学的科学研究和社会服务的功能，就会混淆大学存在的目的与大学的功能。黄达人（2009）提出新一代学术带头人是摆在中国大学面前紧迫而艰巨的任务，也是大学所肩负的历史使命，要从制度设计和希望上给予支持。李培根（2010）认为学科建设存在单一学科关注、指标关注、科研关注、重点关注的习惯思维模式，要在学科规划和执行中拓展到对教育的关注、对重大问题或领域的关注乃至人文关注。马德秀（2010）认为建设高水平大学推进学科和科研向国际一流发展关键要在科研组织模式上取得突破：一是形成学科的集群优势和交叉优势，以交叉集成引领学科整体上水平；二是推进科研组织形式从分散型管理向综合型管理转变；三是改革考核评价体系从以考核数量规模为主向以考核质量水平为主转变。朱庆葆（2011）认为学科特色包含两个层面：一是在学科整体结构上，"人无我有"，这里有的不是一种空头的标新立异或刻意地填补什么空白，而是积极发展针对实际的错位发展的新学科、新方向；二是在学科总体质量上，"人有我优"这里的优指学科建设的比较优势，强调在综合竞争中脱颖而出创造学科核心竞争力。韩文瑜、梅士伟（2011）认为学科的基本规律有四个方面：适应性要求、交叉创新要求、重点突破要求、以人为本要求。而学科文化的培育又是学科建设的重中之重，要抓住科学精神、诚信意识、包容意识、敬畏学者敬畏学术这几个核心要素。

六　小结

首先，从上述文献分析可知，关于学科两种概念学者们已普遍达成共识，作为"不同学科要素构成的组织的建设"，这也是当前我国学科建设的实际所指，亦是本书所采用的学科组织的定义。但是当今随着科学技术的迅猛发展，科学技术研究在向微观细分的纵深方向发展的同时，也在向宏观整合的横向方向发展。这种纵向横向的发展，促进了学科间不断交叉融合。不同学者分别从不同的角度提出各自的观点，如宣勇教授提的"学科组织化"，而另一些学者提到的"跨学科、学科群、学科会聚"的观点。实际上跨学科是手段，学科组织成长是目的，因为尽管是多学科或跨学科协作，其中也必须有一二个强学科作为中坚力量。本书所研究的是学科组织的学术创业能力，主要是把学科组织作为研究对象，而将跨学科、学科群等作为其重要影响因素之一，因为新形势下学科组织在保持自身能动性、积极性的同时，也必须注意突破学科壁垒、边界弱化以及外源性因素，基于学科但不囿于学科。

其次，2013 年 2 月，教育部学位与研究生教育发展中心网站公布了我国 2012 年学科评估结果，并进行了五大措施的改革："强调质量，淡化规模，树立学科评价的正确导向；创新学生质量评价模式，开创学生质量评价的新视角；创新学术课题评价模式，营造学术课题评价的良好氛围；改革科研成果评价模式，强调学科的社会服务能力；分类设置指标体系，突出学科特色，强化分类指导"。由于学科本质上的知识内涵和组织内涵，学者们普遍的共识要基于学科差异，采用不同的评价标准，本书将更多地是从组织的共性去考察不同学科组织的学术创业能力，在选取调研对象时就考虑其知识属性上的差异。

再次，上述文献分类中的战略、文化、资源、政策、结构、流程都是学科组织的构成要素。Toma（2010）基于多个教育组织的案例剖析后，提出了高等教育的战略管理理论，认为高等教育组织的能力（BOC）来自于目标、治理、结构、政策、流程、信息、基础设施和文化等组织要素。总的来说，当前我国学科建设忽视了系统集成和整体效益，本书将这些内外部要素整合在"组织能力"上，并将其作为学科组织学术创业能力的构成要素（后续章节还将综述"学术创业"的知识图谱和关键文献，最后相结合而得出其主要构面）。

最后，通过上述分析发现，在研究内容上，我国现有学科建设文献中还较少提到在学科组织层次应该如何系统打造学术创业能力及作用机制的研究。多是泛泛而谈，如要与产业区域发展相结合、要以重大项目为纽带、要打破院系界限、要注重集群优势、要注重差异化或特色战略等。还有一些则是单案例的介绍。

值得一提的是，在研究方法上，本部分所采用内容分析法还有一种方法是定量的，也是在定性基础上进行的，其一般步骤如下：确定研究问题、确定研究范围、抽样、确定分析单元、建立分析的类目、对材料进行编码和分类、信度和效度检验以及分析汇总来进行研究（夏清华、宋慧，2011）。后续研究将在对相关院校学术创业经验的半结构访谈问卷的数据处理时将采用这种方法。

第二节　学术创业研究述评

总之，上述这些学者们的观点为本书理论模型的初步构建提供了非常有价值的观点，要进一步探析其作用机制，必须得对本书的另一关键词"学术创业"进行文献综述，下面将分析之。

知识经济时代，科技、教育和产业间需要越来越多更深层次和更有效率的互动，创业型大学、学术创业（Academic Entrepreneurship）和技术转移等继而成为重要的研究主题。国内一些大学如复旦大学、福州大学、南京工业大学、浙江农林大学等也相继提出要注重学术创业，建立创业型大学，然而对学术创业的定义仍是众说纷纭。截至 2012 年 5 月 1 日，以学术创业为主题词，据中国知网在 2000—2012 年搜索结果，国内已有文献关注"学术创业"的研究还较少（共 19 篇，包括期刊、会议、学位课题和科技成果），大部分文献主要是围绕着"创业型大学"展开使用。从侧面说明这些文献中较少有对学术创业的概念有明确界定、并从整体上对其特征和影响因素进行梳理。而据 web of knowledge 网站检索（见图 2-1），主题为 Academic Entrepreneurship，选择所有数据库，年限选在 2000—2012 结果显示，国外文献对学术创业的关注有 463 篇（包括期刊和会议课题），并且文献数总体上是逐年递增趋势。

国外学者也开始注意到这个增长趋势，如 Mars（2010）基于国外五种核心教育期刊的文献用内容分析法对学术创业也进行了重新定义。本书在综合国外学术创业文献和知识图谱分析的基础上，结合国内文献，以学术创业的概念、特征和影响因素为分析框架，探索学术创业研究新趋势。

一　学术创业知识图谱分析

（一）知识图谱软件简介

CiteSpace 是美国 Drexel 大学陈超美教授开发编写的，是近几年来在美

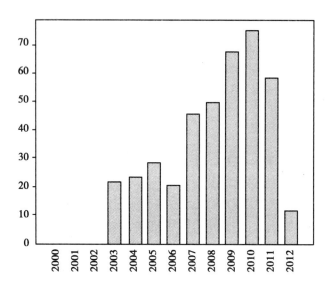

图 2 - 1　每年出版的文献数（共 463 篇）

资料来源：http：//www.isiknowledge.com/

国的信息分析中最具特色及影响力的可视化信息软件，是一种 Java 应用程序，可以帮助学者分析知识领域中的研究现状及新趋势，主要包括分析某一领域研究前沿、知识基础和关键的知识点等。其中某个领域的研究前沿是由科学家积极引用的文献所体现的，由几十篇最近发表的文章组成，而知识基础是研究前沿的时间映射，由研究前沿的引文形成。因此从文献计量学角度看，两者的区别在于，研究前沿由引文构成，知识基础由被引文献构成，并由共引聚类来表示，共引聚类中的文章越多，知识基础越强大（陈超美，2009）。

如易高峰等用 CiteSpace 对《高等教育研究》期刊的研究前沿和知识基础进行了分析。彭绪梅等针对"创业型大学"这个主题，对其国际的研究现状进行了知识图谱分析。创业型大学和学术创业是有区别的，后面概念界定中会详细提到。当前对"学术创业"的知识图谱分析还存在空白，相对"创业型大学"本部分能从更微观的层面揭示研究现状，对更深入探索学科组织的学术创业范式有一定理论和实践意义。

（二）数据来源与处理步骤

本知识图谱分析所来源的数据是截至 2012 年 11 月 20 日，基于 ISI 网站的 Web of Science 数据库，主题选 academic entrepreneurship 或者 academic entrepreneur（其中单用前者共 482 篇，单用后者共 319 篇）；时间跨度选所有年份；数据库选 SCI-EXPANDED，SSCI，A&HCI，CPCI-S，CPCI-SSH，CCR-EXPANDED，IC。最终共获得 1979—2012 年的 666 篇文献（包括会议、评论等）。这些文献中去除自引的被引频次总计 4953 篇，去除自引的施引文献总计 3646 篇，每项平均引用次数 8.64 次。

分析所采用的工具是 CiteSpace 的 3.3.R1（64bit）版本。处理步骤如下：

首先，数据的整理。由于 CiteSpace 软件要求输入的文献格式主要为 ISI 中文献的文本格式。因此将 666 篇文献保存为 TXT 文本格式，并以"download"开头命名，放在同一文件夹中。

其次，时区分割。首先是时区的分割（Time slicing），本书所选取的时间跨度为 1 年，共 34 个分割区。而术语的来源（Term Source）则全选标题、摘要、关键词等信息。

再次，阈值的设定。CiteSpace 软件共有四种阈值设定方法，可以根据不同的研究需要进行选取，有的选择每年被引次数最多的前 N 项（Top N per slice），也有的选择在引文数量、共被引频次和共被引系数三个指标上，并且在前、中、后分别设定阈值等。

最后，运行软件。根据各种研究需要，选择节点类型（Node Types）以及修剪方式（Pruning），点 GO 并可视化。

（三）学术创业的研究热点分析

1. 关键词共现频次分析

对某一领域的研究热点进行分析时，有学者采用关键词共现分析，因为关键词是课题内容、学术观点的缩影和凝练。两个或更多关键词在同一篇文献中同时出现称为关键词共现。通过两两统计一组关键词在同一篇文献中出现的次数，在一定程度上能揭示某一领域学术研究的现状与趋势。因此，本书将节点类型选为关键词，而阈值选择每年被引次数最多的前 30 项，共得到 226 个节点，364 条连线（见图 2-2）。根据图中的节点，可以看出，"创业（entrepreneurship）"是图 1 中最大的节点，频次为 178 次，其次是"创新"（innovation），这与创业活动的核心是创新有关，再依次是"绩效（performance）""知识（knowledge）""学术创业（academic entrepreneurship）"和"科学（science）"。这与 Brennan 的分析基本一致，他认为要分析学术创业，首先得分析创业是什么，创业是组织创造、创新和战略的更新，因此学术创业即是大学内部和外部的组织创造、创新和战略更新。（Brennan & McGowan，2006）另一方面也证实了创业是一个被频繁使用的词汇：技术创业、工程创业、科学创业、学术创业、管理创业等，如（Mars，2010）就提到创业被过度用在技术转移、知识产权保护、大学产业合作。

图 2-2 "学术创业"的关键词共现知识图谱（1979—2012）

2. 关键词的 Burst 指标分析

进一步研究发现，关键词"创业（entrepreneurship）"同时也是引用突变（Burst），数值为 3.73。chen（2012）指出 Burst detection 有突变、突发、剧增等几种翻译。基本意思是一个变量的值在短期内有很大变化。CiteSpace 将这种突变信息视为一种可用来度量更深层变化的手段。CiteSpace 中 Burst detection 用于两类变量：施引文献所用的单词或短语的频次和被引文献所得到的引文频次。因此再点击"创业（entrepreneurship）"的引文历史，发现在 1998 年—2007 年其引文频次均较稳定在 2 次到 9 次之间，而 2008—2009 年由 13 次剧增至 34 次，达到顶峰，其后几年又回落在 23 次左右。这种现象刚好与 2008 年美国金融危机出现，学术界普遍提倡创业型社会驱动经济发展论点相吻合。再看节点"学术创业（academic entrepreneurship）"，Burst 为 0.05，2003—2011 年引文次数稳定增长，而 2011—2012 年激增到 23 次，说明越来越多的学者开始注意到探讨学术背景下如何创业，如何提高学校创业绩效或学科组织学术创业绩效的重要性，亦是本书的研究意义和价值所在。

3. 关键词的中介中心度分析

CiteSpace 基于时间段的共被引聚类分析，重点会关注演进过程中出现的关键节点，节点中介中心度（Centrality）体现出这点的"媒介"能力，它可以发现在整个网络中起战略作用的点（见表 2 - 2），一般是大于或等于 0.1 的节点，中心度越高，意味着它控制的信息流越多（黄扬杰，2013）。中心度排名最前的是"绩效"，说明学术创业研究领域已经较关注绩效如何提升的问题，如有学者提到学术创业应尽量忽略活动的类型，而把关注点放在是否能提高经济发展的整体效益，且要更关注长期目标，而非短期的财政目标（Mars，2010）。其次依次是"产业""企业""技术转移""大学"等。这与 ISI 自带的统计工具对比分析结果是一致的，在这 666 篇文献中，主要研究方向排名依次是"商业经济"（Business Economics）的占 62%，"工程"（Engineering）的占 16%，"教育研究"（Educational Research）占 11.4%，"公共管理"（Public Administration）占 10.5%。说明现有的文献还是经济管理领域的多，大学、教育领域偏少，但已经逐渐受到重视。

表 2 - 2   "学术创业"关键词的中介中心度前十名

序号	频次	中介中心度	关键词
1	96	0.34	performance
2	178	0.29	entrepreneurship
3	57	0.22	industry
4	28	0.21	firm
5	39	0.14	technology transfer
6	52	0.12	university
7	109	0.11	innovation
8	58	0.10	science
9	28	0.10	management
10	20	0.10	behavior

（四）学术创业研究热点的知识基础

1. 基本情况扫描

探析某一领域的知识基础一般用文献共被引分析（Cited Reference）。

但为更好探析其知识基础，我们有必要先扫描其基本情况，即把节点类型选择国家、期刊共被引（Cited Journal）、作者共被引。阈值选择每年被引次数最多的前30项，结果发现，国家方面被引频次（见下图2-3）前5名按高到低依次是美国（203次）、英国（79次）、德国（37次）、意大利（29次）、中国（29次）。Burst指标排名前三位的是美国（5.64）、罗马尼亚（4.15）、中国（3.73）。这种现象也与国内学者对各国的学术创业案例进行研究的比例相吻合，可能需要更多去关注罗马尼亚和比利时（中心度为0.2）等国的大学案例。

图2-3　"学术创业"节点类型为"国家"知识图谱（1979—2012）

而期刊方面，频次排名前五位的是"政策研究（260次）""商业风险杂志（244次）""管理科学（172次）""学院管理评论（172次）"和"创业理论和实践（168次）"。这些都是研究"学术创业"领域必看的外文期刊。而按Burst指标排名前五的是"工作、受雇与社会（4.04）""创业理论（4.01）""高科技企业家（3.88）""经济学杂志（3.66）""艺术科学企业家（3.63）"。从Burst指标排名可以看以"创业"为主题类的期刊，也已开始普遍重视"学术创业"这一研究领域。作者方面，频次排名前五的是"Scott Shane（162）""Henry Etzkowitz（110）""Zucker，L. G（78）""David C. Mowery（64）""David B. Audretsch（61）"。作者方面的Burst指标和中介中心度分别最高的是"Janet Bercovitz（6.28）"和"William B. Gartner（0.12）"，要引起该领域研究者的关注。

2. 文献共被引分析

如上所述，知识基础由研究前沿的引文构成，是其时间映射。CiteSpace 采用谱聚类的方法对共被引网络进行聚类，并按特定的抽词排序法则从引文的标题、摘要、关键词等中抽取术语，来作为共被引聚类的标识，并通过 Modularity Q 指标和 Mean Silhouette 指标对聚类结果和抽词结果进行计量，而这两指标越接近 1，结果越好（Chen & Ibekwe-SanJuan et al.，2010）。据此，为探析"学术创业"的知识基础，节点类型选文献共被引，阀值选每年被引次数最多的前 30 项，修剪方式（Pruning）选 Pathfinder 方式，并对结果进行聚类和自动抽词标识。而图 2 - 3 中获得节点 418 个，连线 1830 条，Modularity Q 指标为 0.6795，Mean Silhouette 指标为 0.9662，说明结果较好。并且共获得 26 个聚类，但各聚类看起来较分散，这与"学术创业"是新兴研究领域有一定关系。其中聚类从大到小前五位以及其自动标识见表 2 - 3。

表 2 - 3   "学术创业"的文献共被引聚类排名前五位

序号	聚类编号	自动标识	共被引文献数量
1	#12	Creation	165
2	#15	Mining Venture	30
3	#17	Revisonist View	30
4	#22	Cal-techs program	30
5	#9	entrepreneurship	21

从表 2 - 3 可以看出，"学术创业"领域主要的知识基础在"创造"这是因为创造是创新的前提，而创新又是创业的前提，学术创业的最终目的在价值创造（Value Creation），包括有形价值和无形价值（Mars，2010）。其余聚类分别是"最小化风险（#15）""历史修正主义（#17）""Cal-techs 项目（#22）"和"创业（#9）"。在最主要的聚类#12 里存在着该领域最经典的文献，频次排名前 10 位的见表 2 - 4。

表 2 - 4   聚类#12 里频次前十位的文献

序号	频次	作者	年份	来源期刊
1	68	Shane S	2004	NEW HORIZ ENTREP
2	58	Di Gregorio D	2003	RES POLICY

续表

序号	频次	作者	年份	来源期刊
3	49	Zucker LG	1998	AM ECON REV
4	44	Etzkowitz H	1998	RES POLICY
5	44	Shane S	2002	MANAGE SCI
6	41	Shane S	2000	ACAD MANAGE REV
7	41	Siegel DS	2003	RES POLICY
8	39	Rothaermel FT	2007	IND CORP CHANGE
9	35	Vohora A	2004	RES POLICY
10	35	Clarysse B	2005	J BUS VENTURING

3. 关键文献内容解读

CiteSpace 的聚类和自动标引是对整体文章进行自动抽取，能客观、全面地映射研究热点，但是也存在过于具体化的缺点。表 2－4 中聚类#12 的作者被引频次与扫描基本情况时作者的被引频次是较一致的（见图2－4），因此进一步考察表中的每一篇经典文献有助于我们更深入把握"学术创业"的知识基础。如代表学者 Shane S，著作颇丰，其在 2004 年著作《学术创业：大学衍生企业和财富创造》（*Academic Entrepreneurship：University Spinoffs and Wealth Creation*）是该领域必读作品，在 Google 学术搜索的引用次数目前达 700 多次，书中定义了 University Spinoffs（准企业）的概念：由学者或学生创造的在学术机构里面用来开发知识产权的新公司。并全面研究了 TTO 的特征、制度环境（地理）、技术转移类型、大学文化、产业特征（生物医学）、学者角色、形成过程等与 Spinoffs 形成率的关系（Shane，2004）。其本人在 2009 年获得了全球创业研究奖，在创业领域发表了很多优秀的文章，如表中序号 5 和 6。（Di Gregorio & Shane，2003）的《为什么一些大学产生更多的初创公司》（Why do some universities generate more start-ups than others?）也是和 Shane 合著的，文中以学校技术认证办公室的新创企业率为因变量，以风险资本的可获得性、大学研究的商业化导向、知识卓越和大学政策为自变量，发明数、TTO 职员数、经费、年数为控制变量，进行了实证分析，得出大学政策是关键因素的结论。由于国外大学相关数据齐全，而要作本土化的研究，较可行的方法是基于学科层面的样本调查，这亦是本书努力的方向。Zucker & Darby et al.

（1999）的《知识产权人力资本与美国生物科技企业的诞生》（Intellectual Human Capital and the Birth of U. S. Biotechnology Enterprises），描述了知识产权人力资本与美国生物技术企业诞生间的关系，提出了明星科学家在哪里、何时出课题是企业在哪、何时进入美国生物技术行业的关键影响因素。Etzkowitz H 作为三螺旋理论和创业型大学理论的奠基人自不必多说。在聚类#12 中 Burst 指标方面，除了上述提到的"Janet Bercovitz"，排第 2 的是"Frank T. Rothaermel"的 4. 92，其 2007 年发表《大学创业：文献的分类法》（University entrepreneurship：a taxonomy of the literature）是非常系统详尽的文献综述，亦是该领域必读之作。

图 2 - 4 "学术创业"作者总被引频次知识图谱

（五）知识图谱分析小结

本部分运用 CiteSpace 对 1979—2012 年的"学术创业"领域的文献进行了研究热点和知识基础的知识图谱分析，有助于快速便捷地把握其研究现状，同时对该领域关键点、经典文献作了简要说明，为后续分析提供了直接、客观的切入点。

二 学术创业相关概念界定

（一）学术创业与创业型大学、技术转移的关系

学术创业与创业型大学既有联系又有区别。埃兹科维茨认为 EU 是经常得到政府政策鼓励的大学，其构成人员从知识中获取资金的兴趣使得学

术机构在实质上更接近公司（Etzkowitz，1998）。伯顿·克拉克认为 EU 是凭它自己的力量，如何在它的事业中创新，并寻求在组织特性上有实质性的转变，以便将来取得更好的发展态势（伯顿·克拉克、王承绪译，2003）。王雁认为 EU 是具有"企业家精神"的研究型大学，其三大功能即教学、研究和创业是三位一体的完整体系，与传统研究型大学相比，创业型大学具有环境敏感的组织范式与内外协调的运行机制（王雁，2011）。邹晓东（2011）等通过对创业型大学的两种不同的研究路径的分析，提出了变革式和引领式两种不同内涵，即第一类是克拉克提出的为了应对环境变化而实施变革的"革新式"大学，以英国的沃里克大学为例；第二类是埃兹科维茨关注的以知识转移和学术创业为特征的"引领式"大学，以美国的麻省理工学院为例。

基于上述学者们对创业型大学内涵的界定，可见创业型大学的概念比学术创业更宽泛，包含了学术创业。Kirby（2006）认为创业型大学的概念比学术创业和技术转移的概念都要广，因为创业型大学还包括组织结构、领导、控制系统、人力资源和组织文化等一系列特征。Brennan & McGowan（2006）认为学术创业的过程和活动既是嵌在大学系统内部的，与大学外部也有密切的联系。因此只有在全校大范围的实行学术创业才能称为创业型大学，而创业水平的高低也可以通过学术创业的层次或范围来衡量和比较。

Wright & Birley et al.（2004）认为大学技术转移是基于大学所开发的技术或发明逐渐商业化的过程。Link & Siegel（2005）认为大学技术转移有正式机制（授予专利、大学许可、战略联盟、合资企业和衍生企业等）和非正式机制（知识转移、顾问咨询和联合出版）。之前国内外的不少研究将学术创业与技术转移、衍生企业等概念等同。Brennan & McGowan（2006）认为学术创业是个宽泛的概念，不仅仅包括诞生新的组织、衍生企业等，还包括大学系统内部的战略更新、转型和创新。因此并不是所有学术创业的活动和过程都会导致技术转移。Yusof（2010）认为技术转移、技术商业化、发明的认证许可、衍生企业等都是学术创业的一种，越是鼓励和重视学术创业的大学，其技术转移的数量也将越高。石变梅、陈劲（2011）通过对美国史蒂文斯理工学院 AE 模式的剖析，提出学术创业和传统的技术转移有所不同，比如在该模式中，学术创业是学术价值的核心。大学的科学研究，人才培养、学术创业三者间相互作用、相互促进，从而实现可持续的循环与创新。

综上所述，创业型大学的概念要宽于学术创业，而学术创业内涵又宽于大学技术转移，同时三者之间又紧密联系。创业型大学是一所大学通过组织和运作学术创业活动（包括技术转移）来从战略上适应创业型的理念。这些创业活动不仅有助于大学内部的组织和个体成长以及财富的创造，也会影响大学外部的环境和经济发展（Yusof，2010）。

（二）学术创业的三种概念

不同学者给学术创业给出了各种各样的定义，如 Etzkowitz（2003）认为学术创业既是内源性的，因为研究型大学内部的研究团队具备了类似企业的品质，也是外源性的，因为基于大学的发明创造必然会部分受到外部的影响。国内学者李华晶认为学术创业从狭义上理解，主要指学者或学术组织参与商业创业活动；而广义上的学者的创业行为还包括对学术生涯的创业型管理，如创建一个新的研究领域或机构。这种创业活动既有学术组织内部的，亦有与外部机构（如企业和政府）之间的联系，是一个动态的创业系统。同时她还提出了学术创业的两种概念界定：侧重于创业导向和学术导向（李华晶，2011）。总的来说，学者们对学术创业定义可以概括为以下三种：

1. 侧重学术的学术创业概念

这种界定强调学术、学术组织或学者在创业中的主体地位，更关注的是大学的内部。如 Chrisman（1995）通过对加拿大卡尔加里大学的分析提出学术创业是大学内部任何机构创造企业的活动。Classman（2003）认为是大学内的每一个职员追求各种机会来改进他们的单位、学院或大学的活动，他还提出个体学者、项目经理、系主任和教务长等可以通过创造机会、培育机会识别能力、获取资源和建立文化来支持大学的创业活动。Shea（2004）认为学术创业是一个涵盖性术语，大学和其产业伙伴为了学术研究能够产业化而进行的努力和活动，其前提条件是大学内部有大量的科学研究，并且其中一部分有商业化的潜力。还有些学者指出学术创业的关键是大学扮演着创业活动的催化剂和创收机构。

2. 侧重创业的学术创业概念

这种界定强调创业、商业化的结果等，更关注大学的外部。比较有代表性的如 Louis & Blumenthal et al.（1989）通过对研究生命科学的学者的调查提出学术创业的五种类型：参与外部资助的研究、赚取额外的收入、为大学研究获得产业支持、获得专利或产生商业机密、商业化。又如 Klofsten & Jones-Evans（2000）认为学术创业是大学正常的研究和教学职能外的所有商业化的活动。

3. 学术和创业平衡的学术创业概念

之所以会有上述两种区分，我们认为主要是因为界定者的身份和出发点有所不同，大学管理者、教授等更偏向于第一种，认为创业是提升学术的一种途径，最终要服务于学术，注重学术成果。而企业家、实践家更偏向于第二种界定，认为学术、知识应该服务于创业，最终要形成商业化的结果，赚取额外利润。

如埃兹科维茨对学术创业的内源性和外源性界定。还有如 Brennan & McGowan（2006）认为学术创业是大学内部和外部的组织创造、创新和战略的更新。Czarnitzki（2010）通过对美国国家卫生研究院的生物科学家进行实证分析，探讨学术创业者的学术研究和创业能否取得平衡，最后得出这些科学家若追求在私人部门的创业，他们的学术产量将下降，而当这些科学家重新返回学术时，他们的产量也将不如从前。揭示了学术和创业的矛盾性，从侧面反映了学术和创业集成与平衡的重要性。Van Looy & Ranga et al.（2004）针对创业和科学相互干扰的怀疑，基于不同的学科（14个学科组织，其中 8 个为应用学科），在比利时的大学里进行了实证，结果发现两者会相互促进，并随着资源的增加会出现马太效应，而两者的平衡主要取决于政策的制定。如上所述，因此学术和创业平衡这种战略选择有助于学科处于较好的竞争地位，获得大量资源，因为除了平衡基本的学术（研究、教学）能力，学科还能够展示创业能力来提出研究并发展应用。

三　学术创业的典型特征

基于上述对学术创业概念的界定，在这众多概念之中，学术创业究竟有何典型的特征，可主要概况为三点：

（一）多样性

学术创业的活动形式多种多样，如上述学者（Louis & Blumenthal et al., 1989）提到的五种类型，李华晶（2009）基于不同的创业导向提出学术创业的三种类型：内向型（主体是指学术组织内部主要从事基础科学研究的学者）、外向型（追求具有潜在的或具体市场价值的创新活动）和中间型（通过机构间的合作进行创新），并且指出学术创业的实践形式主要有两类：衍生企业和技术许可。学者 Wood（2009）也认为这是大学学术创业常见的两种组织形式，衍生企业形式有较高的资产专用性和较高的风险，技术许可则资产专用性较低，风险也相对较低，他通过交易成本理论，得出学术创业选择哪种形式取决于交易费用的大小和创新的属性。

Klofsten & Jones-Evans（2000）将学术创业活动形式划分最为详细，从活动的硬性到软性分为：科技园、衍生企业、专利和许可、合同研究、产业培训课程、顾问咨询、筹资、学术出版和培养高质量的本科生，硬活动多指有形产出，与大学传统也较不相容，而软活动则相反。Philpott（2011）认为过去典型的创业型大学多追求硬活动，而对软活动则关注较少，这导致了在一定程度上，将创业型大学等同于技术转移或衍生企业，他指出尽管硬活动很重要，但软活动也不可忽视，如在 MIT 专利的比重仅占知识转移的 10%，因此成熟的创业型大学应该追求软硬结合，且早期阶段适合追求软的，大学管理者也应该注重能培育全校都能用的创业活动，而不是仅仅供个别部门使用。Cohen（2002）也认为大学转移知识最好的方式是软活动。Hussler & Piccard et al.（2010）通过对意大利、德国和中国三国的学术创业进行比较，指出没有最佳的形式。因此不同国家背景的大学创业活动应有所差异，同时大学应忽略活动的类型，而应更关注其是否能提高经济发展的效益。

（二）层次性

学术创业可分为国家/区域/大学、机构/学科、个人等层次。Brennan & McGowan（2006）将学术创业分为五个层次：创业系统、大学、学术组织、实践社区、学者个人。Mars（2010）通过对国外五种核心高等教育期刊做内容分析法，指出其中关键的 44 篇文献中对学术创业的研究层次集中在国家/区域、机构和学科，对个体层次研究的较少，他还指出亚洲、欧洲和拉丁美洲文献多关注国家/区域/大学层次的系统变革，而美国、澳大利亚和加拿大则关注机构层次，如大学的技术转移和知识商业化活动，而在个体层次，经济管理文献中提到的认知和人际关系、风险容忍和创业经验等因素在教育类文献中较少提到。

在研究大学、机构层次的学术创业文献中，Rothaermel & Agung（2007）通过对文献的分类，围绕着创业研究型大学、知识转移办公室的生产力、新公司的创造和网络创新的环境背景四个主题进行非常详细系统的分类描述。Tuunainen & Knuuttila（2009）指出相对于广义的角度，检查各部门层次（departmental level）的创业范式更有助于揭示创业的复杂性和矛盾。Clarysse（2011）则从个体层次的创业能力（机会捕捉等）、创业经验（参与或自创）；机构层次的TTO的建立和效率；和大学层次的社会环境（学校的衍生企业）为自变量，通过COX回归模型得出个体层次的属性和经验是影响学术创业最关键的因素，社会环境的影响要次于个体层次，而TTO起间接作用。Philpott（2011）也指出大学要提高创业产出，大学的管理者要更加关注个体层次，因此大学要克服缺乏创业楷模、缺乏统一的创业文化、学术晋升过程对创业努力之影响的三大障碍。

（三）动态性

学术创业具有动态过程性。Friedman & Silberman（2003）认为学术创业不是单一事件，而是由一系列事件组成的动态的过程。Brennan & McGowan（2006）指出基于知识学术创业的过程可分为：优势的寻求、创新的寻求、机会的寻求。以大学层次为例，其优势来自知识创造，其创新通过知识的生产，其机会寻求通过创业型大学，其知识类型则是内嵌于大学之中。Wood（2011）指出学术创业可划分为四个阶段：创新披露和知识产权保护阶段、意识和获取产业合伙阶段、商业化机制选择阶段（技术认证许可、创造衍生企业、驱动机制选择）、商业化阶段。因此通过对学术创业动态过程各阶段的划分，有助于识别不同阶段的创业活动、创业主体、障碍困难、关键影响因素等，从而提高学术创业的绩效。

四　学术创业绩效的影响因素

由于学术创业概念的多样性和复杂性，学术创业绩效的影响因素也难以细致划分，但从整体上考虑其影响因素，有助于我们更系统、全面地把握。

（一）基于多样性的学术创业影响因素

如学术创业的活动有硬活动和软活动之分，每种形式的影响因素均不一样。如有学者指出人文和社会科学更适合软活动。再以大学衍生企业为例，易高峰（2010）从多角度构建了母体大学可能影响衍生企业发展的13个因素，提出影响最明显的是R&D成果应用及科技服务经费、大学科技成果专利授权数、科技投入总经费等因素。由于形式多样，有大量的文献直接对其具体表现形式，如衍生企业或技术转移等进行深入细致的研究。本书所提的学科组织学术创业能力将参考上述学者的观点尽量忽略活动的类型，而将关注点集中在"组织能力"之上。

（二）基于层次性的学术创业影响因素

不同层次的影响因素也各不相同，如 van Looy（2011）在研究欧洲大学层次的创业绩效时，以科学生产率和转移机制、研发强度、TTO、大学的规模、大学现有学科的幅度等为影响因素。而学者对个体层次的研究，则关注创业能力、创业机会识别、创业经验等因素。在机构层次上，又更多地考虑 TTO 的规模、TTO 有无和大学组织结构等因素。此外还包括区域产业结构特征、大学知识产权政策等宏观环境因素。普遍看来研究学术组织层次的文献还偏少。

（三）基于动态性的学术创业绩效影响因素

对学术创业各个阶段进行细分就是为了能更好地识别各阶段的关键影响因素。如在创新披露和知识产权保护阶段，TTO 起着非常关键的作用，而在意识形成和产业伙伴获取阶段，个体的创业经验或者学校的创业楷模将是关键因素。此外机构的领导力、使命目标、大学文化、学科的规模和分布、跨学科研究中心、创业激励机制、学者的水平、创业网络、创业计划等也是学术创业各阶段需要考虑的因素。而对于学科组织学术创业绩效而言，主要是判断初期阶段的影响因素。

学术创业是一个整体概念，现在普遍认为不仅包括大学内部各层次活动，还包括大学与外部机构的各种联系合作，同时都强调要注意学术和创业的平衡。对概念较清晰的分类和界定有助于进一步对学术创业各种形式、各层次、各阶段的深入分析，对我国大学各层次进行学术创业活动也有较好的启示。在对学术创业特征的分析上，基于文献总结出多样性、层次性和动态性，并指出不同背景的大学创业活动应有所差异，要注重硬活动和软活动的平衡，同时学术创业应尽量忽略活动的类型，而是把关注点放在是否能提高经济发展的整体效益，且要更关注长期目标，而非短期的财政目标。由于学术创业的影响因素非常复杂多样，从三个特征出发，我们较简单地概括了一些主要影响因素。从发展趋势来看，这些因素不断综合又不断深入分化，衍生出创业型大学、技术转移、衍生企业等各种主题。

五　小结

回顾上述国内外文献，不难发现，无论是教育部官方、大学校长、管理者还是学者教授，对学科建设的重要性以及强调学科的社会服务能力（主要是学术创业能力）已经取得了一定的共识。学科组织与其他组织最大的区别在于知识的组织，科学技术高速的分化和综合，使得学科组织既要保持一定的主体性和积极性，又要跨越学科边界，突破壁垒，不断地交叉融合。学科的两种内涵与这种既矛盾又统一的发展趋势亦是多数学者探讨学科建设时的本源，而大学学科建设主要是指"作为不同学科要素（战略、文化、资源、政策、结构、流程等）构成的组织（能力）的建设"的概念亦多无异议。然而遗憾的是国内已有的学科建设文献对其学术创业能力的研究涉及还较少，多是蜻蜓点水或零星的案例介绍。按照Brennan & McGowan（2006）的观点，对学术创业的研究可以从五个层次展开，当前对大学层次、个人层次的研究偏多，相应地以"创业型大学""学者企业家"等相关研究为典型亦较成熟，而对学科组织层次学术创业问题，国外相关文献的关注亦在日趋增加。

要厘清什么是学术创业，首先还得辨别学术和创业。高文兵（2006）认为对大学使用"学术"一词，在西方文献中常是对学校教学、科研的总称，并非仅指科学研究这一个方面，这和国内对"学术"一词的习惯用法有差异，我们常把"学术"理解为学科建设水平、师资队伍水平、科研成果水平等几个方面。例如 2005 年牛津大学的学术计划——绿皮书中对学术界定包括三方面：研究、教学、人事。而博耶（1990）对"学术"分类：探究的学术、应用的学术、教学的学术以及整合的学术，四个方面是不可分割的整体，他所指的"学术"的英文是"scholarship"，若按照这思路，学术创业将有四种模式。综上，本书对学术的界定主要是指科学研究和人才培养，学术创业是指科学研究、人才培养、创业三者相互影响、相互促进并实现良性循环的过程。

而创业一词也有很多翻译：创业（能）力、创业主义、创业精神家等。美国 SIT 的校长 Dr. Harold 所提的 AE 也被台湾同胞翻译成学术创业主义，被认为是一种价值观："学术创业主义是一种新的核心价值，愿意投入创新并有勇气承担风险，是的，你还是和同僚在相同的期刊上发表课题，但你有勇气和热情去尝试，看看你的研究成果能否为更广大的社会层面带来利益，实践和奉献源于热情。"

本书认为学术和创业平衡的学术创业概念是普遍认可的定义，亦是本书所采用之定义。

第三节　知识管理理论述评

所谓知识，是人们在社会实践中积累起来的经验，属于认识的范畴。人们常习惯把知识归纳为自然科学知识和人文社会科学知识两大类，或者加上哲学知识归纳为三大类。伯顿·R. 克拉克把"一门门的知识称作'学科'"事实上，学科概念从其形态上可以区分为作为知识分类体系的学科和作为知识劳动组织的学科，知识则是双重形态学科的基本材料和构成要素。[①] 作为知识分类体系的学科，是有关知识的系统整合和理性升华，离开了作为"基本材料"的知识，学科就无从建构，就成了空中楼阁，是知识的增长促进了作为知识分类体系学科的变迁。作为知识劳动组织的学科，是对"基本材料"的知识进行操作的学术组织，是围绕知识来组织和开展活动的。作为知识劳动组织学科的发展，推动了知识的"发现、保存、提炼、传授和应用"，使之不断创新、拓展和增长。知识的重要性已经成为战略管理的中心议题，而以知识为基础的理论，源于多个研究分支，其中包括认识论、组织和发展经济学、组织（团队）学习理论、资源基础论、组织能力理论等多方面的研究（西伯斯坦·格林、帕特里克·库珀等，2012）。下面将从知识管理的内涵、知识管理理论的演化以及对本书的启示三大方面来论述以便对该理论有较全面的把握。

一　知识管理的内涵

知识管理在企业的实践中已取得显著成效，当前亦被广泛运用于大学等教育组织的管理实践中。美国生产和质量委员会认为，知识管理是旨在提高组织竞争能力的识别、获取和使用知识的战略与过程。知识管理是通过创造、获取和使用知识而增强组织的绩效过程（Bassi，1997），Wiig（1997）；Wiig & DeHoog et al.（1997）认为知识管理主要涉及自上而下的控制、促进开展知识有关的活动，维护知识基础设施，更新和转化知识资产，利用知识以提高其价值四个方面。Desouza（2003）提出知识管理是一种新管理哲学，以前的管理关注于为了达到组织目标而控制、开发和

---

① 参见宣勇《大学变革的逻辑》（上册）中对学科组织的知识属性有着详细的论述，人民出版社2009年版。

利用土地、劳动力和资本等有形资产。而知识管理则将管理向知识，专利和智力等无形资产转变。

徐敏（2010）认为高校知识管理是指对高校知识和人员的管理，对知识的获取、共享、应用和创新等过程进行的管理，以及对管理手段、方法、工具的使用和管理。韩锦标（2011）指出大学知识管理是指通过对知识的获取、传播、创造和利用，实现显性知识和隐性知识的流通共享，提高学校的知识创新能力的过程。综上可见，知识管理是对知识的生产和创造、转移和应用进行管理从而提高组织绩效的过程。

二　知识管理理论的演化

（一）知识管理的发展阶段

20 世纪 60 年代初，美国彼得·德鲁克教授首先提出了知识管理的概念，指出在知识经济时代，社会中最基本的经济资源应该是知识，而不再是资本、自然资源和劳动力。在 20 世纪 90 年代中后期，美国波士顿大学的托马斯·H. 达文波特教授在知识管理的工程实践和信息系统方面做了开创性的工作，提出了知识管理的两阶段论及模型（陈建东，2007）。同样在 90 年代中期，日本学者（Nonaka，1994；Nonaka & Byosiere et al.，1994）系统阐述了组织知识的两个维度：隐性的和显性的。知识的隐形维度根植于行为、经验并涉及具体的情境，包括认知因素和技术因素；知识的显性维度指可以用符号或自然语言的形式来阐述以及编码和交流。他还将知识分为个人知识和组织知识，并据此分类，提出了著名 SECI 模型，模型中包含了四种知识转化模式：社会化、外化、组合化、内化。

对知识管理理论的发展阶段学者们有不同的划分法。如（1）两阶段法认为：第一阶段知识管理理论主要以经典战略管理、核心竞争和信息管理理论为主，知识也基本上局限于显性知识；第二阶段知识管理以人力资本、生命周期、嵌套知识管理和复杂性理论为主。（2）三阶段法认为：20 世纪七八十年代的个体知识为核心；90 年代到 2000 年的以群体知识为核心和当前的测量知识、智力资产等的第三代知识管理期。还有四阶段法等。（储节旺，2007）。

（二）知识管理在大学管理中的应用

越来越多的学者开始用知识管理理论来对大学的管理进行研究或实践探索。杨如安（2007）用知识管理的理论，以高深知识为主线，提出学院制要体现学院设置的实体性、学院运行的主体性、学院管理的自主性。凌晨（2007）基于大学学科会聚平台在实际运作过程中仍存在的组织结构设置方面的障碍、学科间的壁垒、传统的学术评价制度缺陷、内部管理不成熟、政策法规不健全、行政制度日趋烦琐和僵化、人才培养缺位等问题，基于知识管理理论从人力资源、组织结构、组织文化、人才培养四个维度进行了解析。韩锦标（2011）认为知识管理主要包括理念、制度和技术三个维度，要培育和提升大学的核心竞争力，关键就是要通过实施知识管理这三个维度来提升大学的学习力、管理力、创新力和文化力。

按照知识管理的具体过程，该理论又深化发展为知识生产理论、知识溢出理论等。如傅翠晓，钱省三等（2009）在归纳了经合组织、刘诗白、杜月生、许崴等学者的观点后，提出知识生产是指各种类型的知识的创造、创新和复制过程，它不仅包含原创性新知识的创造，同时也包含在已有知识基础上通过复制和传递过程而产生的知识。与知识管理的定义比较中可以发现知识管理注重的是组织绩效的提升，而知识生产主要关注的是知识存量的增加。

大学和学科作为知识生产的主要阵地，是知识生产理论分支的重点研究对象。比较著名的是知识生产的三种模式：第一种是模式0，也称前洪堡模式，由富勒提出的一种基于动态大学和公众利益的知识生产模式，也就是指大学把科研纳入体系内，使学科在组织制度化之前，科学家作为个体为个人利益或仅为自身兴趣而进行的一些探索，一般是无组织的和自发的；第二种是模式1，也称洪堡模式，是一种传统的近代的知识生产模式，基于牛顿模式科学研究，以单学科研究为主，因此一般是学科范围的、线性的、阶梯性的、僵化的，这亦是我国大学当前一些学科组织的主要生产模式；第三种是模式2，也称后洪堡模式，指在应用环境中，利用交叉学科研究的方法，更加强调研究结果的绩效和社会作用的知识生产模式（迈克尔·吉本斯等著，陈洪捷等译，2011），这亦是我国学科建设的改革方向和发展趋势。如沈玄武、郭石明（2011）认为在新知识生产模式下，学科组织要构建立体网状矩阵式学科组织结构、产学合作的有限目标、跨部门的评价体系、项目领导负责制等策略。

此外，为提高知识生产绩效，在经济学领域常用知识生产函数来度量知识生产的绩效，如在 Jaffe 生产模型（Jaffe，1989）中，以研发经费和人力资源为投入变量，以研发活动强度为产出变量。而在 Romer 生产模型

（Romer，1990）中，新知识的存量取决于现有知识存量和研发人员的投入数等。

知识管理理论另一深化发展的分支是知识溢出理论，对学科组织学术创业力有一定的启示，下面试论述之。

三　学科组织的知识溢出

为了更好地探析知识管理理论对学科建设的影响和启示，本部分从知识溢出的角度，深入探索学科组织知识溢出的特点和影响因素，为后续学术创业力的研究提供理论基础。

（一）知识溢出的概念和类型

对知识溢出问题进行直接明确的研究是（MacDougal，1960）在分析对外直接投资的福利效应时将技术溢出效应视为重要的现象。Griliehes. Z（1992）认为知识溢出是指在相似的事情上工作从而彼此在研究中获益。Kokko（1996）则把知识溢出定义为外商企业所拥有的知识未经外商企业正式转让而被本地企业所获得。Caniëls（2000）认为是通过信息交流得到的智力收益。而有学者则认为是通过研究产生的原创的有价值的知识变成了可公开获得的知识的过程（Fischer，2003）以及发明者学习其他研究成果，能够利用这些知识提高自身生产率，而没有付出补偿的过程（Branstetter，2006）。

Griliches（1992）认为知识溢出可以分为物化和非物化形式，物化溢出是商品购买同时附带的知识；非物化溢出则与商品的流通无关，如科学会议、期刊、专利等。Verspagen & De Loo（1999）将知识外溢分为两种：租金溢出和纯知识溢出。租金溢出是指在具有创新知识含量的新商品商业化的过程中，由于其他企业将其投入到新的生产中，后者将从该产品创新的外溢效应中获益，即有偿的知识溢出；纯知识的溢出主要指由于客观原因而引发的自由知识被他人挪用和模仿，即无偿的知识溢出。

可见，知识溢出可以概括为以知识为对象，知识生产者向知识利用者进行知识扩散与共享的过程，这过程可能是有偿的也可能是无偿的。

（二）学科组织知识溢出的概念

知识溢出可以在创新系统中的不同的主体间溢出，如企业、大学、政府和非政府机构等，以往的研究多关注企业或大学层次或个人层次的知识溢出，而对基于知识分类体系和组织体系上的学科组织的研究甚少。如田华（2010）在分析国内外文献基础上提出了大学层次知识溢出的概念，指由大学生产出来后由大学（知识生产者）向社会中其他组织（知识利用者）的知识扩散与分享。因此学科组织的知识溢出即以知识为对象，学科组织（知识生产者）向相关接受主体有偿或无偿扩散和共享知识的过程。

（三）学科组织知识溢出的特点

由于学科组织在知识体系和组织体系上的二维概念，因此其特点亦可分为两类：

（1）知识体系：显性和隐性的知识

Ambrosini（2001）将隐性知识从低到高分为显性技能、能清楚表达的隐性技能、能被不完全表达的隐性技能和根深蒂固的隐性技能，并认为被溢出知识的复杂性和隐性程度越高，就越不利于知识溢出。Zellner（2003）通过对从基础研究溢出知识的分类，基于应用导向和专门化程度两个维度划分出六种知识，并主要研究了从基础研究机构到企业的科学家流动带来的溢出效应，结果表明非专门化的知识溢出要强于专门化知识，科学技能的溢出要强于命题知识。田华（2010）则认为显性的知识溢出包括新技术、新专利或新信息的溢出，溢出途径主要有技术转让、专利、期刊、专著和新闻等，隐性知识的溢出主要包括技术诀窍、管理经验等，其溢出主要途径使通过面对面接触和人际沟通，如产学合作、委托咨询开发、创办新企业、共建实验室或技术中心、合作培养学生或培养企业员工等形式。

（2）组织体系：空间、技术距离

首先空间距离是指空间上相对集中的知识利用者更加容易进行知识转移和共享。Caniëls（2000）认为创新过程运行最好的地区往往是那些参与创新的各主体集中分布、紧密联系和便于交流的地区，这也是不存在科技差异的原因之一。Bottazzi（2003）通过对企业创新行为的调查，指出溢出效应的有效地理范围应在300千米左右。因此学科组织的空间距离即指学科与其他学科以及相关的创新主体间的地理分布情况。其次是技术距离。Klaus（2005）在衡量同行企业间知识溢出效应时引入了技术距离的概念，并且强调对知识溢出效果的分析从原来的空间关注转移到了对空间和技术的共同关注上，强调企业间相互学习的应该是异质知识和技术，而他们的差距不能很大。学科组织的技术距离指相关学科与学科以及学科与其他经济主体间的知识存量势差，有一定的势差会有溢出流动的可能性

（Andersson，2006），但相互有效沟通的技术距离又不能太大。最后，由于学科组织还具有生命周期的特性（宣勇，2007），即学科组织的成长要经历生成期、成长期、成熟期和蜕变期，因此从技术距离的角度看，这也有一定的影响。

（四）学科组织知识溢出的主要影响因素

知识溢出的影响因素较多，国内外学者也有一定的研究，基于上述对学科组织知识溢出概念和特点的分析，以及相关文献的整理分析，初步可以判断其影响因素可以分为下面三大类。

1. 影响学科组织知识溢出的外部因素

学科组织承担着大学知识创造、传播和应用功能（与大学对应，现在多了文化传承功能），具体体现在承担各种来自社会需求、知识的发展，以及学校赋予的各种学科任务。由于知识溢出有一定的空间距离，因此其外部影响因素主要是区域环境、大学政策、产业结构特征与学科契合度等。（1）区域环境。田华（2010）认为大学知识溢出是本地化，往往发生在区域层面上，主要体现在诞生于大学附近的衍生企业、区域内的劳动力的流动和基于本地的非正式的知识交流。Klepper（2007）认为衍生企业和新企业更倾向于选择将企业建立在与大学相关学科邻近的地区，这种区位选择使大学相关学科和企业间建立了天然的空间联系。（2）大学的产学合作、知识产权、鼓励跨学科等政策。学科是大学基层组织，因此大学相关政策对学科组织有着非常重要的影响。Shane（2004）提出促进大学衍生企业离不开机构官员和政策的支持。还有些学者（Callon，1994；McMillan & Narin et al.，2000；Nelson，2001）提出要多关注 Bayh-Dole 法案，它可能会抑制长期的传统——"开放科学和培训"。（3）产业结构特征与学科契合度（Saxenian，1994；Friedman，2003）。认为技术转移、衍生企业更容易诞生在高技术集群，因为获得关键经验、网络支持和相关知识更容易。还有学者研究表明在新兴产业部门内，知识溢出现象更为明显。因此学科组织若与当地的产业结构特征能够较好地契合，即技术距离越近，越容易知识溢出。

2. 影响学科组织知识溢出的自身因素

学科组织的自身因素来源于知识体系的概念，主要有知识特性、生命周期和溢出方式等。首先，由于知识有显性和隐性之分，且每个学科组织因具体的知识体系、研究方法的不同而千差万别，如社会人文学科相对于自然学科而言，很少能够显性化，因此其知识溢出需要更多的面对面的交流。Simonin（1999）等也分析了知识特征对知识溢出效应的影响。其次，如上所述，学科组织所处的生命周期阶段也是自身因素之一。再次，知识溢出的方式也是一个关键因素。因为知识溢出会依赖一定的媒介或载体。而学科组织的知识溢出方式与企业有所不同，主要是学者创业知识溢出、课题发表、人力资源的流动、衍生企业、技术转移和许可、专利等等，属于学术创业活动的内容。

3. 影响学科组织知识溢出的内部因素

首先学科组织的内部因素主要来源于其组织体系的概念，学科组织的构成要素主要有学科带头人能力、组织结构、学科文化等。宣勇（2007）认为学科带头人应该是领导型学者，有着较强的战略规划、社会活动、创新变革等的能力。因此在强有力领导的带领下学科组织也能较好的进行知识溢出。其次学科组织结构主要是指学科、跨学科组织、院系等结构安排，Kwiek（2008）提出重视学术创业，大学要建立扁平化的管理结构，尽量减少中间机构，消除中央和基层间的壁垒，以利于学科组织的知识溢出。最后是学习型文化，学习型文化有助于学科团队成员间的合作，增加组织知识存量，同时也有利于加强组织的学习和模仿能力，从而能更好地去吸收外部的知识溢出。

四　对本书的理论贡献

学科组织与其他组织的本质区别是它关于知识的组织，承担着知识的发现、创造、传递及应用功能。通过上述文献分析，知识管理理论的相关研究成果对本书有着以下理论贡献与启示：

首先，是学科组织本质的进一步认识。如宣勇（2009）基于组织生命周期理论认为学科组织如果要实现知识的可持续产出，需提高组织化程度。大学这类知识生产组织的特殊性主要体现在以追求高深知识为基本取向；以教学、科研以及社会服务、创业为统一的组合体；以学科为基础的组织结构；以学术自由为元规则的制度安排。因此大学或学科进行创业势必会遇到思维定式、组织惯性等阻碍，学科组织要提升绩效需要从认知模式、组织结构、制度安排上等入手。

其次，是对跨学科、突破学科壁垒的重视。如上迈克尔·吉本斯等学者提到的知识生产的新模式、网络化、虚拟化、学科会聚趋势，以及浙江大学博士（陈艾华，2011）从跨学科的角度，探索了影响研究型大学跨学科科研生产力的六大因素。这些学者的结论从一定程度上说明了学科组织的创新创业绩效与其跨学科特征有着相关性。

再次，学科组织的绩效与相应的人、财、物、知识等资源的投入有关系，如上提到的知识生产函数。还有如黄敏（2011）以军医大学重点学科为研究对象而提出的学科创新生态系统。肖丁丁、朱桂龙（2012）用随机前沿知识生产函数来探究模式 II 情境下应用导向、跨学科研究、参与者异质性、组织多样性对知识生产效率的影响。

最后，知识溢出理论的贡献。由于知识溢出是一个动态过程，从知识生产者到知识的扩散、传递再到知识的接收，上述对学科组织知识溢出的分析更多的是从知识生产者的角度出发分析如何提高知识溢出效应，对学科组织的学术创业绩效提升机制有一定的贡献。但是学术创业除了知识不断的溢出，更强调知识生产、传递、应用的效率和效能（即组织上的共性因素），因此当然还有其他因素有待进一步研究，如有学者研究了知识溢出发生的情境等，还有制度特征上的保障等。

第四节　组织理论及组织能力述评

一　组织理论概述

每个系统都由子系统构成，而子系统又有次一级的子系统，因此需要选择某个分析层次作为研究重点，典型的组织通常有四个分析层次：个体、团队/群体、组织本身和外部环境。而组织理论则将侧重点放在组织本身这一分析层次上，但也关注群体和环境。组织理论和组织行为学有一定的区别，前者偏宏观，后者偏个人、微观的研究。但如理查德·L.达夫特（2011）指出组织理论研究中还有一种较新的方法，称作中观理论，将分析的微观和宏观层次相融合，这是因为个体和群体影响着组织，反过来，组织也影响着个体和群体，因此组织管理者和员工都需要同时了解多层次的组织问题。学科组织亦是如此，不仅要分析学科面临的外部环境、学科组织本身，还要关注学科带头人、学科团队等不同层次的影响因素。如 O'Shea & Thomas J. Allen et al.（2004）通过对不同层次的六大流派的学术创业的文献综述，指出环境因素、制度特征、组织资源、个体特征是影响组织绩效的关键因素。

组织理论表明，当今的组织结构在一定程度上还保留着 19 世纪层级官僚制的印迹，但是 21 世纪日新月异的动态环境则要求组织必须具备较强的灵活性和适应性，因此组织刚性的机械系统必须转变为灵活的自然有机系统，即从纵向型结构向横向型转变、从执行常规的职务向承担充分授权的角色转变、从正式控制的系统向信息高度共享的系统转变、从竞争性战略向合作性战略转变、从僵硬型文化向适应型文化转变。当前，一些企业或是大学都努力设计成学习型组织，因为它能促进组织沟通和协作，积极地去发现和解决问题，促使组织能够持续地发展和增强能力。正如美国 ASU 校长 Michael M. Crow 所说："无处不在的组织惯性比学院稳定增长的专业化知识更加明显，我们也必须非常警惕组织抵抗变革的惯性，而这种惯性无疑会给他们带来灭亡"（黄扬杰、邹晓东，2011）。

按照组织间的关系，组织理论主要可分为资源依赖理论、组织生态学理论、协作网络理论和制度理论等。在运用组织理论指导学科建设方面：

1. 资源依赖主要指组织总数努力减少自己在重要资源的依赖性，并试图影响环境以保障所需的资源。早期的组织理论主要是以研究组织的内部规则、组织成员的激励为主，几乎不考虑外部因素对组织运行的影响，这种研究组织的观点被称为封闭系统模式。20 世纪 60 年代以后，环境对组织的影响、组织与环境的关系问题成为组织研究的重要问题，将组织问题与环境问题联系起来的观点被称为开放系统模式，资源依赖理论、种群生态理论和新制度主义理论最为盛行。与种群生态学理论不同，资源依赖理论从组织出发强调组织对外部环境的适应，组织的能动性表现得更为主动。其基本假设是，没有任何一个组织是自给自足的，所有组织都必须为了生存而与环境进行交换，获取资源的需求产生了组织对外部环境的依赖，资源的稀缺性和重要性则决定组织依赖性的本质和范围，依赖性是权力的对应面（理查德·斯格特，2002）。Pfeffer and Salancik（1978）是资源依赖理论的集大成者。首先，他们提出了一个重要假设：组织最重要的是关心生存，为了生存，组织需要资源，而组织自己通常不能生产这些资源；结果，组织必须与它所依赖的环境的因素互动，而这些因素通常包含其他组织。组织所需要的资源包括人员、资金、社会合法性、顾客，以及技术和物资投入等。其次，他们认为，一个组织对另一个组织的依赖程度取决于三个决定性因素：资源对于组织生存的重要性；组织内部或外部一个特定群体获得或处理资源使用的程度；替代性资源来源的存在程度。如果一个组织非常需要一种专门知识，而这种知识在这个组织中又非常稀缺，并且不存在可替代的知识来源，那么这个组织将会高度依赖掌握这种知识的其他组织。资源依赖理论在某种意义上揭示了组织自身的选择能力，组织可以通过对依赖关系的了解来设法寻找替代性的依赖资源，进而减少"唯一性依赖"，更好地应付环境。资源依赖理论的一个重要贡献就在于让人们看到了组织采用各种战略来改变自己，选择环境和适应环境，资源依赖理论着眼于组织为了管理与其环境中其他组织的互依性而采取的策略行动。如马卫华（2011）运用资源整合的视角，构建了学术团队核心能力的金字塔模型。宣勇在调查150多个国家重点学科和访谈多位国家重点学科带头人的基础上，融合组织理论，总结出学科组织的不同成长路径。赵中利、韩艳（2008）指出学科资源整合提升核心竞争力的培育机制是优化学科布局、整合师资队伍。

2. 组织生态学则侧重于研究某一类种群组织在组织形式的多样性及其适应环境的过程。哈南与弗里曼（Hannan and Freeman）是两个最早主张"种群生态"的组织理论学者。种群生态学致力于探讨组织种群的创造、成长及消亡的过程及其与环境转变的关系。种群生态学的观点不同于其他组织理论，因为它强调组织的多样性和在组织共同体或组织种群内的适应性。种群是指进行类似活动的一系列组织，它们在经营中利用资源的方式类似，其经营结果也类似。根据种群生态学观点，迅速变化着的环境决定种群中哪些组织生存或失败。其假设是单个组织的结构有惰性，难以适应环境的变化。因此，当环境发生迅速的变化时，老的组织容易衰退或失败，而能够更好地适应环境需要的新组织就会应运而生。种群生态模式重点探讨组织种群的创造、成长及衰亡的过程及其与环境转变的关系。种群生态模型涉及组织形式，组织形式是组织特定的技术、结构、产品、目标和人员，它可以由环境来选择和淘汰，每个新组织都试图找到足以支持自己生存发展的领地或缝隙，即唯一的环境资源和需要的领域。在组织的早期发展阶段，它的领地或缝隙通常都很小；但如果组织获得成功，它们会随着时间的推移扩大组织的规模。如果它的领地无效，组织就会衰退，或许消亡。

值得一提的是资源依赖理论同种群生态理论一样，忽视了目标。西蒙认为理性不等同于"自觉"，同时，即使掌握了准确的信息也未必就是理性的基础上，提出了"有限理性"的概念，主要指不能知道全部的被选方案，有关意外发生事件不具有确定性，人们无力计算后果。他指出生活在现实世界中的人不是一个完全理智的"经济人"，而是具有有限理性的"管理人"。前者总是试图从一切被选方案中选择最优者，但在实际的操作中却存在着"低限满足"的问题，即：决策者不可能在找出所有的方案中，再选出一个最优的方案。通常，当方案的选择只要满足最低标准，能够解决问题，那么决策者便不会再去追求最高标准。而后者寻求的是令人满意的选择而非最优选择，同时不去考虑事物之间的一切相互联系（吴春，2002）。权变理论的思想可以总结为："什么是最好的组织方法，取决于组织所必须面对的环境具有什么样的特性。"理性的观念加上权变的思想，产生了理性权变理论，该理论认为组织是在努力追求目标的达成、对付其面临的环境，同时，它意识到并不存在一个最佳的组织方法。理性权变理论把目标看作组织之所以采取行动的原因，目标是组织决策的约束条件，该理论把组织行为看作在一定的环境背景（有约束也有机遇）下，组织在一系列目标之间进行选择的结果（Drazin and Van de Ven，1985）。Lehman（1988）认为组织多目标间优先顺序由组织内部占主导地位的联盟确立。

3. 协作网络理论是资源依赖理论的新视角，强调组织间共享知识和资源，以激发创新，变得更有竞争力。这与后面将论述的三螺旋理论和协同创新理论核心观点一致，此处不再展开。

4. 制度理论主要解释了组织制度同构的原因：模仿机制、强制机制和规范机制。当要对"组织为何采用其现有形式"这一问题进行解释时，最能充分领略制度理论的优劣。DiMaggio 和 Powell 认为"制度同构"是组织之所以采用现有形式的主要原因。该理论认为，组织面对技术环境和制度环境这两种不同的环境，所有影响组织完成技术目标的外在客体构成了组织的技术环境，这一概念强调组织的理性成分，关注环境的技术特征，要求组织必须追求效率，而制度环境则提醒我们，组织作为一个自然系统，人文系统，一些象征性的文化因素也会对组织的运营过程产生影响。这里的制度是指"为社会行为提供稳定性和有意义的认知、规范和管理结构与行为"（费显政，2006）。Meyer 和 Rowen（1977）是新制度学派的创始人，他们从考察组织结构出发，指出组织结构不仅是效率等技术层面考量的结果，也体现了组织对广为接受的社会现实的理解。DiMaggio 和

Powell（1983）进一步提出了导致组织形式和行为趋同的三个机制：（1）强迫机制。比如政府的规制与文化方面的期待，由于组织对它们有较强的依赖性，因此这些因素把标准化强加于组织。（2）模仿机制。在面临不确定问题时（他们把这种不确定性归结为三个来源：对组织技术的把握不够全面，目标模糊以及环境造成的象征性不确定性），组织往往采取同一组织领域中其他组织在面对类似不确定时所采用的解决方式。对于在生长期的学科组织而言，由于目标模糊，对组织技术把握也不全面，在没有更好的生长路径时，模仿国家重点学科的建设是最低成本、最高效率的做法。（3）规范机制。来源于专业培训、组织领域内专业网络的发展和复杂化。在组织成员，尤其是管理人员朝着专业化方向发展时，这种机制的作用力不断增强。在这种制度下，同一组织领域管理人员之间甚至没有什么区别。通过对三种机制的揭示，DiMaggio 和 Powell 明确指出了无形制度环境的影响形式和渠道。如左兵（2008）从制度同构的角度解释了重点学科的建设机制及其影响，周守军（2010）基于商谈伦理来提出国家重点学科结构要向权力均势利益均衡方向转变。文少保（2011）从路径依赖的角度解释了美国大学在不同阶段纷纷成立各种跨学科研究组织来满足社会需求的原因。

二　组织能力概述

学科组织层次的学术创业力实际上是一种组织能力，因此有必要借鉴组织能力相关的最新观点，此部分有助于对学科组织学术创业力的构成及作用机制方面的研究提供理论基础。

（一）组织能力的内涵

对组织能力，目前没有非常明确的定义。基于资源基础理论，不同的学者从不同的角度去界定。但是主流的观点认为组织能力可以分为静态和动态能力，前者集中表现为组织的实力，后者表现为组织的活力（黄培伦等，2009）。静态能力主要以（Prahalad，1993）提出的"核心能力"为代表：组织对企业拥有的资源、技能、知识的整合能力，也就是组织的学习能力，特别是学习协调多种多样的技能并整合多重技术流的知识。但之后不断有学者提出静态能力忽视了不断变化的外部环境对企业成长的影响，因此以 Teece 为代表的学者提出了"动态能力观"：企业在面对变化的市场环境时，能够快速整合、建立和重构其内外部资源技能和能力，迅速形成新的竞争优势（Teece，2007）。

在实践领域，杨国安（2010）提出了著名的组织能力"杨三角"框架，他所指的组织能力："不是个人能力，而是一个团队所发挥的整体战斗力，是一个团队竞争力的 DNA，是一个团队在某些方面能够明显超越竞争对手，为客户创造价值的能力。"他认为企业的持续成功取决于企业战略和组织能力，战略较短时间内容易被模仿，而组织能力需要较长时间才能打造形成。

（二）组织能力的构成维度

组织能力是一个广义的概念。若按上述静态能力的界定，组织能力来源于组织有价值的、稀缺的、难以模仿和难以替代的资源。但由于存在能力的刚性，在高速变化的环境中核心能力是难以持续的，因此若按上述动态能力的界定，Teece 基于演化经济学提出动态能力由三个维度组成：定位、路径和过程，并可以细分为感知机会和威胁的能力、抓住机会的能力和变革管理的能力。组织学习理论的代表 Nonaka（1994）认为组织的动态能力来源于组织创造新知识中。付娉娉等在此基础上提出影响动态能力生成的因素有外生因素（市场、制度）和内生因素（组织安排、战略意图和认知模式等）（付娉娉、尚航标等，2011）。也有学者直接统称组织能力包括核心能力和动态能力（Eisenhardt & Martin，2000；Schreyogg & Kliesch-Eberl，2007）。林萍（2008）将 Teece 的能力框架扩展，提出组织动态能力的测量维度为：市场导向、组织学习、整合能力、组织柔性和风险防范能力。上述的研究都集中在企业领域，Toma（2010）提出高等教育组织的能力来自目标、治理、结构、政策、流程、信息、基础设施和文化等组织要素，其著作在高等教育（*Higher Education*）期刊上被多位学者评论，较有影响力。

同样在实践领域，杨国安（2010）提出组织能力主要取决于三个支柱：员工的思维模式、员工的能力和员工的治理方式。并且要遵循两个原则：平衡——三个支柱能力都要强，缺一不可；匹配——三个支柱能力的重点与所需的组织能力要协调一致，如低成本或卓越服务的组织能力所要求的重点是不一样的。并且他还提出组织能力是无定型的，因为组织面临的环境、战略等不一样，并为我们提供了一套打造组织能力的实用工具，因此他所界定的组织能力实际上融合了静态能力和动态能力的观点。

组织能力是一个非常复杂、难以捉摸和测量的"黑箱"。因此有学者提出应该将组织的各种能力合并，以避免能力的共线性问题。戴维·麦克利兰（McClelland）著名的个人能力冰山模型用冰山来比喻能力，指出能力的驱动因素是可以通过行为表现的各种特征的集合，包括表面的和潜在的两部分，冰山露出水面以上的部分是能力中的外显可见特质，而水面下的部分则相当于内在隐含特质。但实际上两者还是有很多重复的部分。

（三）组织能力在学科组织中的应用

对于核心能力在学科组织的应用，邹晓东（2003）提出了学科组织的核心能力：来自卓越的学科知识创造能力、先进的学科组织文化和高效的学科组织结构。这也是当前学者们谈学科建设时参考较多的理论。虽然已有越来越多的学者关注到要用动态能力观来解释一些创业活动（Teece，2012；Zahra & George，2002；Zahra & Sapienza et al.，2006；刘智勇、姜彦福，2009），但用动态能力观指导学科建设，应用的还较少，黄超等（2011）将动态能力理论和组织学习理论与大学学科建设研究结合起来提出了学科成长能力。还有学者引入敏捷性的概念探索了学科组织快速低成本响应社会需求的能力（叶飞帆，2011）。这些概念或是理论演绎，或经实证检验，对本书后续学科组织学术创业力的构建提供了理论基础。

基于上述分析，本书将学术创业力视为一种组织能力，组织能力相关理论为我们研究学术创业力构成和作用机制提供了多种途径。

三　组织能力的新范式：二元组织

（一）二元组织（Ambidextrous Organization）的内涵

单词"ambidexterity"起源于拉丁语"ambos"，原意是形容人双手皆灵巧的本领或状态（沈鲸，2012）。该领域，当前有两栖组织（理查德·L.达夫特、王凤彬等译，2011）、双元组织（能力）、二元组织、组织二元性几种称法，是管理研究的新范式。Duncan（1976）最早使用"organizational ambidexterity"（二元组织能力）这一词，用来隐喻组织所具有的既能适应渐进变革又能适应突变变革的特征。直到March提出关于探索式学习与开发式学习二元关系的大讨论之后，才开始在管理学领域被广泛接受（刘洋、魏江等，2011）。如上所述，有机式组织所特有的灵活性使员工能自由地提出和采用新的构想，鼓励自下而上的创新过程，由于有了提出构想并试验的自由，源于中下层员工的创意就会层出不穷，与此相反，机械式组织由于强调规则和效率而抑制了创新。因此组织管理者面临着两难的困境就是要同时创造出机械式和有机式，以便能同时取得效率和创新。二元组织就是在这种背景下应运而生的。

为了解决两难的困境，组织二元性的策略一是将适于激发创新和应用创新的两类组织结构及管理过程结合到一个组织中（O Reilly & Tushman，2004）；另一策略是考虑两类组织的设计要素，一种对探索构想十分重要，另一种则对充分利用现有能力最为合适（Gupta & Smith et al.，2006）。因此就可以将组织设计成：当需要探索新构想时按有机方式运行，当需要充分利用这些构想时按机械方式运行。现在，随着不断发展，二元性的概念已被广泛应用于组织能同时执行不同且相互竞争的战略行为，包括探索式与开发式学习，柔性与效率，渐进式创新与突破式创新，探索式知识分享与开拓式知识分享，内部与外部技术知识源等。许彦妮，顾琴轩等（2012）认为组织二元性是指能够同时兼顾两种相互分离的目标的组织能力体现为同时追求效率和灵活性，探索和拓展的能力。沈鲸（2012）则从组织层次动因和网络层次动因整合了二元组织能力的分析框架。

（二）组织二元性的类型

最常见的组织二元性划分是按其形成途径差异将其分为结构型和情境型二元。这里结构变量主要描述组织内部特征，如正规化、专业化、职权层级、集权化、职业化等；情境变量反映整个组织的特征，包括组织规模、技术、环境和目标等，这种划分法实际上和上述提到的中观理论有异曲同工之妙。刘洋、魏江等（2011）梳理了组织学习、技术创新、组织架构、组织适应四个领域组织二元性的聚焦点和实现机制。许彦妮，顾琴轩等（2012）提出组织二元还有三类型（结构型、行为型、实现型）和四类型（调和型、循环型、划分型和互惠型）之分。

（三）组织二元性的影响因素

如上所述，组织二元性也有不同层次（Cantarello & Martini et al.，2012）。鉴于本书的研究，着重论述影响组织二元性的相关因素。

国外，O'Reilly & Tushman（2011）首先将组织二元性的定义为高级管理人员抓住机遇，通过业务流程和整合现有资产，以克服惯性和路径依赖的能力，是一种核心动态能力，他还通过13个组织的访谈和定性研究，得出高级管理人员在实施组织设计中选择以及组建高层团队的过程决定着二元性。Lin & McDonough（2011）通过对125个台湾企业的实证调查发现，战略领导能力和知识共享的文化呈正相关，知识共享的文化直接影响到创新二元，组织文化对战略领导力和创新二元起调节作用。Mom & Van Den Bosch et al.（2009）通过实证得出分权化和正式化对组织二元性的正向影响。而非正式的社会网络更具自发的协调机制，因此越是强调情境变量，组织就越倾向二元性，而且组织间联系的适当增加也会促进探索式创新。Cao & Simsek et al.（2010）认为由于 CEO 有着广泛的社会网络，CEO 和 TMT（高级管理团队）的融合效果对组织二元有影响。Bodwell & Chermack（2010）提出要用愿景规划来整合常规和突发的战略来实现组织二元。Carmeli & Halevi（2010）研究了 TMT 的行为整合和行为复杂性如何通过情境二元的调节实现组织二元。

在国内，刘洋、魏江等（2011）经过综述认为在组织层次，正式的组织结构会影响组织二元性，许彦妮、顾琴轩等（2012）在 Raisch & Birkinshaw（2008）等学者的研究基础上认为若组织二元性的作用结果是组织绩效，那么其影响因素有结构、情境和领导；若作用结果是组织创新，那其影响因素有无形资本和管理机制等，最后她提出要适应动态复杂环境，组织需要通过提高上述各种影响因素，从而提高二元性，提升绩效。而焦豪（2011）通过实证得出企业动态能力可以通过利用式创新和探索式创新来构建双元型组织，最终提升组织的短期财务绩效和长期竞争优势。

总的来说，二元组织实际上是一种应对复杂环境的权变组织，现有的研究显示出增长趋势，但还是以研究企业的居多，在影响因素上，高层管理者、高层管理团队、社会网络等对组织二元有着较大作用。组织二元在大学的管理中也有应用（Yang & Yang et al.，2010）。对学科组织学术创业绩效的提升有一定的启示意义。

四　本书的理论贡献

上述关于学科内在的知识与组织两种属性的解读，也突出其具有知识管理与组织管理的二元价值属性。围绕着本书要解决的三个问题，本部分的理论贡献主要是：

首先，学科组织的学术创业能力应是一种组织能力。Etzkowitz 认为"研究型大学与刚创立的公司、甚至处于直接从事创业活动前期的公司具有类似的性质。如今大学是被看作知识和人力资源的源泉，也是技术的源泉，因此许多大学已经形成了内部的组织能力而不是仅仅依赖非正式的联系来进行正式的技术转移。在创业教育与孵化计划中，大学也将它们的教育能力从个体教育扩展到塑造组织上。与一般仅仅作为公司的新思想的来源地不同，特别是在高科技领域，大学正在用一种新的形式将它们的研究与教学能力结合起来，而这种新的形式正是新公司形成的源泉"。跟静态能力（核心能力）存在的缺陷一样，现有学科建设的文献在运用核心能力理论时亦是多关注学科组织的内部，较忽略外部环境的影响，因此本书所提的学科组织学术创业力会更多借鉴动态能力的观点。

其次，按照上述理论，学术创业能力的打造有不同的路径。第一，若按照组织二元性理论，这种能力具有二元性特征，如上所述，本书所采用的学术创业是第三种概念界定，即学术和创业平衡概念，而这对学科组织来讲亦存在一个两难的困境，即要追求知识的创造也要追求知识的应用，因此适用组织二元理论。组织二元性是管理新范式，已有的文献还较少用此理论来解释学术创业。文少保（2010）借鉴两栖组织理论，分析了美国大学内部成立的独立于传统院系结构之外的跨学科研究组织。台湾学者张元杰（Chang & Yang et al.，2009）从组织的双元视角出发，得出大学也要建立一个双元结构的组织来同时确保研究卓越和研究的商业化。第二，若按照组织能力的"杨三角"框架，则主要系统打造三个支柱的能力。第三，若按照高等教育组织（学科组织）的特性，即根据（Toma，2010）的 BOC 理论，那么学科的学术创业力就要整合目标、治理、结构、政策、流程、信息、基础设施和文化等组织要素。本书将综合这些路径进行分析。

第五节　三螺旋理论述评

亨利·埃茨科维茨的三螺旋理论是创业型大学转型研究的理论主线之一，对学科组织学术创业力的研究势必也有影响，因此亦有必要综述。

一　三螺旋理论的概念

自熊彼得提出创新理论以来，产生了 Lundvall，Nelson 等人的国家创新系统理论（主要强调企业为创新主体）、Cooke 的区域创新系统、吉本斯的新知识生产模式等，但这些理论在有关创新的主体及创新的动力机制等方面并未达成一致，因此 Etzkowitz 和 Leydesdorff 于 1995 年在这些理论的基础上提出了大学—产业—政府三螺旋理论：大学—产业—政府三方都可以是创新主体、组织者和发动者，三者的作用有强有弱，保持相对独立又相互作用，形成一幅螺旋上升的画面。三螺旋就其精髓来说，就是强调产业、学术界和政府的合作关系，强调大家的共同利益是为社会创造价值。

学者们认为要解释在大学—产业—政府关系中的可观察的再组织，必须超越国家创新系统、模式 2 等概念，因为社会结构不能预期稳定不变，以知识为基础的创新体制仍然在不断地转变中。因此，只有三螺旋模式才是足够复杂，能够涵盖在国家和地方层次上可观察行为的不同种类。如2005 年，第五次国际三螺旋大会的主题文章《第三次大学革命：作为三螺旋的 DNA 的多价知识》认为在生物技术和纳米技术这些新出现的领域，知识同时是理论的、实践的、可商业化的和公开的，即有别于传统的"单价知识"、斯托克斯的"四大象限理论（玻尔象限、巴斯德象限、爱迪生象限和皮特森象限）"，知识是一个不可分割的"多价"性整体。周春彦（2011）还基于非线性网状创新模型提出了"三螺旋场"和"三螺旋循环"的概念，进一步推进了三螺旋内涵方面的理论研究。

二　三螺旋理论的演化——协同创新

Etzkowitz & Leydesdorff（2000）认为创新系统的进化，以及当前在大学和产业关系上的路径选择，是反应在大学—产业—政府关系的各种制度安排上的。学术界认为的三螺旋结构主要有三种形式：国家社会主义模式、自由放任模式和重叠模式。前两种形式各有缺陷，而重叠模式是最受认可的，三个主体相对平等又相互重叠、相互依赖并承担着其他角色的责任。之后，有学者提出可以将劳动力、风险资本、公众等看作第四螺旋，周春彦（2011）提出"大学—公众—政府"可持续发展三螺旋来作为创新三螺旋的补充，以保持三螺旋动力的同时可以将公众因素纳入社会创新系统。

截至 2012 年 12 月 31 日，通过中国知网数据库，以"三螺旋"为主题词，共获得 501 篇文献（包括期刊、会议、学位课题等），统计 2004—2012 年间每年的文献数（见表 2 - 5）可以发现，文献呈现增长趋势，一定程度上反映了该理论越来越受我国学者的关注。

表 2-5 2004—2012 年间国内"三螺旋"文献分布

年份	2012	2011	2010	2009	2008	2007	2006	2005	2004
文献数	82	80	69	56	40	40	10	16	17

资料来源：中国知网统计

在我国，三螺旋理论经国内学者的不断拓展可以归纳为三大主线：

其一是关于三螺旋三方主体作用的研究。涂俊，吴贵生（2006）认为三螺旋理论形成于发达国家和高技术产业背景，在我国创新实践中应谨慎，因为就"产方"而言，我国高科技企业能力和规模都无法与发达国家相比；就"学方"而言，我国大学的科研与教学能力相对较低；就"官方"而言，政府不像发达国家面临各种阻力。刘元芳，彭绪梅等（2007）基于三螺旋，认为政府可以从制度保障、财政保障等方面扶持创业型大学，企业则可通过信息网络技术支持、风险资金支持、关键技术支持等方式保障创业型大学的构建。陈静、林晓言（2008）提出美国大学技术转移成功的原因是在知识创造上，有充足的政府研发经费投入、成熟的创业教育体系；在知识传播上有完善的技术转移法律、健全的技术转移中介组织、合理的技术转移利益分配机制。张秀萍、迟景明等（2010）提出三螺旋模式下，创业型大学的构建需要目标定位及价值重构、组织结构优化与制度创新和管理机制创新，同时也要注重政府和企业等外部组织的介入。刘则渊，陈悦（2007）则从科技政策角度，将斯托克斯的研发目的象限模型变换为研发形态象限模型，得出玻尔象限就是基础科学象限，爱迪生象限就是工程技术（从知识形态看，即工程科学）象限的结论，原来的巴斯德象限则成为新巴斯德象限（也即技术科学象限），而由于高科技各个领域的研究开发活动大都集聚于新巴斯德象限上，所以他们提出了将科学理论背景的应用研究和面向应用的基础研究并重，从而加快推进高科技的发展，优先发展技术科学以反哺基础科学理论和大力推进以技术科学为基础的自主技术创新的政策范式。

其二是具体的组织形式的研究。苏竣、姚志峰（2007）认为孵化器是三重螺旋发展到组织阶段的一种高级形式。曹艳华（2007）从科技成果转化组织角度分析了政府主导、企业主导、大学主导、管、产、学三位一体四种模式。潘东华、尹大为（2008）提出了三螺旋接口组织的概念，即在三个螺旋主体相互交叠的双边和三边组织区域内的组织，并据此提出了相应的知识转移框架。陈红喜（2009）提出政产学研合作模式应重点发展"组建研发实体"等高级模式，并积极争取政府的支持。边伟军，罗公利（2009）认为科技企业孵化器和官产学联盟是三重螺旋发展到组织阶段两种典型的管、产、学合作创新模式。牛盼强、谢富纪（2009）认为在三螺旋研究中，科技工业园的共建、合作研究、联合申请专利、授权转让、联办新公司、经费资助等都是各方参与者密切合作的表现形式，同样存在知识流动的产学研合作研究也可以应用三重螺旋模型。传统的产学研合作常常忽视政府作用的发挥，因此在我国可以发挥政府的作用，统筹全局以及在政策、法规制定上的权威作用，使产学研之间更好地合作。

　　其三是有关案例的实证研究。李华晶、王睿（2011）通过三家中国大学衍生企业的案例发现大学的科研实力以及科研价值是衍生企业产生的必要条件，政府在提升衍生企业的资本实力和科技研发实力上发挥重要作用。饶凯、孟宪飞等（2012）通过实证得出，各省市大学获得的政府科技经费投入非常显著地促进了该省市大学技术转移合同数量和收入两方面的增长。朱学红、谌金宇等（2012）通过对中南大学的案例分析，认为产学研合作联盟是产学研合作的高级形式，我国大学要重视观念创新与制度创新，充分发挥政府的第三重作用，积极成立科技中介组织等。

　　自教育部提出"2011 计划"后，"协同创新"成为学界们热议的主题。协同一词在英文中有 synergy、cooperation、coordination 等多种表述。Haken 在 1971 年系统论中最早提出了协同的概念，主要指 1 + 1 > 2 的协同效应。张力（2011）指出协同创新（Collaborative Innovation），有一种说法是美国麻省理工学院斯隆中心（MIT Sloan's Center for Collective Intelligence）的研究员彼得·葛洛（Peter Gloor）最早给出定义，即"由自我激励的人员所组成的网络小组形成集体愿景，借助网络交流思路、信息及工作状况，合作实现共同的目标。当协同创新放大到宏观层面，主要运作形式即是产学研协同创新。如中国人民大学张雷声认为协同创新的关键是形成以企业、研究机构、大学为核心要素，以政府、金融机构、中介组织、创新平台、非营利组织等为辅助要素的多元主体协同互动的网络创新模式，通过知识创造主体和技术创新主体间的深入合作和资源整合，从而产生系统叠加的非线性效用。陈劲、阳银娟（2012）则认为协同创新是以知识增值为核心，企业、政府、知识生产机构（大学、研究机构）、中介机构和用户等为了实现重大科技创新而开展的大跨度整合的创新组织模式。何郁冰（2012）提出了针对"战略—知识—组织"三重互动的产学研协同创新模式。可见协同创新实际上是三螺旋的更高级形式，在核心理念上有很多共通之处。但李忠云、邓秀新（2011）也指出当前高校缺乏领袖，不愿协同；利益失调，不想协同；思想各异，不好协同；条块分割，难以协同等问题。大学功能的实现以及如何在协同创新中发挥作用，最终落脚点还是在学科。因此其中一个关键源头在于学科组织要转变发展方式。

三 创业型大学和创业教育

（一）创业型大学

1. 创业型大学和协同创新

建设创业型大学有利于促进大学协同创新能力的提升已达成共识。从目标角度看，克拉克始终把拓宽的发展外围作为创业型大学的基本要素之一，需要把"创业"带给"学术"。Etzkowitz 基于三螺旋理论指出在知识经济时代，大学的知识资产具有更高的价值，大学通过其组织结构最下层的研究中心、科研组织或个人等建立与市场经济活动良好的"接口"，可以在区域内发挥强大的技术创新辐射作用（宣勇、张鹏，2013）。而从路径角度看，创业型大学主要有两种实现途径：一是大学通过有效地利用其科研资源和人力资源使自身转变为创业型组织；二是让学生、教职员工直接和企业界、社区建立联系（阿莎·古达，2007）。教育部"2011 计划"针对高校协同创新能力的提升，着重强调了组织管理、人事制度、人才培养、人员考评、科研模式、资源配置方式、国际合作以及创新文化建设等八个方面的改革以及四类协同创新模式。而创业型大学所提出组织上的转型，以及促进行业和区域经济发展的目标与其类似，可见协同创新能力和创业型大学有着内在一致性。

而本书所研究的学科组织是大学最基层的组织，而学术创业力是建设创业型大学以及提升协同创新能力的前提，因此有一定的现实意义。创业型大学的概念在上述学术创业章节已有论及，此处主要论述创业型大学的特征，这和学科组织的学术创业力息息相关。

2. 创业型大学的特征及相关案例

根据中国知网数据库搜索，以"创业型大学"为篇名，发现自 2005年后文献呈逐年递增趋势（见表 2-6）。

表 2 - 6   2005—2012 年间国内"创业型大学"文献分布

年份	2012	2011	2010	2009	2008	2007	2006	2005	2004
文献数	87	67	59	47	32	17	7	6	3

资料来源：作者据中国知网统计

其中浙江大学王沛民教授指导的博士生王雁的课题下载次数较高（王雁，2005），实证聚类了创业Ⅰ型、创业Ⅱ型和传统型大学三类。马志强（2006）认为创业型大学的一个典型特征是学术的创业化和知识的资本化。前者是指教学和科研的延伸以及技术转化能力的内化，后者知识资本化是指大学的新使命使大学更加紧密地与知识和技术的应用者联系起来。而彭绪梅（2008）在其博士课题中认为创业型大学兴起原因是外部需求和内部竞争力的提升的需要，并构建了创业能力指标体系，包括知识创造、知识传播、知识应用三个一级指标。温正胞（2008）认为学术资本主义是创业型大学的内在动力，而市场化生存是创业型大学的生存方式。实际上，不同国家的创业型大学的特征是不同的：

（1）欧洲以伯顿·克拉克转型五要素为主。案例方面如英国沃里克（刘叶，2010）；德国慕尼黑工大（吴伟、邹晓东，2010）；芬兰的阿尔托（任之光，2012）；荷兰特温特（Lazzeretti & Tavoletti，2005）。

（2）美国则以亨利·埃茨科威兹总结的知识资本化、相互依存独立、混合性和自我反应等特征为主。案例方面如 MIT 的相关研究（O'Shea & Allen et al.，2007；陈霞玲、马陆亭，2012；任玥，2008；涂秀珍，2011）。当然美国一些大学亦具备克拉克所总结的特征，如美国 SIT（石变梅、陈劲，2011）。

（3）澳大利亚的政府主导、产学合作、效益优先特征（荣军、李岩，2011）：教师参加经营活动的场所、资金的多元化、财政的灵活性、收费课程、不同系科创业性的多样化。具体可参考的案例如莫纳什大学（安文旭，2011）。

（4）新加坡的知识商业化：即由最初的人力资源提供者和知识的创造者转变为更直接的角色，通过专利、许可、新兴公司等方式进行（冒澄，2008）。案例方面如新加坡南洋理工（燕凌，2007）、新加坡国立大学（Wong & Ho et al.，2007）。

综上所述，有学者指出我国的一些地方创业型大学的运行模式可以应用研究为起点，以本地区产业发展为服务对象，自上而下，创建集学术和创业于一体的组织架构。也有人指出此类大学比较适合走中间路线。本书认为应该充分吸取各国的经验，走自上而下（学术和创业协调的战略、文化、结构）和自下而上（以学科组织为对象充分调动其主体性和积极性）相融合的路线，因此对于学科组织学术创业力要素的分析不能仅限于学科层次，要充分考虑大学、国家、个人等各层次的要素，总结现有创业做得不错的学科组织的经验，为其他学科组织作参考。

（二）对创业型大学的批评——学术资本主义

美国学者希拉·斯劳特和拉里·莱斯利于1997年所著的《学术资本主义：政治、政策和创业型大学》中提出"学术资本主义"这一概念，他们将大学或教师为获取外部资金所表现出的市场行为或类似市场的行为界定为学术资本主义（斯劳特·莱斯利，2008）。王正青、徐辉（2009）认为学术资本主义的生成的内在逻辑是由政治上的新自由主义浪潮、经济上的资源依附压力、社会文化中的绩效至上理念、大学在全球化时代的组织转型等因素共同促成的，因此大学要在隐含的价值冲突中作出选择。王英杰（2012）指出学术资本主义和大学行政化叠加作用造成了大学文化传统的失落，因为不受控的学术资本主义和行政化会把大学拖入市场组织或官本位组织的泥淖。王建华（2012）则认为知识的商业化的有利一面会给大学带来了可观的办学资源，不利面会损害知识的公共性危及大学制度的正当性，因此好的大学治理就是要在知识的商业性与大学的公共性之间保持平衡。因此，有学者提出与传统大学相比，创业型大学呈现出学术导向与市场导向兼顾的二元价值取向，只有准确把握其核心特质才能实现成功转型（宣勇、张鹏，2012）。

当前，美国一些州立大学开始提倡"参与型大学"，既实现协同创新的无缝对接，又实现大学的公共性。博耶①（Ernest Boyer）在1990年向卡耐基教学促进会提交的《学术反思：教授的工作重点》（Scholarship Reconsidered: Priorities of the Professoriate）研究报告对"学术"的概念及大学教师的学术工作重新作了界定。他提出，大学教师要承担四种相互独立而又互相联系的学术工作，即探究的学术、应用的学术、教学的学术以及整合的学术，四个方面是不可分割的整体，而知识需要历经研究（research）、实践（practice）、教学（learning）和综合（synthesis）的过程获

---

① 国内亦有将博耶翻译成欧内斯特·波伊尔，本书两者指同一人。

得。在 1996 年，博耶又呼吁高等教育应该把"参与性学术"（scholarship of engagement/engaged scholarship）囊括进来，以处理急迫的社会议题（欧内斯特·波伊尔，1990）。如美国俄亥俄州立大学（OSU）、密歇根州立大学（MSU）、华盛顿州立大学（WSU）等均在其网站主页设立了"engagement"板块，这种参与型大学强调将校内活动与校外实践结合起来，在初衷上具有非盈利的特点，这与创业型大学有所不同，以便能较好地保持大学的公共性。下面笔者就拓展和参与（O&E）的内涵、特征、价值追求和绩效评估进行综述，这对本书后续学科组织学术创业力自变量和因变量的测量也有一定启示：

1. 拓展和参与（O&E）的内涵

虽然 O&E 活动从 20 世纪 90 年代开始已经渐成规模，但有关学术研究并不多，从大学报告、官网说明及少量文献来看，"拓展"与"参与"紧密联系，强调大学走出深宅大院，使得其专属领域、专业知识向普通大众扩散，服务生产生活过程，参与型大学（Engagement University）概念即与此相关。同时，O&E 与"创业"不同，后者多有功利性目的，如推动技术成果转化、直接获得办学资源、推动地方经济发展。

以密歇根州立大学（MSU）的拓展与参与的标识为例：博学（scholarly）、社区面向（community-based）、协作（collaborative）、敏锐（responsive）、能力提升（capacity-building）、公益导向（for the public good）、多元利益/互惠（mutually beneficial）、可持续等。校长 Lou Anna K. Simon 曾指出 O&E 的战略要点：强化学生体验，充实社区、经济和家庭生活，延伸国际触角，增加研究机会，加强管理。值得注意的是，参与纯粹商业性活动（Commercialized Activities）的教师比例只有 13%，参与"面向应用的工商业研究"（Business, industry, & Commodity Group Research）的教师比例也只有 30%，而比例较大的活动为"公众理解"（Public Understanding）（69%），"技术援助与专家指导"（Technical Assistance & Expert Testimony）（56%），这也说明，O&E 活动与创业活动的指向有重大差异。

2. 拓展和参与（O&E）的特征

O&E 融合教学、研究和服务，旨在以合乎大学使命的方式为外部受众谋取直接效益。涉及知识的生产、传播、应用和保存，北卡罗来纳州立大学（NCSU）定义参与性学术为互利的、社会性的知识的协作生产、凝练、保存与交流，这种知识可以被传递给学术圈同行与社区受众，并接受其中同行们的检验。MSU 提出成功的学校社区联盟关系具备如下特点：具有共同愿景，签署目标与战略的共同协议，相互信任和尊重，享权力并共同承担责任，认真沟通并倾听对方意见，理解和同情对方处境，保持灵活性并时刻关注目标，实现互利共赢，提高社区伙伴的自给自足能力，改善师资队伍的学术生涯。从中不难看出 O&E 活动的三大特征："互动性""互利性""广泛性"，其中互动性是手段，互利性是动力机制，广泛性是其显著表现。

（1）互动性。在美国大学 O&E 领域有句名言："O&E 就是社区关系，而所有关系都基于互惠"，一方面强调了协同关系，另一方面突出了活动的互惠、互利性质。如果说"拓展"（如办学资源向外部开放）侧重大学单方面的资源输出的话，那么"参与"则主要强调校内外主体间的互动（如联合进行项目攻关）。教学、学习、研究、拓展与参与之间是互动关系，这一点是 O&E 活动开展的认识论基础；而从根本上讲，这又是根植于发展性系统理论，即强调个人与环境及其之间的相互依赖的互联性。当然，并非所有主题活动的合作深度都一样，从实际来看，从具有制定共同愿景，到在计划开发和行动计划上协调一致，再到建立互信关系，甚至形成合作团队，表示不同的合作水平。在伙伴关系上，O&E 活动又被韦伯（Webber）和琼斯（Jones）称为除教学与研究之外的第三种活动，显然，这种活动与前两种活动具有很大区别。

（2）互利性。O&E 表示学术机构以互惠互利的方式参与到社区伙伴的活动中。大学借助 O&E 活动开拓学术领域，增强学术研究与实验室或图书馆外的社会现实的联系，创新学术范式，获得更多办学资源。O&E 经常被公立大学描述为为外部受众的直接利益而进行的知识的生产、传播、应用和保存的活动，强调提升公共利益，解决外部社区的重大关切，同时也强化外部合作者解决重要问题的能力。值得注意的是 O&E 活动的互利性以主体间的相互学习为主要手段，以各得其所为最终表现。对大学而言，这就是"服务性学习"（Service-Learning），而主体间的互利性与大学提供服务的无偿性是并存的，这既源于州立大学（赠地大学）的原始宗教色彩和奉献精神，也源于其本身的使命。O&E 活动为教师、职员、学生和公众提供了在解决实际问题中相互学习的机会。换句话说，"学习""应用""发现"在 O&E 活动中实现了统一。专业知识和学术资源在服务社会需求时得到应用，并能够实现多元利益的共赢。以美国 MSU 为例，拓展与参与的重点学术领域：包括 K-12 教育问题，如儿童、青少年与家庭，阅读、数学与科学教育，校园、社区与家庭安全；社区生活问题，如社区活力与家庭安全、社区与经济发展；宏观经济社会问题，如城区和地区经济发展，可持续农业，食品与水安全，土地利用与环境建设，技术与人类发展等。开展 O&E 对外活动的过程中，大学能够有效地实现跨学科合作，建立融汇院系、研究所中心与外围组织的协同机制，使跨学科难以开展的问题得到有效解决。

（3）广泛性。一是合作主体对象的广泛性。O&E 活动的合作对象并不局限在创业概念所一般指向的高新技术产业行业企业，而是首先为那些遍布本地区，并能使得本地区居民生活更好的医院、中小学、个人、居民社区、中小工商业、非营利组织（如工会）、政府部门等。也就是其中"社区"的概念指向。二是参与人员的广泛性。以美国 MSU 为例，2001—2006 年 90% 的教师表示至少参加过一项 O&E 活动，只有 10% 的教师表示根本没有参加过 O&E 活动，而在前者 90% 的教师中，有 47% 参与了跨越三种使命（教学、研究、服务）的活动，27% 参与了跨越两种使命的活动，只有 16% 参与了单一使命的活动。值得注意的是，参与纯粹商业性活动的教师比例只有 13%，而比例较大的活动为"公众理解"（Public Understanding）（69%），"技术援助与专家指导"（Technical Assistance & Expert Testimony）（56%），这也说明，O&E 活动与创业活动的指向有重大差异。三是开展活动的广泛性。仍以美国 MSU 为例，O&E 活动主要包括四个方面：第一，参与性研究与创造性活动：与社区合作者合作进行发现和传播新知识的活动，如基于社区的参与性研究和应用性研究，受政府、非营利组织、基金会或工商业团体资助的合同研究项目，并通过会议报告、出版物、网页展示及其他创造性活动进行"学术翻译"（Translation of scholarship）。第二，参与性教学/学习（Engaged Teaching/Learning）：通过正式或非正式安排，围绕与各类受众分享知识来组织，其类型因教师、学习者和学习环境而异，可以是荣誉性的，也可以是非荣誉性的。活动包括：作为大学课程的社区参与性研究，与社区参与部分相关的留学项目，K-12 阶段青少年的预科项目，职业短期课程、证书和许可计划，非荣誉性课堂与研讨会，针对公众和校友的教育强化计划，媒体采访或针对一般公众的"翻译性"写作，博物馆、图书馆等学习环境建设。第三，参与性服务（Engaged Service）：与大学专业知识相联系，来解决个人、组织或社区所提出的特定议题（临时或长期）。这类活动包括：技术援助，专家咨询，政策分析，法律援助，病人护理与临床服务，人和动物的病号诊疗，专家顾问团及其他学科相关服务等。第四，参与性商业化活动：与各种项目相关的活动，为了个人、组织或社区团体的利益，大学生产的知识被转变为实用性的东西或直接被作为商业应用。这类学术活动类型包括：版权，专利，商业运用许可，创新与创业活动，大学管理或支持的商业投资，如产业园或孵化器，新企业创办。

3. 拓展和参与（O&E）的价值追求：学术性

O&E 所跨越的传统大学功能中的研究，并非单纯的"研究"（Research），所有可称为创造性活动的行为都可以归为"学术活动"。从实践来看，虽然 O&E 活动内容十分广泛，但并非漫无目的，不少学校的相关规划中都明确指出要把参与性学术与教师的工作整合起来，教师开展的 O&E 活动必须与其学术活动紧密结合，参与性学术活动指教师们参与社区内的从发现到整合，再到发现的解释和应用到社区内部的各种活动，这种活动一般是与外部团体相互合作的。参与性学术与传统的院内学术并不矛盾，反而可以很好地结合起来。

事实上，大学内各参与主体的积极性非常高，他们最大的动机在于渴望获得拓展与参与的经历和体验。对研究者和毕业生而言，还有一个激励因素，即借此提高他们的教学和沟通技能。此外，不少人还将其视为一种志愿服务性质的公民责任。学生的参与也被称为"服务性学习"（Service-Learning）与"学院性学习"（Academic-Learning）。相对地，在其间，学生通过积极参与到精心设计的、面向社区实际需求的，与正式的学校教学相融合的服务体验中去，使其与学院课程相得益彰，学生在其间得以学习与成长。O&E 活动为师生创造了创造知识、验证学识的空间和机会，从中发现他们的兴趣、关切是否与真实需求相关，对于建立个人的学术专业素养和扩大学术影响都是必不可少的。O&E 活动对教师而言极具吸引力，活动的成功不单需要管理层的付出，更需要教职员工如同追求教学、研究和服务的卓越一样努力。这对学生也是有益的学习体验，更是培养学生终生学习能力的重要途径。美国 MSU 在 O&E 活动中设立专门的学术培养计划，其中包括进入计划的资格、参与经历的要求（如实践技能、学术准备），以指导学生的"服务性学习"活动。当然，如前所述，这种学术活动的目的是在大学和公众之间建立起互惠互利的利益关系。

4. 参与和拓展（O&E）活动的绩效评估

从事拓展与参与活动的大学应该对校内个人或学术单位在满足大学拓展与参与使命上的表现绩效用一定的手段和工具进行测量。从而建立档案，为改进这种活动提供有效的政策分析基础，以激发基层学术单元的主动性，同时为兄弟院校之间的比较提供有效的可参考性信息，还能为校内的有关管理决策和资源分配提供依据，以及向立法者、捐赠人和公众提供有关参与活动的信息，并作为其继续为高等教育发展提供支持的依据。总之，对于参与 O&E 活动的教师来说，如何进行评价并适当地改变传统的学术奖励系统，使其在院内学术与校外拓展方面的活动同样得到尊重，既十分必要又非常迫切。

如今，全球范围内对院校研究数据库建设的重视程度在不断提高，而不少实现 O&E 活动建制化的大学也在积极开展。O&E 的绩效评估活动，特别是 2004 年 MSU 还与康涅狄格大学、肯塔基大学系统、田纳西大学系统、马萨诸塞大学与澳大利亚维多利亚大学联合开发针对性极强的在线评估工具（Outreach and Engagement Measurement Instrument，OEMI）。[①] OEMI开展年度调查，收集教师或学术职员（academic staff）参与 O&E 活动的详细资料，为教师评价、项目评估、院校管理、对外宣传等提供依据。MSU 评价的对象，包括个人（教师）层面、学术单元（院系所）层面和项目层面，评价的终极目的是使各层面努力与院校使命充分结合。其中 MSU 项目评估矩阵围绕（1）显著性（Significance）：包括要解决议题与能够获得的各种机会的重要性；欲实现结果的目的或目标；（2）环境（Context）：包括与大学及其学术单位价值取向和利益相关者旨趣的一致性；知识专长的匹配情况，主体间的合作深度，方法论及途径的合适度；资源的充分程度及其创造性运用；（3）学术（Scholarship）：知识资源、知识应用、知识生产；（4）影响（Impact）：对议题、院校及师生个人的影响；可持续发展与能力提升；大学－社区关系给大学本身带来的好处，这四个方面展开，同时针对"拓展性研究"、"拓展性教学"和"拓展性服务"展开。2001 年美国 MSU 修订了其师资连任、晋升和终身教职流程，向教师提供表明其 O&E 绩效的机会，使其纳入正常研究、教学及服

---

① 资料来源自美国 MSU 官方网站整理而成。

务评价框架之中，并出台文件予以确认。MSU 把教师参与 O&E 活动的程度分为四个档次：完全没有参与（10%）；低程度参与（52%），出于公共利益把专业知识从 MSU 转移给外部受众的单向活动；中程度参与（28%），单向活动和合作活动兼有；高程度参与（10%），体现显著的合作与互惠互利关系，由各主体共同决定发起活动。当然，不容否认的一点是，因为 O&E 活动如此不同而又极为复杂，对其进行评价则必须寻找每种活动的更多信息，才能借以对其进行分类和量化，但这无疑加大了工作的难度。

综上所述，从高等教育发展的现状来看，虽然指向高技术产业活动的"创业"活动是创业型大学的主旨内涵，但深入社区角落的拓展与参与活动依然具有强大的生命力，两类活动也各有侧重，在解决社会重大问题挑战上具有部分交叉，但很难说哪类活动更为重要，中国大学发展具有强烈的功利色彩，在产学研合作以至于当前的协同创新倡议中，常常更多地关注高科技、大项目、大平台，对于涵盖各层面社区的 O&E 活动并不关心。而对于绝大多数并非所谓"世界一流大学"的中国大学而言，只有立足本土，扎根基层，汲取各种资源，保持对实际问题的足够敏锐，才是未来的努力方向。

（三）创业教育

创业型大学必定实施创业教育，而进行创业教育的大学不一定都是创业型大学。对创业教育的相关文献综述同样对本书的研究有一定的启示。下面分析：

1. 国内创业教育研究综述

与国外对创业教育的研究相比，国内学者的研究相对较为滞后。美国学者对于创业及创业教育的相关研究早在上个世纪就已经开始，20 世纪五六十年代之后逐渐进入研究的成熟期，而创业教育的实践更是时刻与美国经济社会的变迁以及高等教育的发展保持着一致。反观我国，第一篇创业教育的论文则是胡晓风等人于 1989 年 8 月发表在四川师范大学学报（社会科学版）的论文"创业教育简论"。[1] 最早研究创业型大学的论文则是张岑 2002 年 7 月在《江苏高教》发表的"关于欧洲创业型大学特点的论述"。另外，我国创业教育研究虽然起步较晚，但是研究领域和研究成

---

① 参见胡晓风《创业教育简论》，《四川师范大学学报》（社会科学版）1989 年第 4 期。

果呈现了高速增长的态势。截至 2013 年年底，以创业教育为主题的期刊论文总计达到了 13197 篇、硕博士论文 886 篇，涉及美国创业教育研究的各类论文 400 篇。[①]

（1）关于创业教育战略和模式的相关研究

我国高校开展创业教育已经有十余年的历程。从国内研究的现状来看，关于创业教育发展战略与创业教育自身在这十余年中，各高校及学者对创业教育的发展战略进行了研究和实践。南开大学张玉利教授（2007）在《创业管理》一书中从中国经济社会转型和高等教育体系变革的关系出发，对创业教育的内涵、定位、创业教育与创业活动之间的关系等关键性问题进行了大量研究。但是从总体上来看，我国高校创业教育的发展依旧面临着诸如缺乏系统研究、创业教育的观念存在误区、创业教育的学科地位边缘化等现实性问题。浙江大学梅伟惠、徐小洲（2009）在《中国高校创业教育的发展难题与策略》中认为，我国高校创业教育面临着发展理念和实施路径方面所存在的难题，提出高校创业教育的发展要紧扣师资和课程两个核心环节。

而关于地方院校在创业教育的发展战略研究上，温州医科大学创业发展研究院院长黄兆信教授（2012）探讨了各高校创业教育在课程、实践以及培养目标上的转变，分析了当今创业教育发展的背景及趋势，并指出"提升就业层次""培养'专业 + 创业'复合型人才""培养岗位创业者"是当今高校创业教育面临的三大转型趋势。黄兆信教授还在《以岗位创业为导向：高校创业教育转型发展的战略选择》中对高校创业教育的新模式进行了研究。在当前结合高校实际设计创业体系的趋势下，提倡经由就业走向创业，以当前岗位为基地，展开创业活动，开创了就业与创业相结合的新模式。马晓春（2012）以《构建面向区域经济的地方高校创业教育体系研究》为题，对创业教育进行了分析。

高校创业教育开始以来，并未形成一个独立的创业体系或者一个普适的教学模式，初期多依赖于商学院或者组织几次创业大赛等。而随着创业教育的发展，广大学者开始对创业教育的模式进行思考和探索。王占仁（2012）在《"广谱式"创新创业教育导论》一书中，构建了"广谱式"教育模式，这是一种面向全体学生、结合专业教育的新的教育理念。书中提出了"经

---

① 资料来自黄兆信教授的《地方高校创业教育转型发展研究》。

由就业走向创业"的教育体系，并阐述了与之相匹配的"大创业教育观"。有一部分学者则专门针对地方院校进行了研究，如王乃静（2013）在《重视和加强大专院校创业教育》中就对我国大专院校创业教育的实施进行了一定的研究，她认为高职院校创业教育应该实行专业与创业相结合的方式，在营造创业环境的同时，注重创业实践活动，"打造具有中国特色的创业教育体系"。而黄兆信（2012）则在《地方高校融合创业教育的工程人才培养模式》中指出，温州大学经过近十年的探索与实践，已形成自己的办学特色，并从"创业意识的培养""创业能力的培养及职业生涯规划"等方面进行了探讨，并提出工程人才培养立足地方本科院校，创业与专业相融合的教学理念。而关于创业与专业相融合的发展模式，曾尔雷（2010）于《创业教育融入专业教育的发展模式及其策略研究》中则将研究视角放在了创业教育与专业教育相融合之上，她认为创业教育应融入专业教育之中，是"对学科教学过程的一种'重构'"。同时，创业教育与专业教育的融合需要从以下四个方面进行建构：选择适宜的发展模式、构建有效的教学方式、转变教师角色以及健全辅导的联动机制。创业教育的实践性与开放性决定了高校与外部组织，特别是产业部门之间的联系需要更加的紧密，因此从校企合作的角度来探讨当前地方高校创业教育中的观念、制度、保障等方面的问题，也成为一种必然。杨丽君（2011）在《地方高校创业教育体系研究——基于校企合作的视角》中的研究认为，校企合作的高校创业教育模式的构建需要从目标体系、课程体系、过程体系、保障体系、制度体系等方面进行综合探索，高校创业教育的实施需要企业部门的积极参与。董晓红（2009）的毕业论文《高校创业教育管理模式与质量评价研究》则从管理学的角度提出了"内部完善—外部支持—综合激励"的高校创业教育管理模式，并提出了高校创业教育评价指标体系和高校创业教育质量评价的模糊数学模型。秦敬民（2009）基于 QFD 的高校创业教育质量评价体系内容，吸取了 DEA 法、AHP 法、FAHP 法的优点，提出了一种 DEA-AHP-FAHP 的综合评价法：在筛选显性与非显性指标体系的投入与产出时，采用 DEA 法；在计算显性指标下的二级指标时，采用 AHP 法；在计算显性指标、非显性指及其二级指标的权重时，采用 FAHP 法，最后得到总的权重，以实现对创业教育质量的综合评价。

综上所述，在学者们对创业教育战略和模式的相关研究中，提升学生创业能力的比较重要的影响因素就是师资和课程，能否迅速地将产业界的技术和知识整合到相关学科专业中，创业教育的师资和产业界接触是否频繁、是否密切对于能否培养有创业能力的学术相当重要。而学者们还提到了创业一定要和专业结合，创业教育应融入专业教育，这和本书提出的学术和创业要平衡的概念不谋而合。

（2）关于创业教育的比较研究

此类研究主要以国别研究为主，以浙江大学徐小洲教授为总主编的《创业教育研究丛书》较为系统地介绍了中国、日本、美国、英国等不同国家创业教育的发展过程、影响环境和创业教育实践，是我国目前为止唯一一套从比较研究的视角对各国创业教育进行分析、解释和总结的丛书。梅伟惠（2010）在《美国高校创业教育》一书中总结了美国高校创业教育实践的几种模式，分析了美国创业教育的特点和发展趋势，并对我国创业教育提出了宝贵建议。牛长松（2009）在《英国高校创业教育研究》一书中对创业教育的概念进行了多学科的分析，从社会背景、政策分析、援助网络、教育实践等方面对英国创业教育进行较为系统的研究。在书中分析了英国高校创业教育的传统商学院组织模式和创业型大学组织模式，指出了传统商学院模式的不足和弊端，难为高校所接受，提倡使用创业型大学模式。他在书中提到了模拟创业学习模式、数字化学习模式、以机会为中心的学习模式和创业经历叙事性解释的学习模式。最后，指出英国高校创业教育师资不足、研究水平有待提高、创业课程未系统开发、创业援助和创业后续资金不足等问题。

季学军（2007）在《美国高校创业教育的动因及特点探析》中认为美国高等学校创业教育已经形成了非常完善的组织体系，无论是创业教育的理念还是创业教育的实施路径，都已经与实际的创业活动形成了有效的联系。向东春等（2003）在《美国百森创业教育的特点及其启示》一文中则探讨了美国百森商学院的创业教育特色，指出"前瞻的教育理念、系统的课程设计、鲜活的教学过程和敬业的师资队伍"是构成其成功的关键。房国忠等（2006）在《美国大学生创业教育模式及其启示》一文中则认为美国创业教育的发展有赖于鼓励创新创业的文化传统和宽容失败的营商氛围。与美国创业教育发展的具体措施相比，我国高校更应该借鉴美国创业教育在文化和制度方面所具有的优势。

综上所述，国外一流高校的创业教育案例，对本书学科组织学术创业力的构建同样有重要的启示作用。笔者在《高等工程教育研究》曾发文研究了《德国慕尼黑工大创业教育的实践与启示》，在介绍了德国慕尼黑工大（TUM）基本情况和治理结构后，从 TUM 创业教育的特征、创业教育的体系、创业教育的实施环节三个方面剖析其经验和措施，最后对我国高校提出两点建议：一是制定系统的创业战略，完善创业教育治理体系。经过十多年的发展，我国高校创业教育无论是创业园区发展、课程设置、师资建设、还是学生的参与度，学校的重视程度等都有了长足的发展。一些高校设立了创业人才培养学院、创业发展研究院，从管理上给予了强有力的支持。但还较少有高校能制定像 TUM 那样有系统的创业战略和完善的创业教育治理体系，如德国 TUM 制订的全校范围的 TUMentrepreneurship 计划亦包括高效的衍生（spin-off）流程、创业网络、创业实践、创业文化四大战略要素，并且还设立了专门的创业管理委员，关注利益相关者参与治理，如其咨询委员会中还有来自德国一流的企业宝马公司的董事。二是突破短板，创新灵活的用人机制。师资问题向来就是高校创业教育发展的一个短板。TUM 大胆的新措施教授终身制（Faculty Tenure Track System），这在德国是独一无二的，占领了高层次人才的高地，再如在从企业界招聘教师时，学校也把在工业界的实践等同于在大学的经历，等等。我国一些高校也已有所探索实践，但大部分高校的用人机制还是较传统，不够灵活，扼杀了创造性、积极性，使得创业教育难以有足够的专业人才来推行。后续本书将在此案例的基础上提炼对学科组织学术创业力相关的影响因素。

（3）关于创业教育的课程研究

在顾明远等（2008）主编的《国际教育新理念》一书中，对创业教育的实施主要通过四种课程来进行，它们分别是学科课程、活动课程、环境课程和创业实践课程。学科课程根据具体的教育目标，或采用渗透，或采用依托，或采用融合的方式。一般要求有明确的教学目标、系统的教学内容、固定的课时和特定的开课方式。活动课程和环境课程则旨在培养学生的创业意识和营造创业的心理氛围。创业实践课程实现学生从做中学习的目的。根据不同的学校类型采用不同的创业教育方式方法，胡庭胜等（2010）在《不同类型高校创业教育的比较研究》一文中从研究型大学、教学型大学、职业型大学三种类型高校的比较角度提出了创业教育的不同侧重点。高校创业教育应当遵循高等教育的规律。高等教育是培养高素质专门人才的专业教育，在高等教育领域倡导创业教育的理念，要在课程和专业的层面把创业教育与专业教育相互结合，在专业教育中培养创新创业人才。木志荣（2006）在《我国大学生创业教育模式探讨》一文中提出当前推动我国大学创业教育发展的两个重心，一是建设合理的创业教育课程，以及包括创业课程、创业研究、创业论坛、创业竞赛和创业者联盟五个模块的创业教育体系；二是组织培养优秀的创业教育师资，通过培训、国际合作、引进短期海外教师以及聘请既有实际管理工作经验又有一定管理理论修养的企业家、咨询师、创业投资家等担任兼职讲师等形式，加强创业教育师资队伍建设。梅伟惠（2010）在《美国高校创业教育》著作中认为课程是高校创业教育的核心之一，而关于我国高校创业教育课程的建设同样在经历一个漫长的探索过程。尚恒志（2009）在《大学生创业教育的课程体系研究》一文中的研究认为，创业教育是培养学生创业意识、精神和能力的一种理念。因此，高校需要从创业意识类课程、创业能力类课程、创业相关知识类课程及创业体验类课程四个方面进行开发。黄兆信（2011）在《内创业者及其特质对我国高校创业教育的启示》中通过阐述内创业者的含义，表明内创业活动是公司内部创业意识和创新精神的释放，提倡高校通过多层级推进创业教育课程建设、专业与创业相融合等措施来培养大学生的创新精神和自主学习的能力。除了从创业精神、创业意识对创业教育课程的目的进行论述以外，部分学者则从创业教育课程的途径方面进行分析。曾尔雷（2010）在《创业教育融入专业教育的发展模式及其策略研究》一文中主张"要以课程教学为载体渗透创业内容"，并以英国谢菲尔德大学创业课程的实施为例加以说明。刘保存（2010）在《确立创新创业教育理念培养创新精神和实践能力》一文中则认为创业教育应当"规范教学基本要求，扎实推进高等学校创业教育"，分析了创业教育的发展历史，提出要明确制定教学要求，实行理论与实践相结合的课程教学，并对课程建设及教学的结果进行及时的评估。

综上所述，国内对创业教育课程的研究概括最重要一点就是课程教学一定要理论与实践相结合，创业教育和专业教育相结合。

（4）关于创业教育师资的研究

创业教育的发展，对师资建设提出了较高的要求。当前现有的大多数教师缺乏创业实践经验，而教师队伍中也缺乏知名企业家的参与。针对目前的师资要求，学者进行了分析。梅伟惠（2012）对于中国高校创业教育发展难题与策略的相关分析指出，"师资团队是创业教育发展的'引擎'",他认为当前高校缺乏专兼职创业教师,并与美国进行了对比,强调了师资培育的重要性。同时,他还在《创业人才培养新视域:全校性创业教育理论与实践》中提出[①],要完善全校性创业教育的教育者培养渠道,主张增加创业师资培训机会,并构建创业教育教师的发展平台。黄兆信(2011)在《内创业者及其特质对我国高校创业教育的启示》中,通过分析内创业者的成长过程,提出内创业者的培养需要"既具有专业背景,能从事学术研究,又具有创新创业意识"的双师型师资队伍。施永川(2010)在《大学生创业教育面临的困境与对策》认为要想弥补大学生创业教育课程体系的不足,坚持"校内开发+请进来"的方法,建设一支双师型的师资队伍是十分必要的。

深化高校创新创业教育改革是当前和今后一个时期推进高等教育综合改革的重要内容。2015年5月4日,国务院办公厅印发了《关于深化高等学校创新创业教育改革的实施意见》,教育部瞄准这9项改革任务,随后推出30余条具体举措,力争到2020年建立健全高校创新创业教育体系。未来几年,高质量创业师资短缺将成为阻碍我国高校创业教育发展的主要瓶颈,提升教师创业能力无疑是较直接有效的办法。

李克强总理提出,"大众创业、万众创新"是中国经济新的发动机,有学者(刘志迎,2015)指出在创新2.0模式下,创新的主体不再是传统的企业,而是没有明确指向的普通大众。因此个体层次的创业能力重要性将凸显。以往对个体创业能力的研究多集中在管理学(企业家创业)、社会学(农民工创业)等领域,近年来,因为传统制造业创新能力太低,政府迫切希望高校教师、学生更多来参与、提升,高校教师创业能力的相关研究亦日趋增多。美国、欧盟都高度重视创业教育师资队伍能力培训,实践证明熟悉创业、具有创业意识或创业能力强的教师对学生创业影响更大(曾天山,2015)。教育部文件提出要"明确全体教师的创新创业教育责任""配齐配强创新创业专职教师",并于2017年普及创新创业教育。普及型的创业教育对师资需求十分巨大,而高校创业教育教师的创业能力又普遍较弱,矛盾突出。因此专业化的、较强创业能力的高校创业型师资队伍建设迫在眉睫。

---

① 参见梅伟惠《美国高校创业教育》,浙江教育出版社2010年版;梅伟惠《创业人才培养新视域:全校性创业教育理论与实践》,《教育研究》2012年第6期。

综上所述，笔者认为教师的创业能力是解决创业教育师资问题的核心，又是影响学科组织学术创业力的重要因素。解决教师的创业能力可从教师专业的视角切入，"教师专业发展"是当代教师教育研究领域的一个国际最流行的概念，既涉及政府的教师管理，也涉及学校的教师队伍建设；既有群体动力学的因素，也有个体自主选择的意愿。教师专业化发展是指教师作为专业人员，在专业思想、专业知识、专业能力等方面不断发展和完善的过程，是从专业新手到专家型教师的过程（余文森，2007）。冯大鸣（2008）比较了美国、英国、澳大利亚教师专业发展研究的政策和文化因素。邬大光（2013）提出教学文化是大学教师发展的根基。而教师专业发展的理论模型由教师专业发展的内涵、层次、基础、机制和环境等组成部分构成。自组织是教师专业发展的重要机制（阳泽，2013）等。此外与教师专业发展相辅相成的还有教师专业化的相关研究。有学者认为教师专业化主要是强调教师群体的，外在的专业性提升，而教师专业发展是教师个体的提升。霍伊尔（E. Hoyle）认为，专业化是指一种职业经过一段时间后成功地满足某一专业性职业标准的过程。而教师专业化作为教师教育的目标，是现代教育发展的一个必然趋势。陈琴（2002）提出教师专业化的范式包括"能干型实践者""研究型实践者"和"反思型实践者"等，他们彼此联系、交互作用。朱新卓（2005）提出教师专业化是立足教师职业的特点的一个复杂的社会系统工作。并且教师职业专业化必须由传递知识的专业化向培养人的专业化转型（张学敏，2011）。此外学者们还从不同的主体来论述专业化，如高校管理队伍专业化（潘懋元，1982）、校长管理专业化（宣勇，2014）等。总的来说，由于大学内部治理结构是以学术、科研为中心的，因此学者们基于教师专业发展或专业化视角研究教学能力（许迈进，2014；樊泽恒，2009）、科研能力（张剑平，2006）则较多。近年来，学者们呼吁通过制度创新建设专家化师资队伍，推动和促进中国高校创业教育的专业化发展进程（杨晓慧，2012；徐小洲、梅伟惠，2012；黄兆信，2015，等）。并提出建立创业教育学科、开设专业学位教育、设置专任教职、建立激励机制、打破体制性流动障碍等策略，为本书学科组织学术创业力的构建提供了重要的参考。

2. 国外创业教育研究综述

早在 1915 年，美国政治经济学家陶西格就在其名著《经济学原则》一书中指出：创业者的作用不仅仅是创新，还包括创造财富。迄今为止，创业教育已经普及到小学、中学以及大学的整个教育体系。针对创业教育的研究也蓬勃开展，其中大量的研究属于 2000 年之后的研究成果。

（1）关于创业教育内涵及多维视角研究

格曼（Gorman，1997）在《创业教育、企业教育及小企业管理教育的研究视角：十年文献综述》中对美国创业教育的研究进行了深入全面的梳理。他通过研究 1985 年至 1994 年的创业教育文献后对其进行分类整理，认为创业教育就是一个开办新企业和增强创业者综合能力的过程。布诺考斯（Brockhaus，2000）研究了创业教育的特征和目标，认为创业教育的理论概念较为模糊地影响了关于此领域的后续研究，特别是针对创业教育中学习者知识的习得，是此领域研究的一个难点。亨利（2005）则认为创业教育与培训需要特定的绩效评估手段，对于很多中小企业来讲，创业课程、创业教学方法、创业师资和学习者的心智结构都产生了共同的作用。

部分学者还对创业教育发展过程中出现的其他问题进行了研究。布鲁士指出：创业教育从学科独立性的角度来讲，与传统商学院的理论体系和实施策略具有较大差异。因此，创业学科的研究生教育应该引导学生为最具竞争力的学术杂志贡献高质量的研究成果。丹马克（Danmark，2011）通过采访成功创业者，研究了创业者需要具备的种种素质，如读写能力、创建、管理和发展壮大公司所需的技能、销售能力、设计能力、承担风险能力、应对不确定环境的能力等。库拉托克（Kuratko，2001）在《创业教育的产生、发展、趋势及挑战》一文中对美国创业教育过去半个多世纪的发展进行了梳理，从源头上考察了创业教育产生的历史背景和演变历程，特别指出了互联网时代到来之后，创业教育所面临的一系列挑战与转型。辛格尔（Siegel，2007）则在研究商学院传统的创业教育实施模式之后，提出创业教育有其特殊性，但更多的是与其他学科之间的融合趋势，在具体策略方面，创业教育需要构建开放、共享的教育平台。费友乐在《创业教育研究手册》中对于涉及创业教育内涵、概念、目标、实施体系在内的一系列关键性问题进行了研究，对于创业教育的分析建立了一个初步的框架。

综上所述，创业教育的多维视角强调创业不仅仅只是创办企业，创业教育也不只是教人如何创办企业，这和本书所提出的学术创业的多样性特征不谋而合，学术创业活动形式从活动的硬性到软性可分为科技园、衍生企业、专利和许可、合同研究、产业培训课程、顾问咨询、筹资、学术出版和培养高质量的本科生。硬活动多指有形产出，与大学传统也较不相容，而软活动则相反。因此成熟的创业型大学应该追求软硬结合，且早期阶段适合追求软性，大学管理者也应该注重培育全校都能用的创业活动，而不是仅仅供个别部门使用。Cohen（2002）也认为大学转移知识最好的方式是软活动。Hussler & Piccard et al.（2010）通过对意大利、德国和中国三国的学术创业进行比较，指出没有最佳的形式。因此不同国家背景的大学创业活动应有所差异，同时大学应忽略活动的类型，而更关注其是否能提高经济发展的效益。

（2）关于创业教育的重要性的研究

美国是最早展开创业教育实践与研究的国家。2006 年，考夫曼基金会在《美国高校创业教育》（Entrepreneurship in American Higher Education）报告中解释了创业教育对美国高等教育的重要性，并为此在本科教育、专业选择、研究生教育、教师的评价问题方面的重要性提出了更广泛的建议。2008 年，阿斯彭青年创业战略集团在《美国青年的创业教育》报告中指出：经济学家和教育学者不仅将创业教育作为推动青少年成功，使其具备创新能力、冒险精神、合作意识、机会识别能力的重要战略，还将其作为一种工具来发展学生的学术能力，领导能力和生活技巧。2009 年，世界经济论坛创始人及执行总裁克劳斯在《全球教育计划》报告中认为，将创业和教育融合是培养未来社会所需要的人力资本的重要机遇，创业教育是推动创新，创造就业和经济增长的发动机。迄今为止，美国越来越多的高校参与到创业中，成为创业的主力军，不管是在模式探究、课程设置、还是在师资力量方面，创业教育体系都已日趋完善。

在美国创业教育迅猛发展的大背景下，其他国家也相继开展创业教育实施与研究。2009 年，芬兰教育科学部部长汉娜·维拉库宁（Henna Virkkunen）在《创业教育的指导方针》报告中指出，芬兰需要创业教育，政府会继续采取措施加强人们的创业精神，推动创业教育体制的完善，预计 2015 年将会取得初步成果。2010 年，挪威高等教育研究部部长杜拉·奥斯兰德（Tora Aasland）在教育研究部、政府和宗教发展部以及贸易和工业部联合出台的一项报告中指出了创业教育对国家和社会发展的推动作用，个人会更加灵活的运用学到的知识和技能造福社会。2011 年，丹麦创业基金会的调查报告显示：创业活动不仅发生在创业专业的学生之间，非创业方向的学生也对创业持有极高的热情，在丹麦这两种方向创业的比率分别达到29%及11%，远高于欧盟其他国家的平均水平。与此同时，英国的创业教育研究也取得了极大的成果。哈利（Harry）和夏洛特（Charlotte）在2007年发表的《从纵向角度剖析英国的创业教育》一文中分析了英国40所新旧高校在10年期间（1995—2004）的发展状况，得出了创业教育的适用范围和局限性。凯利·史密斯（Kelly Smith）等人也于2007年发表论文，探究了英国高校创业教育的传授方式以及大学生创业教育的类型内容，认为创业教育研究应该把重点放在创业、创新及技术转换项目上。2012年，欧洲各国从创业能力、创业意向、个人就业能力、对经济社会的影响四个角度对创业教育进行了一次大范围调查，调查结果被统计在《高等教育中创业项目的影响效应》报告中。结果表明，与没有接受过创业教育的被调查者相比，接受过此类教育的学生有较好的创业态度及意向，完成学业后更容易找到称心的工作，走上工作岗位之后有更强的创新能力。

综上所述，从美国、欧洲各国等的创业教育实践来看，完善的创业教育体系对大学生的创新创业能力，乃至国家的经济发展都有重要推动作用，学科组织作为人才培养、科学研究、社会服务和创业三大功能的落脚点的基层学术组织，提升其学术创业力对完善高校的创业教育体系也有重要的促进作用。

（3）关于创业教育的课程研究

早期对创业教育课程设置进行研究的是美国考夫曼创业领导中心，其副总裁玛里琳（Marilyn L. Kourilsky）在1995年发表的《创业教育·课程设置》（Entrepreneurship education：Opportunity in Search of Curriculum）报告中指出，创业的贯彻执行需要从三个维度去考虑，并把这三个维度分列为一座金字塔的三层，从上到下依次为：倡导者，发展团队和支持者。玛里琳强调，在这三个维度中，倡导者是第一位的，另外的两个因素也必不可少，因此创业教育所涉及的知识，技能及思维模式也必须从这三个层面尤其是第一层面出发，然而目前的创业教育课程却极少涉及这一层面。进入21世纪以后，国外学者对创业课程的研究越来越多，推动其不断完善。2004年，考夫曼基金会创业协会高级副总裁罗布（Rob）在《由做中学的创业教育》一文中坦言，青少年从创业课程中学到的不仅是知识与技能，更重要的是一种懂得回报家庭、社会和国家的品质与精神。2005年，格拉摩根大学的路易斯（Louis）等人在《通过正规和非正规学习提升格拉摩根大学的创业水平》一文中，通过对格拉摩根大学正规和非正规学习活动案例的反思批判分析，为创业领域的课程发展及有关创业学习政策的实施提供了一条新的出路。2006 年，剑桥大学的沙伦答腊博士（Dr Shailendra Vyakarnam）在其发表的《大学阶段嵌入式创业教育》一文中倡导要利用剑桥大学的创业生态系统，尤其是与学术界密切相关的创业社团为学生提供更多的创业机会，加强学生对网络的利用和机会识别，为热爱创业的学生或社会人士开设非学分制课程。挪威科技大学的艾纳（Einar）和罗杰博士（Roger）在 2006 年发表的《基于实践的创业教育》一文中强调了实践课程的重要性，创业教育只有走出课堂去做、去实践，才能产生实际效果。2010 年，在创业学领域有着很强优势的百森商学院在公告中将 MBA 创业课程分为核心课程和选修课程两大类。核心课程包括战略与商业机会、创业者、资源需求与商业计划、创业企业融资、新创企业的快速成长 5 个模块；选修课程分为基础课程、专业课程、支持课程（针对一个特定领域的深入了解）三大模块。

综上所述，国外学者关于创业教育课程的相关研究观点基本与国内学者较一致，都非常强调理论和实践的结合，做嵌入式的创业教育。

（4）关于创业教育的师资研究

随着创业教育对师资需求的不断增加，越来越多的学者把注意力放到企业家身上，试图寻求教师与企业家的有效结合。托马斯（Thomas）和霍华德（Howard）于 2007 年发表《改变创业教育：寻找适合教学的企业家》一文，针对创业课程需求的增加和传统学术研究者的无效教学，为满足教学需要的新方法，需启动企业家训练和指导的方式改变大学教育的新政策。同年，亚利桑那大学的马修（Matthew）教授探讨了不同群体的教师参与创业教育的制度化模型的驱动因素，并揭示了创业的议程是面向教育、经济和社会输出，举例说明不同的学科和学术领域的研究是建立在创业精神和思维转换的效益之上。芬兰拉普兰塔理工大学的马库（Markku）、埃琳娜（Elena）等人发表《重新发现教师在创业教育中的作用》一文，强调了教师这一角色在创业教育中的重要性和挑战性，为了防止教师作用被弱化，教师也要不断加强创业知识方面的学习。

2011 年，安妮特·库斯（Anette Curth）基于对欧盟 8 个国家及包括澳大利亚、比利时在内的 181 个教师教育机构和 612 个教师教育项目的调查研究，得出了提高创业教育方向师资水平的四项策略——丰富教师自身的创业知识；提高教师的教学能力，处理好教学实践与创业研究之间的平衡；确保教师培训者的质量，以此来培养高质量的创业型教师；提高教师的创业素养，包括良好的职业态度和价值观。致力于创业行为和创业能力发展的凯伦·威廉姆斯（Karen L. Williams）在其 2013 年发表的《重新审视学术创业》一文中同样提到了企业教育家这一概念，大学教师的角色不再是传统的教育研究者，而是正在向企业创建的推动者转变。2013 年 6 月，欧盟委员会下设的企业与工业总署和教育与文化总署启动了针对创业教育方向教师能力发展的跨国研究为创业教育的实践者提供了实际建议，并促使他们采取行动使自身具备更强的创业教育能力。

综上所述，学科组织要有较强的学术创业力，首先即是每位学科成员都有较强的学术创业能力，国外学者提到的企业教育家、创业型教师等均在强调这一点

（5）关于创业教育的发展趋势研究

21 世纪，创业教育的发展仍然面对新的环境与挑战。美国康奈尔大学的底波拉·H. 斯特里特（Deborah H. Streeter，2004）等人发表题为《全校性的创业教育模式：选择性模式与当前趋势》的工作报告中，重点介绍了全校性的创业教育模式的类型、当前状况及发展趋势。来自米勒商学院的唐纳德（Donald，2004）发表在科尔曼基金会白皮书上的《21 世纪的创业教育：从制度化到领导化》一文中指出了各国创业教育在 21 世纪面临的问题与挑战，以及创业教育会实现由今天的制度化到领导化的过渡。保罗（Poul Dreisler，2006）在其研究报告中列举了创业型大学建设所面临的一系列挑战，包括政治上、建设上和教育上的挑战等，并通过研究欧洲四所大学的创业发展，针对创业型大学的发展机遇提出了相关建议。

颇具影响力的欧盟委员会创业教育专家组在 2008 年 3 月发表的研究报告中，针对目前高校创业教育课程仅在商学院和经济学院开设的现状，提出创业教育发展面临的挑战是在全校开设创业课程，将创业课程与专业课程相融合，使全校来自不同背景的学生都能接受创业的理念。同年 5 月，考夫曼基金会成员维韦克和理查德（Vivek&Richard，2008）发表的《教育与技术创业》一文，分析了 1995—2005 年美国移民企业家与当地企业家的文化程度与所修专业，发现相比之前的创业者，如今大部分的技

术发起人都是中年人，且在各类学校接受过商业和技术教育，从而得出技术创业发展趋势的结论。2011 年，凯伦·威尔逊（Karen Wilson，2001）在北欧创业大会上作《高等教育在创业生态系统中的作用》的报告，他指出高等教育的作用兼具理想性和现实性，学校要通过转换高校的角色来解决创业教育面临的问题与挑战。

综上所述，相比较而言，国内学者黄兆信教授认为创新和创业既有联系又有区别。创新的概念范畴涵盖了推动社会经济发展所有技术的、组织的、方法的、系统的变革及其最终价值实现过程。而创业则是为了推动创新的实现，由一大批拥有企业家精神的创业者所进行的动态过程。与创新相比，创业更加强调愿景形成与价值实现的有机统一，它要求人们必须具有将创新精神、创新意识和将创造力转化为成功的社会实践过程。这不仅包含了个人创新能力的培养，也要求人们必须具备发现变革趋势并把握机遇的能力、组建有效的创业团队并整合各类资源的能力、打造可持续的创业计划的能力以及抵御风险、解决应激性问题的能力。可以说，与创新这个更为宏观的、注重系统分析的词汇相比，创业是一种更加注重实践性、个体性、多样性的过程。尽管全社会已经意识到了创新和创业的重要性，但是我们长期以来依旧缺乏对创业及创业教育的正确认识，人们通常会狭隘地将创业理解为"开办自己的企业或事业"，创业的范围也仅仅局限于自主创业，由此造成的一个实践误区就是在高校中蓬勃开展的创业教育几乎千篇一律地将培养自主创业者作为其主要目的。

因此创业教育要培养大学生对创业的基本认知，这种认知本身就是一种知识结构，可以作为大学生知识体系的一部分。首先在一个创新驱动的社会中，创业知识的内容可以体现当今社会主流和日常的各种创新模式、社会态度、经济政策和法律制度对创造力、冒险精神和创业行为的支持等。因此，创业知识具有综合性的特点。其次，创业不仅仅是一种商业行为，作为思维、推理和行动的独特模式，创业需要想象力、洞察力及创造性整合资源的能力。因此，更广泛意义上来讲，创业教育是体现创新教育的最佳实践路径。对于大学生优化知识结构、适应未来不断创新的社会并实现自我发展具有重要作用。这也是创业教育的本质特征。

黄兆信教授还认为创业教育本身所具备的特征以及其内涵"具现化"过程中必须考虑到的三个要素。第一，创业教育最基本的要素就是人，是一个一个具有独特个性与想象力、创造力的学生。他们是创业教育的重要参与者、创业活动的实践者、创业成就的分享者。一般来讲，成就动机、自主性、寻找和把握机遇的能力、创新能力、商业风险的承受力、自我认知、情绪控制、目标激励等因素都在切实地影响着大学生参与创业教育的态度和导向，也只有建立起上述因素与创业成功之间的密切联系，才能够激发每个学生的创业热情，这也是创业教育能否成功的第一步。但在实践过程中，我们可以发现每一名学生由于其知识结构、生活背景、教育需求的差异，对于创业具有不同的理解。这就使得创业教育应该针对不同学生。对于那些具有高绩效表现力、创业欲望强的学生，高校创业教育的侧重点应当更加偏重于大学生的创业实践支持体系建设；对于特别缺乏创业动力和热情的大学生，高校应当尊重其个人选择，通过校园创业文化来对其进行熏陶；体量最为庞大的则是居于中间层面的大学生，这一群体的特征非常明显，他们对创业有所了解也具有一定的动力，但是他们缺乏某种促使其创业的最关键要素。对于高校创业教育来讲，中间层面的学生应当是整个体系设计和实施过程中受到关注的重点群体。对创业教育目标群体的准确分类，是创业教育面向全体学生并要分层分类实施的重要依据。第二，传统的教育更多的是关注学习过程中的特定内容，课程基于教科书的设计，有着特定的范式与路径。这也是大学专业教育对学生进行专业训练的主要方式。虽然创业教育被认为是变革性的，但是它依旧来自传统的教学方式与习惯。创业涉及了一系列知识、技能和态度的综合。"它不仅仅是功能性技巧与知识的学习，更多的是包括了从创新到管理的所有领域的自我建构"。从这个意义上来看，创业教育的目标远超过记忆、分析、推理等传统的教学。创业教育必须在复杂性的情境中感知问题、处理问题。因此，在学科知识已经形成了完备的体系，学习基于记忆为特征的传统的教育模式中，创业教育的教学方式需要发生根本转型。以美国为例，很多高校的商学院已经将创业教育的教学从以知识为中心转向了以学习为中心。对一个创业者来讲，更重要的是他掌握整合不同知识和技能为整体创业目标作出贡献的能力，而并非自己成为其中某个领域的专家。由此看来，创业教育的实施在与传统课程相结合的基础上，还应该提供学生潜力发展的渐进过程。第三，外部环境与政策的变化也在理念、制度、文化等多个层面影响着高校创业教育的发展。当前世界各主要发达经济体都在经历着前所未见的转型，生产、工作流程组织、产业结构、商业模式等诸多方面的变革正在迅速消解着工业时代所形成的各种惯例与习俗。传统的以生产为导向的产业体系正在让位于以服务为导向的经济结构。从未来的发展趋势来看，各国长期就业岗位和公共部门的雇员数量都在逐步减少，相对应则是形成更加分散的、扁平化而非科层化的工作雇用体系。互联网技术的广泛应用造成了生产过程的灵活性和去中心化，工作本身更加强调信息和知识的可获得性、员工的持续学习能力。这些变革促使发达经济体逐步转向"全球的、创业的、知识为基础的经济"。创业教育的目标不再是使学生了解企业或是帮助解决就业，而是使他们成为创业文化塑造的制度性工具之一。美国 99.7% 的小企业、超过一半的私营部门都是创业型企业。"过去十年来，小企业创造了 60%—80% 的工作岗位。特别是自 2004 年以来，小企业几乎创造了所有的新增就业。雇员少于 500 人的小企业创造了 186 万个就业岗位，雇员超过 500 人的企业损失的岗位比创造的岗位要多 18 万个。"一个国家或地区成功转型为新经济，不仅受到了文化和现有经济结构的影响，也受来自政府在知识、管制、资源分配三大领域中的政策的影响。当前世界各国都在普遍增加对创业活动的政策支持，通过立法激励公共—私人部门之间的研究伙伴关系。因此，高校创业教育的主要目标也必须发生变化：从帮助学生就业转型为激励创业活动或是增加大学生现有的创业行为的内在动力，培养和发展大学生的创业胜任能力。

因此，他基于对中国高校创业教育发展的现状及趋势判断，提出了我国高校创业教育面临着五个核心问题：1. 创业教育的界定及其目标是什么？2. 创业教育的类型、内容及其目标群体为何？3. 创业教育的有效实施包括哪些要素？4. 创业教育对于区域创业文化的繁荣、经济与社会的转型来讲扮演着何种角色？5. 如何通过创业教育发现那些具有潜力的创业者以及如何评估创业教育的效果？

（6）创业教育与创业活动之间关系的研究

哈里（Harry，2007）在《创业与领导能力：教育及发展的启示》中对创业型企业的组织架构进行了研究，认为创业者所接受的教育对企业文化形成具有一定影响。凯茨在《创业教育中的学术资源》中探讨了支持创业教育的四种不同类型资源，强调了创业教学过程的重要性。杰克（Jack，1995）等在《创业文化中的创业教育：培养善于思考的从业者》中提出，创业教育是基于一定文化历史传统而不断发展，任何创业者的行为都受到了地域文化的影响。库拉托克（Kuratko，2001）的研究则将团队合作精神、人际交往能力、社会责任等纳入创业教育之中，对创业课程也进行了相应的改革。奥齐斯在《创业教育与高端项目相结合的综合模式》一文中指出，"想象力、创造力、创新力、发明并冒险是 21 世纪工程师及技术创业人群职业发展的关键要素"。高校需要在创业教育的发展中涵盖以上要素，以便培养工程学院和商学院的一系列能力，使他们能够在全球化经济及不断变化的技术和金融背景下参与并赢得竞争。约翰·尼森在《大学创业培训——行动参照系》一文中指出，有关创业及小型企业的知识和能力是一个全球关注的问题。通过科尔伯格行动学习模式构建的创业行动能力测试表明，不同的群体（经营者、商学院学生、工程学院学生）运用自己直觉、类比推理的能力不同。

总体来看，创业教育加入高等教育研究领域是最近的现象，虽然有一些学者对其表示质疑，但是其发展却是生机勃勃。关于创业教育与高等教育之间的关系，有研究者表达了积极和肯定的观点，也有研究者保持怀疑的态度。前者从两个方面进行了阐述，一是从高等教育自身的特点和经济功能上，尤其是高等教育在知识创新和转化以及人才培养质量上；二是从创业教育内涵和发展轨迹上，尤其是创业教育在高校中的范围和价值方面。国内外关于创业教育的研究主要集中在创业教育的内容和方法、创业教育与高等教育之间关系的元思考、创业教育发展模式、创业教育的课程开发、创业教育的教学方式变革等方面的研究。可以说，现有的研究涵盖了创业教育领域的宏观、中观、微观等诸多层面。这不仅说明了在实践层面创业教育逐步成长为高等教育改革与创新过程中的一个重要组成部分；在理论层面也呈现出了多维视角研究的蓬勃发展局面。但是，当对中外创业教育的理论研究进行比较分析时，我们可以看出国内关于创业教育的研究依旧停留在经验介绍和总结、国别比较等较浅的层次，对于他国创业教育的理解还停留在"术"的层面，而忽略了影响创业教育的文化、历史、社会经济等其他因素所起到的作用，特别是在利用实证研究进行创业教育不同结果的分析方面，还存在着巨大的差距。另外一个值得关注的问题则是我国创业教育开展的年限较短，对于创业教育的理论研究也是最近几年才逐渐繁荣起来，因此不免在研究对象和研究内容方面缺乏分层分类的考虑。本书中学科组织层次学术创业力的研究对于如何更有效解决进行基层学术组织对创业教育的问题方面有着一定的理论贡献和应用价值。

四　对本研究的理论贡献

可见，相比三螺旋理论、协同创新等宏观层面的理论，而本书的探索有助于充实较微观层面的。当然，上述的文献分析亦提供了一定的价值和启示，围绕本书要解决的三大关键问题，可以得出以下几点：

首先，本书所指学术创业的主体虽是学科组织，但是离不开其他学科、企业、政府、中介组织等利益相关者的互动和合作。

其次，学术创业和产学研合作一样，有多种多样的形式，本书所指的学术创业能力忽略各种活动的类型，把其看作是学术创业战略下组织能力的培育，亦是本书所提的新概念和创新之处。如上述 Hussler & Piccard et al.（2010）提到大学应忽略活动的类型，而更关注其是否能提高经济发展的效益。Philpott（2011）提出成熟的创业型大学应该追求软硬结合，大学管理者也应该注重培育全校的创业活动，而不是仅仅供个别部门使用。

再次，如创业型大学、创业教育、技术转移、学术商业化、衍生企业等相关文献可以作为学术创业绩效影响因素的重要参考。如北京大学的教育部哲学社会科学研究重大课题攻关项目"高校专利技术转化成功模式及相关政策研究"的课题组较系统地研究了高校专利转化现状、问题、模式和评价标准（张平，2011），提出不同成功转化模式的六大共性特征即专业化的技术转移机构、配套的专利转化政策、合理的利益分配机制、必要的研发投入和产出、科学的专利管理和经营和明显的专利转化效益，对本书亦有一定的参考意义。

最后，学术资本主义会导致大学内部的学科分裂，使不同学科间的差距加大。因为那些与市场联系不太紧密的学科，如基础研究与学理性质研究、哲学与人文社会艺术思想等领域，所能争取到的资源将愈加稀少，而工程技术、健康科学、计算机和信息科学、法律及商务等学科同市场的联系更为紧密，因而服务于这些学科领域的学术人员会更倾向于支持学术资本主义（王正青、徐辉，2009）。本书以学科组织为视角，主要考虑组织层面的共性特征，而将不同的转化模式的内在动力体现为学术创业能力，并基于国内外学者的研究，通过实证探析其作用机制。

张平（2011）的课题组的曾统计2010年年底我国高校有效专利量仅占专利申请总量的30.1%。虽然高校专利量增长已很快，但转化率低于

5%，向产业转移效率极低，这应归高校和产业沟通渠道不稳定通畅等原因，更有除知识特征外，大学自身学科组织特征上的原因。此外，李克敏（2012）亦曾调研发现我国产学研合作形成学科特色与优势存在着的三个问题。这亦是本书从学科组织视角切入，研究其组织共性上的学术创业力构成要素的价值所在。

第三章

学科组织学术创业力解析及构成要素识别

第一节 学科组织学术创业力解析

一 国内现有的研究未能有效集成学术和创业能力

综上所述，国内学者对大学、学科组织、团队、个人层次的能力有各种提法，对本书有一定的参考价值，但现有研究还不够系统，或偏学术或偏创业，而提到学科组织学术创业力的则几乎还没有，亦缺乏较清晰明确的构成维度的界定，如：

1. 大学层次。如创业型大学的创业能力是指创业型大学促进国家和地区经济发展与社会进步的能力，包括创业文化、创业资源、创业人才培养、知识成果转化四个方面（宋东林、付丙海等，2011）。创业能力包括专利成果、产业绩效和技术转移三个因素（余新丽、赵文华等，2011）。创业能力有三个一级指标：知识创造、知识传播、知识应用（彭绪梅，2008）。

2. 学科组织层次。如学科科学水平：包括科研产出量、科研创造力和学术交流能力（董月玲、季淑娟，2011）；学科科研水平：包括科研经费、获奖成果、论著、专利、研究项目（郭建校、王洪礼等，2009）；学科成长能力：包括前沿扫描能力、组织管理能力、知识创新能力和网络合作能力（黄超、王雅林等，2011）。

3. 学术团队层次。资源整合视角下的学术团队核心能力为"资源判断能力—资源识别和获取能力—资源配置能力—资源运用能力"（马卫华、许治，2011）。高校科研团队创新能力是指高校科研团队整合全体成员的力量，利用所掌握的科研资源通过正式或非正式的制度、程序和沟通渠道，彼此分工和协作，并最终产生创造性思想、知识、技术和方法的能力（张玲玲，2010）。大学学术团队创新能力提升的最佳策略选择是打造学习型学术团队、优化学术团队的内部组织结构、构建开放的学术团队文化（杨连生、文少保，2009）。

4. 个体层次。个体层次的学术创业力相关研究是学者们较为关注的热点问题，为了充分掌握文献的来龙去脉，针对高校教师的学术创业力研究与本研究有一定的关联，本部分按照"理论基础—概念类型—能力构成—影响机制"逻辑主线梳理如下：（1）不同理论视野下高校教师学术创业力研究：学术创业力本质是一种高校教师能力。对高校教师能力的研究主要有基于胜任力理论、专业化发展理论、核心竞争力理论等。①胜任力理论：哈佛大学教授 McClelland（1973）发表《测量胜任力而非智力》提出胜任力是指与工作和工作绩效或生活中其他重要成果直接相关的知识、技能、能力、特质或动机。之后，随着社会对教师专业化程度的要求越来越高，教师胜任力研究得到广泛应用，人们从教师特征、教师素质和教师评价等方面对教师胜任力进行了各种研究和探讨，并取得了一定成果。如 20 世纪 90 年代初，英国成立"国家教育评估中心"，借鉴美国的理论和实践经验，并与职业标准化相结合，构建了英国特色的教育管理者胜任力模式。澳大利亚亦提出教师入职教学的胜任力。据知网显示，我国学者对教师胜任力的相关研究尤其是 2010 年后在逐年增加。如刘叶云（2010）构建了基于社会责任的高校教师的知识、技能、态度、动机的评价指标体系；陆慧（2013）提出了教学和科研胜任力之分；何齐宗（2013）则在这些基础上，提出教师胜任力的研究要拓展视野、深化内容并优化方法。基于胜任力理论，学者们又衍化出专业化发展理论、核心竞争力理论等，三者相互联系又有区别。②专业化发展理论：教师专业化作为教师教育的目标，是现代教育发展的一个必然趋势。陈琴（2002）提出教师专业化的范式包括"能干型实践者""研究型实践者"和"反思型实践者"等，他们彼此联系、交互作用。朱新卓（2005）提出教师专业化要立足教师职业的特点，是一个复杂的社会系统工作。并且教师专业化必须由传递知识的专业化向培养人的专业化转型（张学敏，2011）。③核心竞争力理论：赵恒平（2011）基于国外大学教师发展的三种理论模型构建了适合于我国教师发展的核心竞争力模型，教师核心竞争力的提升又有助于促进教师专业化。此外，最近有学者基于④社会网络（陈星汶，2014）、⑤角色认知理论（黄筱立，2013）对教师学术创业展开研究。（2）不同概念类型的高校教师学术创业力研究：熊彼特主义认为学术创业中的学者和企业家的创业功能是一致的，但作为具有独特学术属性特征的个体或群体的学者在创业过程中的具体行为又具有差异。传统的教师分类多数是教学为主或科研为主，众创背景下，教师要全员参加创新创业教育，亟须更细更专业化的教师分类改革。从上述理论基础的分析可知，不同类型的教师对应不同的能力需求。学术创业有学术导向、创业导向、学术和创业平衡三种概念。学术创业力也具有不同的层次，如宏观的创业型大学、中观学科组织的学术创业力及微观层面的教师的学术创业力（Brennan，2006）。Tuunainen（2009）指出相对于广义的角度，检查各层次的创业范式更有助于揭示创业的复杂性和矛盾。高校教师具备不同程度或不同导向的学术创业能力会有不同的角色类型。如学术型企业家（academic entrepreneur）最早出现在1965年的《Atlantic Monthly》中，专指大学中那些有别于传统教授的人，他们通常借助自己的学术声望、专业特长等参与公共事务或进行经营活动等学术以外的事业（陈劲，2004）。Dickson等（1998）依据知识生产模式1和模式2不同的切换方式，把高校教师具备学术创业力分为三种类型：典型的学术型企业家、创业型科学家、科学企业家。国内学者姚飞（2013）分析了顺其自然型创业者、关系型创业者、专攻技术创业者、持续学习创业者、海归创业者五种。黄攸立（2013）依据学术受到商业化的威胁性、学术领域和商业领域的相容性这2个维度将学者分为四种类型：新兴型、守旧型、勉强型、正统型。另外，付八军、龚晓嵘、朱永跃、李志峰等则从创业型大学的角度探讨了教师的能力要求。（3）不同能力构成的高校教师学术创业力研究：如大学教师的学术创新力包括：学术交叉能力、学术自主能力、知识谱系能力（李育球，2011）。创业能力是包含机会识别与开发能力和运营管理能力的两阶六维度概念（唐靖、姜彦福，2008）。学者们对教师能力结构的认识是一个动态的变化过程（卢正芝，2007），从有关研究成果来看，不少文献是关于中小学教师的，虽不在本书的研究范围，如陈安福、叶澜等，但也有一定启示。而关于高校教师的，如朱旭东教授（2011）的国家社科基金重大项目系统提出大学教师的学术创新力基础主要包括心理能力、知识能力、社会能力三维，具体又包括洞察想象能力、综合交叉能力等六要素，而他研究对象主要指的是人文社会科学领域的大学教师。总的来说，国内现有研究只是/单纯研究学术能力或创业能力的较多，把两者结合起来的研究还较少，相关教师能力结构的研究也以理论性的阐述居多。国外学者的研究成果多集中在微观，并注重实证研究。如 Brennan（2006）发现学者的学术创业能力包括寻找优势能力、追求新颖能力、谋求机会能力。D'Este（2012）实证发现学者的创业能力包括机会探索能力和机会开发能力，并分别可用发明和衍生企业来测量。（4）不同影响机制的高校教师学术创业力研究：国内未有直接研究学术创业力影响因素的文献。由于学术创业本身就有三种概念，因此对教师的学术能力或创业能力的影响因素的相关文献亦可供借鉴参考。如付八军（2013）认为创业型大学教师转型的着力点在于培养机制、评价机制和平台机制。资源配置、遴选聘用、考核评价和激励保障是大学教师学术创新力的主要影响因素（康晓伟，2012）。国外学者对影响因素的研究则更加细化。Brennan（2006）认为学术创业能力的寻找优势、追求新颖、谋求机会能力分别受学者的声望、专业性、经纪人；创业环境；创业的意义和价值影响。Clarysse（2011）则以创业能力、创业经验、TTO、社会环境为自变量，通过 COX 回归模型得出个体层次的属性和经验是影响学术创业最关键的因素，社会环境的影响要素次于个体层次，而 TTO 起间接作用。Philpott（2011）也指出大学要提高创业产出，大学的管理者要更加关注个体层次，因此大学要克服缺乏创业楷模、缺乏统一的创业文化、学术晋升过程对创业努力之影响的三大障碍。D'Este（2012）认为学术创业力的机会探索能力受学者研究的卓越性、更早的探索影响，机会开发能力受先前产学合作经历、科学宽度、技术发现经验影响。

二　国外现有的学科组织学术创业力理论框架

学科组织学术创业面临很多挑战，要想有较高的绩效必定需要一些特殊的能力，如科研生产力（Henderson & Cockburn，1994）、竞争能力（Man，2002）等。尤其是学术和创业集成或平衡的能力（Manjarrés-Henríquez & Gutiérrez-Gracia et al.，2009；Czarnitzki，2010；Pilegaard，2010；Provasi & Squazzoni et al.，2012）。如 Grimaldi & Kenney et al.（2011）较系统地研究了如何打造国家层次、大学层次和个体层次的学术创业力。由于国外的院系设置不像国内，虽然对于学科组织的学术创业力的概念，还较少有清晰的界定，但是对于类似的大学、院系层面学术创业力的构成及作用机制问题的研究在日趋增多。

根据本书第二章分析可知，学术创业力本质是学术型的创业能力，即它的主体是学者、学科或学校，是学术背景下创业初始阶段的一组能力（Mars，2010）。为此，国内外的学者们首先是对创业能力进行界定，创业已成为推动经济快速发展的重要动力，但取得创业成功并非易事，有研究如（张玉利，2011；Rasmussen，2011）表明创业者或创业企业的创业能力是驱动创业活动顺利开展并取得成功的关键因素。创业能力研究始于20世纪90年代，主要由西方学者发起，那时我国的创业者主要是下海经商的政府官员，他们依靠自己的从业背景、人脉关系就能取得创业成功，几乎没什么创业能力可言。进入21世纪以来，创业能力研究获得了迅速发展，国外有许多学者如 Man 和 Lau（2000）；Man 等（2002）Phillips 和 Tracey（2007）Rasmussen（2014）开始采用定性或定量的方法来研究创业能力问题。与此同时，国内也有学者开始，如唐靖、姜彦福（2008）和马鸿佳、董保宝（2014）等，近两年来，更是迅速发展。回顾相关研究不难发现，学者们主要是从创业者特质、机会、管理、社会网络四个视角来界定创业能力。

（一）创业者特质视角

在特质论者看来，创业能力是创业者与生俱来的能力，或者是创业企业的资源禀赋，创业者的创业能力等同于他们的个人特质（Thompson，2004），主要体现在人格、特质、技能和知识四个方面，具体包括性格、风险承受能力、毅力、特殊知识、动机、角色、态度、自身形象等，基于特质视角的创业能力研究主要关注创业能力禀赋如何影响个体成为创业者，创业能力如何促进创业活动进而促进新企业创建、生存和成长以及创业能力在不同情境下如何发挥作用等问题，国内基于特质视角的创业能力研究，如张霞等（2011）也把创业能力定义为促进创业成功和创业企业成长的个性、知识、技能和能力的综合。

综观特质视角研究发现，目前国外学者的研究重点已经不同于国内学者，国外学者已经开始深入分析创业能力与其他变量之间的关系，而国内学者的研究还停留在创业能力概念界定上。

（二）机会视角

该视角的研究把创业能力看作是创业者或创业企业在识别和开发机会的过程中应对外界环境变化的能力。如把创业能力定义为创业者发现、识别、利用机会的能力（Shane，2000；Nicolaou 等，2008；Zahra，2011）。创业能力包括机会识别能力、机会评估能力（Muzychenko，2008）和机会利用能力（Rasmussen，2011）。国内的研究认为，机会能力是创业能力的一种，包括机会识别能力和机会利用能力（梅德强和龙勇，2010）等。

综观机会视角的研究可以发现，国内外学者从机会视角对创业能力的理解趋于一致，其中机会识别能力主要反映在个体层面，对于某个关键机会的识别通常是由创业者独立完成的，而机会评估能力和机会利用能力则既属于个体层面，也属于组织层面。

（三）管理视角

该视角的研究把创业能力看作是企业内部运行的产物，同时也是促进企业内部运行不可或缺的关键动力，如国外把创业能力界定为企业营运管理方面的能力，包括承诺能力、战略能力和组织能力（Man 和 Lau，2000）。国内学者张玉利和王晓文（2011）认为，管理视角的创业能力包括创业构想能力（概念能力）、战略能力和组织能力，但唐靖和姜彦福（2008）的研究表明，与管理相关的创业能力应该包括组织能力、战略能力、关系能力和承诺能力。

综观管理视角的研究可以看出，承诺能力属于个体层面的能力，反映创业者为新创企业整个组织做出贡献的能力，还反映创业者向其他利益相关者履行承诺的能力，而组织能力和战略能力则属于组织层面的能力。这些能力的形成和提升都涉及相关企业整个组织的运营。总的来说，国内外学者基于管理视角对创业能力的理解非常相似。

（四）社会网络视角（也称关系视角）

社会网络视角的研究起源于复杂的社会中人际互动关系的探讨（Mitchell，1973），可指因各类型的"关系"而形成的网络链接。Bames（1954）是最早思考网络概念的先锋，其在对挪威某渔村进行社会结构的研究时发现了非正式互动网络。一直到 20 世纪 60 年代后期，社会网络理论才被各领域学者所广泛接受，并渐渐运用于社会科学的研究中。

该视角的研究把创业能力看作是一种将内外部因素紧密联系在一起的重要能力，并且认为创业能力有助于从外部获得关键信息、知识和其他有形资源，从而有利于创业活动的顺利开展。国外通常把创业能力界定为允许创业者参与多种形式的社交活动，并基于尊重和公平原则来判断其他个人的能力（Rasmussen，2004）。国外研究主要聚焦于与政府打交道的能力、社会交际能力和关系能力在创业活动中的作用。国内学者如唐靖借鉴了西方学者的观点，认为关系视角的创业能力是指构建个体和组织层次关系的能力，主要侧重于界定关系能力的内涵和确定关系能力在创业活动中的作用。

综观社会网络（关系）视角的研究可以看出，基于关系的创业能力既可以是个体层次的，也可以是组织层次的。虽然国内外学者都非常重视关系能力在创业活动中的作用，但国内的研究显得更加具体，这与我国创业者的历史当前处于经济转型期不无关系。因为转型经济的一个显著特点就是制度有待完善，法律法规尚不健全，市场机制还不完善，创业者必须动用各种人脉关系来弥补制度和市场的缺陷才有可能取得创业的成功。

综上所述，对创业能力比较共识的有至少要包括以下要素：机会的发现和探索、个体的特征、组织开发机会的资源等（Bruyat & Julien，2001）。如 Shane 和 Venkataraman（2003）认为机会探索和开发能力是最重要的两方面能力。Alvarez 和 Busenitz（2001）认为创业能力就是一种重新整合资源的能力。Stevenson 和 Jarillo（1990）认为，创业能力就是整合外部资源的能力和愿景，经过创业者的转化，使外部资源成为组织资源的一部分，再通过机会搜索和风险承担，以竞争优势为导向，将资源进行创造性的整合，最终创造出新价值，实现创业目标。而学术创业力属于创业能力的范畴，学科组织必须寻找外部资源来培育，如 Kenney 和 Goe（2004）通过比较斯坦福和 UC 伯克利的电子工程系和计算机科学系的学术创业，Jong（2006，2008）通过三所一流研究型大学的比较，得出在创业的初始阶段，系所处的情境（department context）将起着关键的影响作用（Bercovitz & Feldman，2008）。

基于此，国外的学者 Rasmussen & Borch（2010）等提出大学学科组织（系）的学术创业力包括机会识别能力、人员（机构）支持能力和整合资源开发机会的能力，之后（Rasmussen & Mosey et al.，2014；Rasmussen & Mosey et al.，2011）等还通过访谈研究，认为大学的学术创业力包括三种：行动拓展能力、学术和商业利益平衡能力及新资源整合能力，并需要大规模的样本实证来进一步研究。

三　能力视角下的学科组织学术创业力

但是国外现有的学术创业力模型也存在着不足。在上述文献的综述中可知，提升大学或学科学术创业绩效有大量的影响因素（Rothaermel &

Agung，2007；O'Shea & Thomas J. Allen et al.，2004）。学科组织的学术创业力就来源于这些内外部要素，能力又影响着绩效。因此这些研究给本书学术创业力的构建提供了大量的理论支持，意味着只要努力打造好这些要素，组织的绩效就会好。但是有学者（Mustar & Renault et al.，2006）指出学术创业是异质性的（heterogeneous），若以过于静态的方式去分析的话会有局限（Rasmussen & Borch，2010）。如 Mowery & Nelson et al.（2001）Mowery & Sampat（2005）发现 Bayh-Dole Act 对美国大学专利、许可有重要影响，对学术研究内容很少有影响，加速了大学的学术创业，但就美国的经验能否应用到 OECD，他们认为不能忽视这些国家高等教育系统基本结构之间的差异。

从上述第二章关于学术创业文献的分析，以及"为什么有些大学的学术创业绩效比其他大学好"为命题的相关研究中（Vohora & Wright et al.，2004；Druilhe & Garnsey，2004；Heirman & Clarysse，2004；Lockett & Wright，2005；O Shea & Allen et al.，2005），可看出现有大量的研究是基于资源依赖理论的，这在 Mars（2010）对学术创业文献的内容分析结论里也有所体现。而且这些研究并没有说明促进学术创业绩效提升的哪些要素是相对重要的（Lewin & Weigelt，2004），并且当某一要素变化或者情境变化的时候，原来的结论可能就不再适用（Lockett & O Shea et al.，2008）。Patzelt（2009）也指出基于资源依赖理论的相关研究，后续应该多考虑把组织视为复杂"资源的集合"（bundle of resources），并考虑这些集合间的关系。因此有学者建议应从组织能力的视角，尤其是动态能力的视角（Dosi & Winter et al.，2000）去研究相关要素及要素间的相对重要性，使学术创业力模型更具解释力，这亦是本书所采取的办法。

四 小结

综上所述，本书几个关键概念界定如下：

学科组织：即由战略、结构、文化、人员、流程和物质技术等所构成的大学的基本元素，是大学科研、教学和社会服务及学术创业的基本组织单元。因此本书关注的是学科在组织层面如何更好设计，所指的学科组织是不同学科组织要素构成的组织建设，是以知识的发现、传播和应用为使命，以学者为主体，以知识信息和各类学术资源为支撑，依据知识的具体分类开展科学研究、人才培养、社会服务及创业的大学基层学术组织。按照国家重点学科或省重点学科评估对应的名录，主要是指基于所在二级学科或一级学科的组织。

学科组织学术创业力：指学科注重学术和创业的平衡，融合一系列内部和外部要素的组合，从而促进传统的大学学科组织向知识创业型组织转型，最终使学科组织绩效提升的一种组织能力，有以下三点特征：

1. 学术创业力既是内源性的，亦是外源性的（Etzkowitz，2003），有助于克服传统学科建设过于内源的局限。

2. 学术创业力是一个多维度、综合的概念，是一种组织能力，因为学术创业是异质性的，过于静态的研究有局限性，而组织能力指一个组织来执行一组协调的任务的能力，利用组织资源，实现一个目的（绩效）的结果。这既是资产也是能力，有一定动态性，因此从能力的角度讲更有解释力（O Shea & Chugh et al.，2008；Helfat & Peteraf，2003）。假设包括学术支撑、资源整合、管理支持和机会探索四个构面（Rasmussen & Mosey et al.，2011；Rasmussen & Borch，2010）。

3. 学术创业力主要指学术型的创业（主体是学者或学术组织），且指在创业的初始阶段，这阶段受学术组织情境（department context）的影响最大。

学术创业活动：学术创业是个宽泛的概念，不仅仅包括技术转移、衍生企业等，还包括大学系统内部的战略更新、转型和创新。而常见的学术创业活动主要有科技园、衍生企业、专利和许可、产业合同研究、产业培训课程、顾问咨询、产业筹资、联合出版和培养有创业能力的学生等（从硬活动到软活动）。

第二节　大学学科组织学术创业力的构成要素识别

一　研究的目的

学科组织的学术创业力是内源因素和外源因素相互作用的产物。虽然（Rasmussen & Mosey et al.，2011；Rasmussen & Borch，2010）等从能力视角对大学系部（departments）的学术创业力做过一定的探索，（Rothaermel & Agung，2007）和（O'Shea &Thomas J. Allen et al.，2004）亦提出了较系统的学术创业分析框架，但是，对于学科组织的学术创业力到底来源于哪些要素，目前尚没有统一的定论，国内一些学者尽管已经进行初步的概念探索（李华晶，2009），但是由于这些研究均未对学术创业力各构面的内涵作出明确的界定，不同要素所在的构面与其归类标准也没有得到清晰界定，成果的系统性和针对性不高，不同要素的相对重要性也无从考量，更缺乏大样本定量实证，这亦是本书的价值所在。

学术创业力的概念构思是本书所要解决的首要问题，本部分研究通过半结构化的深度访谈，了解相关学科带头人或学术创业实践者对学术创业力的内涵、构成及其作用的理解，并通过内容分析确定学术创业力的关键要素，在一定程度上验证上述概念中的假设。同时，通过访谈，初步了解学术创业力对学术创业绩效的作用机制。

二　访谈研究的设计

1. 研究假设

综上所述，假设：学科组织学术创业力是一个多维度综合的概念。

2. 研究步骤

首先，通过半结构化访谈的方法，结合网页、背景文本资料等的收集，获取尽可能详细的一手资料。半结构化访谈相对于结构化访谈能获取到更多信息，因为访谈对象可以自由回答提纲上的访谈问题，答题过程中访谈对象亦会谈及一些访谈提纲以外或者他自身感兴趣的信息。由于半结构访谈法有利于捕捉和了解新的或深层次的信息，因此其适应面广，还易于建立主客双方轻松融洽的关系，可使访谈对象坦率直言，从而提高研究结果的信度和效度（范柏乃，2008；陈艾华，2011）。同时，对于那些存储在人脑中的非数字化资料的收集，使用访谈法也可以取得比较好的效果。

最后，运用内容分析技术对访谈资料进行编码和系统定量的分析。

3. 访谈提纲

访谈问卷围绕本书主要解决的三大问题，主要设计了如下四个题目：

（1）"您认为当前形势下学科建设该如何开展？"

（2）"请谈谈您参与（或管理）的学术创业（或产学合作）的经历和经验。"

（3）"您认为应当如何评价学科组织学术的创业的绩效评价问题？"

（4）"您认为提升学科组织创业绩效有哪些关键问题？"

4. 访谈程序

为了尽可能多地获取本书所需的信息，同时又要考虑访谈的效率及时间成本问题，本书的访谈分两条线路：一是结合导师的学术创业相关的国家自然科学基金课题，与课题组成员一起赴北京、上海、广东、江苏、浙江等发达省份、城市的一流高校围绕"产学研合作、协同创新、学术创业、学科建设"等问题进行全面性调研，在这过程中捕捉本书所需的关键信息。二是笔者结合自身学术创业相关的本职工作，随校领导，赴多所"211"高校、以及探索建设创业型大学实践的高校调研，围绕本书的主要问题，有针对性地调研校领导、学科带头人、学院院长、学术创业实践者，进一步获取课题所需的信息。

正式访谈前，先将访谈提纲发给受访者（访谈对象见附录二），总体依据访谈提纲展开，但内容不限于提纲，给被访者一定的自由发挥空间，尽可能捕捉到相关信息。访谈过程中，首先熟读高校（学科）的基本情况和访谈对象简介。这些基础工作有利于访谈过程中的深层次交流及后续问题的回答，避免气氛尴尬。然后，要求访谈对象尽可能按行为事件访谈分析技术讲述关键事件。同时，将访谈内容录音，访谈结束后让一名博士翻录，另一名博士修改并补充，第三名博士修正审阅，三轮二修改，同时要求三名博士都是学术创业研究领域的，熟读各类文献，确保能尽可能完整地把访谈记录下来，最后将其访谈内容整理成完整的访谈文本。三名博士在整理的过程中即将一些自认为关键的信息加粗和标红色，为后续的内容编码分析打好基础。上述步骤结束后，对这些访谈资料开始进行内容编码分析，并加以总结提炼。

三　访谈资料的内容分析

内容分析一般包括如下过程：提出研究问题或假设、确定研究的范围、抽样调查、确定分析单元、类目表建构、构建量化系统、进行内容编码、分析数据资料、解释结论、检验信度和效度（李本乾，2000）。

（一）确定分析单元

"在文字内容中，分析单元既可以是独立的字、词、符号、主题（对某个客观事物独立的观点与见解），又可以是整篇文章或新闻报道，在电视或电影分析中，分析单元也可能是动作或整个节目"（李本乾，2000）。本书在参考陈艾华（2011）、李晶（2008）等学者的基础上，结合本书的相关访谈资料实际，确定以相对独立完整的句子作为最小的内容分析单元。这些句子要与本书研究的主要问题密切相关，对访谈资料进行定量分析，最后对学术创业力的构成要素归类，要求编码者判断每个分析单元（句子）属于哪种学术创业力的要素。

（二）类目表建构

1. 类目表建构的方法

如上内容分析法所述，确立识别规则与编码内容特征是内容分析过程中最为关键的一环，编码过程在很大程度上决定着内容分析的成败。"最基本的编码过程就是将大量文本组织成少量的内容类目"（颜士梅、王重鸣，2007；陈艾华，2011）。对类目表的构建主要有两种方法：归纳类目开发法（Inductive category development）和演绎类目开发法（Deductive category application）。在归纳法中，先对数据进行逐步分析，再通过判断归纳形成类目；而在演绎法中，初始代码的开发主要利用现有理论或先前研究成果，并以此对数据进行分析，随着分析的深入，另外的代码被不断开发，初始代码得到了进一步的修正和提炼（Mayring，2000）。

因此本书采用的是演绎类目开发法。虽然学科组织的学术创业力是较新的命题，国内研究也还较少，但是国外一些学者（Wood，2009；Brennan & McGowan，2006；Rasmussen & Borch，2010；Rasmussen & Mosey et al.，2011；Rasmussen & Mosey et al.，2014；Walter，）等对大学院系的学术创业力的构成要素已有一些探索，为本书的研究提供了非常有价值的思路，也为演绎法提供了基础。

2. 演绎类目开发法的步骤

进行演绎类目开发（见图 3 - 1），首先就是要明确研究问题与目标：即学科组织的学术创业力是一个多维的、整体的概念，基于已有理论通过访谈资料的演绎分析，能获得主要类目；其次是要形成类目的定义、举例和编码规则，以便在访谈文本中搜索；再次是根据信度检验，反复修正分析；最后，尽量形成较合理的类目结构，完成开发。

（三）学科组织学术创业力的构成要素类别建立

基于访谈资料整理，并结合上述国内外相关研究文献，根据内容相关、构思完整、类别之间相关排斥的原则对访谈资料进行分析、筛选，初步形成学科组织学术创业力的概念：它是一个多维度、综合的概念，其构

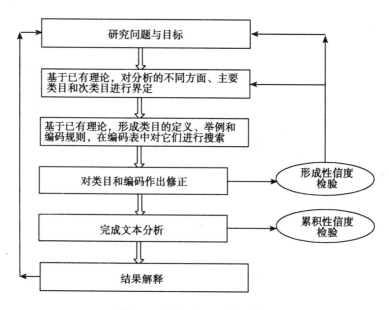

图 3 - 1　演绎类目开发法步骤

资料来源：笔者根据（陈艾华，2011；Mayring，2000）相关资料整理。

成主类目包括学术支撑、资源整合、管理支持和机会探索，这四个维度构成了一个系统、动态的整体。

这四个维度各自的概念内涵如下：

学术支撑构面：学科组织注重提升内功，有学术研究能力强或组织协调能力强的学科带头人，有良好的声誉，有结构合理、团结协作的学科团队，有良好的实验室或创新平台。

资源整合构面：学科注重产学合作，研究方向注重紧密对接产业需求，地理位置亦注重邻近地区，学科成员能有一定时间与产业界合作交流，学科的课程或人才培养、科研能较好整合产业界资源，有较注重知识共享、分享经验的学科文化。

管理支持构面：创业在学科组织层面受到重视，注重创业的合法性机制，政府、学校、学科领导能对学科的学术创业活动进行鼓励，和支持的态度，学科成员创业时亦会获得商业管理技巧或科技转化平台的帮助。

机会探索构面：注重创业机会的探索、识别和快速把握，学科组织注重围绕现实问题进行学术或创业，经常能获得跨学科的网络活动支持，学科带头人有一定的创业经验，学科成员创业意愿强，学科带头人也有一定自主权，且规章制度灵活，学科有鼓励创业的激励政策，如人事或评价政策。

(四) 编码表的构建

在内容分析过程中，编码表的构建过程就是确立较明确的类目（次类目）和编码内容特征的明细规则，并使之适合于问题和内容。在构建编码表时，选取的类目应与所要研究的问题紧密相关，同时为了方便编码和分析，应对类目数量进行一定的控制，并尽量使类目具有互斥性和完备性（李晶，2008）。基于此，为了得到尽可能客观的编码结果，本研究设计了以下编码规则：首先，尽量采用访谈资料本身的描述；其次，采用二值数据，即 1 代表是，0 代表否。以上编码则可在一定程度上避免研究者解读相同信息时出现歧义，并且可使研究过程具有可重复性（夏清华，2011），并构建了本书的编码表（如表 3 - 1）：

表 3 - 1　　　　　　　学科组织学术创业力构成要素编码表

学术支撑构面
有学术研究能力或组织协调能力强的学科带头人
有结构合理或团结协作的学科团队
学科组织有良好的声誉
学科组织有良好的实验室或创新平台
资源整合构面
学科研究方向紧密对接产业需求
学科有良好的内部知识共享氛围
学科成员能有一定时间与产业界合作交流
学科的课程、科研能较好整合产业界资源
管理支持构面
政府鼓励创业，并制定政策支持
学校鼓励创业，并制定政策支持
学科成员创业时能获得商业管理技巧的帮助
学科创业活动能有科技转化平台的帮助
机会探索构面
学科组织注重围绕问题或能获得跨学科的网络活动支持
学科带头人有创业经验或学科成员有创业意愿
学科带头人有一定自主权，且规章制度灵活
学科有鼓励创业的激励政策，如人事或评价政策

（五）编码的信度检验

内容分析法信度一般是指两个或两个以上研究者按照相同的分析维度对同一材料进行评判结果的一致性程度，它是保证内容分析结果可靠性、客观性的重要指标。一般认为内容分析中编码的一致性程度在 0.80 以上为可接受水平，在 0.90 以上为较好水平（李晶，2008）。其中，编码一致性程度（CA）可用编码归类相同的个数与各类别上编码个数总数的比值来表示，若用 T1 表示编码员 A 的编码个数，T2 表示编码员 B 编码个数，T3 表示编码员 C 的编码个数，$T1 \cap T2 \cap T3$ 表示三个编码者编码归类相同的个数的交集，$T1 \cap T2 \cap T3$ 则表示三个编码员各自编码的个数的并集，则计算公式（李晶，2008）如下：

$$CA = \frac{T1 \cap T2 \cap T3}{T1 \cup T2 \cup T3} \qquad (3-1)$$

通过计算，得出结果见表 3-2，显示四个构面编码员一致性程度均大于 0.8，达到可接受的信度水平。并且可以初步发现：资源整合构面的频次最高，为 81 次，占总频次百分位 28.42%，然后依次是学术支撑频次为 72 次，占总频次百分比 25.26%；管理支持 70 次，占总频次百分比 24.56%；机会探索是 62 次，占总频次百分比为 21.75%。对学科组织学术创业力的各维度的相对重要性有了初步的判断。

表 3-2　　　　　　　　　　31 份访谈资料的内容分析结果

学术创业力构面	编码员一致性程度	频次	占总频次百分比
学术支撑	0.85	72	25.26%
资源整合	0.93	81	28.42%
管理支持	0.92	70	24.56%
机会探索	0.86	62	21.75%

（注：N=285，31 篇访谈材料中的同一篇资料可能会涉及两个或两个以上的构面，所以此处三位编码员四个构面总共出现的频次和为 285。）

为进一步检验编码的信度，还须检验三位编码员之间的 Kappa 系数（一致性系数）。一致性检验在医学临床诊断中有广泛应用，如判断两位或多位医生对同一病人的诊断结果是否一致。通常有两种方法，一种方法是评价新的实验方法与黄金标准是否一致；另一种方法是评价两种试验方法对同一样本的研究结果的一致性，或者两位编码员对同一（访谈）样本的编码结果的一致性等等（Cohen，1968）。此处所采用的的即是后者，计算公式如下：

$$kappa = \frac{po - pe}{1 - pe} \qquad\qquad (3-2)$$

公式 3-2 中的 *po* 为观测一致率，*pe* 为期望一致率。当观测一致率大于期望一致率时，Kappa 值为正数，且 Kappa 值越大，说明一致性越好。当观察一致率小于期望一致率时，Kappa 值为负数，但一般来说很少见。根据边缘概率的计算，Kappa 值的范围值应在 -1—1 之间。Kappa≥0.80 时两者一致性极好；0.80≥Kappa≥0.60 时两者一致性较好；0.60≥Kappa≥0.40 时两者一致性一般；Kapp≤0.40 则表示两者一致性较差（Viera & Garrett，2005）。本书计算结果显示，A、B、C 三位编码员之间的两两 Kappa 系数为 0.667、0.651、0.751，因此编码员一致性程度较理想。

（六）编码的效度检验

编码效度评定主要通过经验进行。本书的内容分析的效度建立在以下几个基础上：第一，按照规范的内容分析法程序，基于演绎类目开发法，对学科组织学术创业力类目表进行编制，编码表的理论基础是基于大量的文献和理论基础。第二，参与访谈的人员、访谈资料的整理人员都是同一国家自然科学基金课题组成员，均查阅了大量学术创业的相关文献，较容易把握资料和类目的匹配。第三，成员一般都有过编码分析经历，熟悉编码的相关要求、规则。因此，本书中的内容分析具有较高的效度。

四　小结

本节通过对 31 份访谈资料的内容分析，初步整合构建了学科组织学术创业力四维度理论模型：学术支撑能力、资源整合能力、机会探索能力和管理支持能力，并初步判断了它们的相对重要性以及各个构面的二级类目，这为后续学术创业力构成要素的进一步研究及案例分析提供了重要的理论框架。

第四章

国外一流大学打造学科组织
学术创业力案例研究

第一节 研究目的和方法

一 研究的目的

从第二章中学术创业的知识图谱分析（图 2 – 3）可知，学术创业文献在国家方面被引频次前 3 名按高到低依次是美国（203 次）、英国（79次）、德国（37 次）。因此本章将通过案例研究法剖析美国斯坦福大学（SU）和美国亚利桑那州立大学（ASU），及英国的帝国理工学院（IC）、德国慕尼黑工业大学（TUM）打造学科组织学术创业力的措施和启示。

二 案例研究法概述

对于"为什么"和"怎么样"的问题，运用案例研究法能给出较为满意的回答，案例研究法作为方法论研究的一种，它的诞生和运用标志着人们对社会实践和人类思维认识的一种不可避免的、合乎逻辑的发展。因此，案例研究采用"分析性概括"，而非"统计性概括"的方法，且各种案例研究都要遵循规范化的步骤：案例研究设计、资料收集、资料分析和报告撰写。尽管案例研究不能得出统计意义上的普遍结论，却可以得出分析的普遍性结论（Yin, 2003）。根据研究目的的不同，案例研究可以划分为探索型（Exploratory）、例证型（Illustrative）、描述型（Descriptive）、解释型（Explanatory）和实验型（Experimental），而公共管理学领域的课题研究更适合复合应用上述几种类型（陈艾华，2011）。

Eisenhardt（1989）在综合了扎根理论、定性数据方法、Yin 的案例研

究框架的基础上更强调多案例研究，认为案例数目过少的话，得出的经验
将不能令人信服。因此本书对案例研究进行复合应用，且将单一案例的历
史分析和多案例的比较相结合。其原因在于从多角度客观地剖析案例，能
得到更有价值的结论。单一案例的历史分析有助于把握学科组织学术创业
的前因后果，多案例的比较有助于把握不同国家、学校的共性特征，以便
构建本书的理论模型。案例资料主要通过以下途径获得：浏览官网材料、
分析二手文献、学校年度发展报告等。

第二节　美国 ASU 打造学科组织的学术创业力实践

一　美国研究型大学的进化轨迹和 ASU 的 "新美国大学"

1. 美国研究型大学的进化轨迹

纵观高等教育发展史，大学始终处于变革之中（见图 4 - 1，横坐标

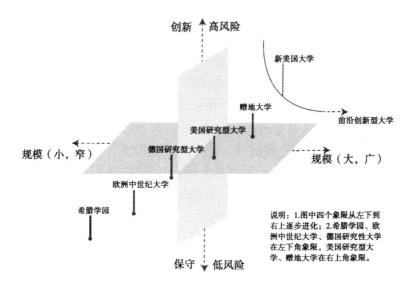

图 4 - 1　美国研究型大学的进化轨迹

为规模，纵坐标为创新）。1876 年约翰·霍普金斯大学把美国传统的本科
教育的文理学院和德国模式中最为精彩的提高专门化训练的科学研究学院
融合在一起，确立了美国研究型大学的雏形，研究成为了大学的新职能。
约翰·霍普金斯大学之所以能崛起并超过老牌的哈佛和耶鲁，凭借的就是

科学研究，芝加哥、哥伦比亚等大学也靠此而兴起。威斯康辛作为州立大学能够跻身一流，凭借的则是为本州的农业、工业提供技术服务；二战和冷战中崛起的斯坦福、麻省理工、加州理工等大学很大程度上是依靠为国防服务的科学技术研究。20 世纪后期起，为了响应大学内外各种重要力量的挑战，一些具有"企业精神"的美国研究型大学开始调整其传统职能，注重创业，创业型大学也日渐兴起。前已述及，Etzkowitz（2001，1998）将创业型大学定义为"经常得到政府政策鼓励的大学及其组成人员对从知识中收获资金的日益增强的兴趣，正在使学术机构在精神实质上更接近于公司，公司这种组织对知识的兴趣总是与经济应用紧密相连的"。Clark（2001）则将创业型大学描述为"凭它自己的力量，积极地探索在如何干好它的事业中创新。它寻求在组织的特性上作出实质性的转变，以便取得更有前途的态势"。

2. ASU 的"新美国大学"

（1）新美国大学的理念

弗兰克·罗德斯（2007）在《创造未来：美国大学的作用》中指出，21 世纪的新型美国大学应该有自己的本质特征。"新美国大学"（New American University）是 Michael M. Crow 教授于 2002 年在就职亚利桑那州立大学（ASU）的校长时提出的发展愿景和目标，其设计内涵有八条准则：a. 符合学校当地的文化、社会经济和物理环境；b. 要成为社会变革的动力；c. 重视创业；d. 引导实用的和有创造力（use-inspired）的研究；e. 使学生获得成功；f. 跨学科研究、教学和社会服务；g. 把大学嵌入到全社会中（socially embedded），推进社会创业与发展；h. 全球性的参与。这是 ASU 在综合考虑其面临的经济、社会、文化和环境方面的挑战而作出的战略选择（ASU，2010；Crow，2002）。

（2）为何要这样选择：差异化战略

根据组织设计理论，有三种可能情况：新建组织、原组织结构出现较大问题或组织目标发生变化时，则需要对组织进行重新设计。Crow 教授于 2002 年在就职 ASU 的校长时提出新的发展战略目标。当时 ASU 面临三个战略选择：a. 复制模式（Replication model）：复制其他成功的公立大都市研究型大学，如华盛顿大学、得克萨斯大学等。由于哈佛、斯坦福、麻省理工学院等大学的成功，其他大学的学术组织势必将会尽量去模仿这些排名顶尖的学术组织，如物理系去模仿加州理工和麻省理工，经济系都去与芝加哥大学比较，戏剧系则去模仿耶鲁大学……最后就会导致相关学科领域的学术组织趋同化，ASU 认为这将不利于大学的创新。b. 渐进轨迹模式（Trajectory model）：基于现有大学或机构的线性进化轨迹进行外推发展，但 ASU 认为这模式进程太慢。c. 差异化模式（Differentiation model）：重新定义美国研究型大学，提出"新美国大学"，建成创业型大学。Crow 在加入 ASU 前，曾是哥伦比亚大学的常务副教务长，也是科技政策方面的教授，在哥伦比亚时，他领导技术和创新转移，并倡导建立大型的跨学科研究机构，有着丰富的管理经验和专业知识。正如 Crow（2008）所说："我们将在新美国大学理念下重新审视我们的学术运行和学术组织，其他学校可能要花 25 年才能完成的组织变革，我们将压缩在约 10 年（2002—2012）来加速完成。

为了实现"新美国大学"这目标，在上述八条准则的指引下，ASU 在过去几年间进行了激烈的变革，一方面，跟其他的美国大学一样，ASU 不断改善大学基础设施、引进优秀师资力量；另一方面，ASU 以突破学科间壁垒，鼓励合作和创业为原则对其校内的大量机构进行了变革，提高了其对亚利桑那州的经济、社会、文化各方面的影响力。其中重视创业，建立创业型大学（通过"大学是创业者 University As Entrepreneur"的实践活动来体现）尤为关键，大大推进了其"新美国大学"目标的实现。正如 ASU 校长 Michael M. Crow（2008）所说："无处不在的组织惯性比学院稳定增长的专业化知识更加明显，我们也必须非常警惕组织抵抗变革的惯性，而这种惯性无疑会给他们带来灭亡。"

二　ASU "大学是创业者" 活动概述

"大学是创业者"活动是在尤因马里恩考夫曼基金会（Marion Kauffman Foundation）的支持下启动的，是 ASU 全校范围的活动，该活动的目标是进行永久的制度创新，而且鼓励学生和教师都参与，主要有三个层次（见图 4-2）。图中最底层是各类学科，艺术、人文、社会、自然科学、工程等专业学科全都参与其中，这也是建立创业型大学的基础。

下往上第二层是丰富的首创活动（initiatives），以埃德森学生首创活动（Edson student initiative）为例，其规模为每年 20 万美元投入，旨在最大限度地发挥企业的资源、兴趣和在亚利桑那州立大学的学生身上发现的创造力。它还提供办公场地和团队训练，同时协助学生与来自学术界或私营部门的教师、研究者以及成功的创业家进行合作，探索他们关于企业产品或服务的创新思想。该活动的目标是：使 ASU 的学生产生把创业作为职业道路的兴趣；为了 ASU 的学生有机会获得创业技能，知识和观点；让学生企业家能与成功的私营部门创业者沟通联系；让学生创造的新公司数量增加，也为市场带来更多的产品；要生成新的合资企业，获得经济、社会和财务回报。此外，还有亚利桑那"天使投资""创新者挑战""创新空间""企业家优势"项目等。

第三层是先进的创业基地"天空之歌"（SkySong）。在全球知识经济时代，ASU 把自身定位为知识驱动型产业、技术创新和商业活动概念化的枢纽。在斯科茨代尔市和亚利桑那州立大学基金会的合作下，亚利桑那州立大学成立了 SkySong 办公楼，一方面，为当地的成熟公司提供空间，另一方面还招聘全球性的大型跨国公司，从而促进大学和创业者之间进行有益的交流。

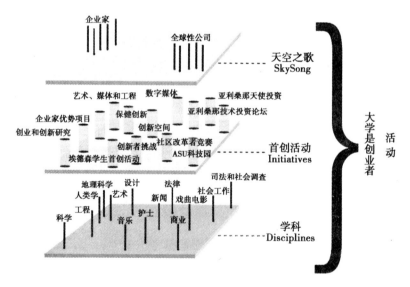

图 4 - 2　大学是创业者活动（University As Entrepreneur）

围绕着"大学是创业者"活动，ASU 认为完整的创业型大学的结构还需要另外很重要的两层。第四层是政策，即 ASU 制定了许多促进创业的制度政策。例如，为了简化程序，ASU 推出了许可使用模板和赞助研究协议范本，帮助减少创业时在条款和条件谈判上花费的时间。同时，阻碍创业行为的政策则尽量减少。如抑制创造性思维，使院长疲于应付报表文书的行为等。第五层，高度网络化，即学生、教师、企业家以及各种各样的个体或团队等共同参与合作，通过各种途径使大学的创业获得成功。以"大学是创业者"为核心，这样五层构成了 ASU 创业型大学的结构（见图4-3），每一层既相互独立，又相互关联成一个整体（Crow，2008）。

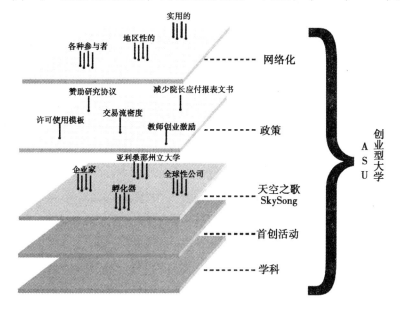

图 4 - 3　创业型大学的创新结构

三　美国 ASU 打造学科组织学术创业力的措施

基于 ASU 的"大学是创业者"活动的实践（ASU，2011），下面以学术创业力的四个构面，学术支撑能力、资源整合能力、管理支持能力、机会探索能力为视角，分析 ASU 打造学科组织学术创业力的具体措施及其特点。

（一）学术支撑能力

1. 学科和创业互嵌

大学要完成重大转型，每一个学科、系、学院，自身就需要成为一个创业型单位。首先，学科教学、研究和创业互相嵌入。从艺术、人文学科和社会科学到自然科学类、工程专业等所有的学科都参与创业，不仅仅使创业课程上的教学涉及全学科，而且还将创业机会和学习环境嵌入到每一项内容中（Crow，2008）。如，在 ASU 的护士学院现有一个创新和创业中心，在其新闻学院有促进新闻媒体创新的工业基金中心。

2. 学院设计上注重学术特色

根据组织设计理论，学术组织结构的设计要遵循既能充满学术活力又能保持机制上的灵活性等原则，ASU 在此基础上更强调学术特色。由大学设计小组（UDT）白皮书（2004）显示 ASU 具体设计的原则：（1）各学院的设计要通过提高学术质量来尽可能多地争取公立或私立部门财政支持，并能拓展新的合作伙伴或组建联盟；（2）要便于传统的学术组织、学院等进行合并，大学成功的基础是其每个学院都能处在高水平的竞争中，因此每个学院都要有自己的学术特色（即不能趋同，要有互补和差异性等等），这也是各学院能争取到大量财政支持的前提。

（二）资源整合能力

1. 通过科技园与产业界密切合作

学校依靠亚利桑那州立大学科技园（ASU Technopolis）、Skysong 等平台基地加强与产业界的联系。如亚利桑那州立大学科技园通过提供新兴技术与有战略能力的科学企业家来帮助学生和教师进行创业。生产发展、商业基础设施的发展、概念的形成，以及资金的获得等都可以在科技园取得指导。而 SkySong 则是 5 亿美元的世界级知识、技术研究和商业的组装点，有 150 万平方英尺，密集着教育、科研、文化、零售和住宅空间，SkySong 还是一个使企业家致力于创新和学习完整的开放式社区的核心。

2. 运用资金杠杆，整合各种社会资源

亚利桑那州立大学的大部分经费预算来自亚利桑那州，在伯顿·克拉克看来，以政府资助为主要资金来源的经费结构可能带来从上至下的垂直式管理结构，这种管理会通过强制执行绩效预算制度，以削减资助或受到警告为武器，对高教系统指手画脚，并有可能会挫败基层的创新热情和能力。

建立创业型大学，实现"新美国大学"理念离不开大量资金的支持，因此 ASU 必须要有多元化的资金来源，其经验是充分运用资金杠杆。每当获得一批资金的时候，ASU 会以此为杠杆，争取获得更多的资金。如考夫曼基金会提供 500 万美元的资助，以此为杠杆，用于吸引另外 2500 万美元配套资金。另外，尽量争取来自个人的捐赠，并将这些资金用来设立风险基金，再去资助创办新企业或新学院，实现良性循环。在推进这一模式后，亚利桑那州立大学 2003—2008 年间每年已经能够获得约 12 亿美元的新资源（Crow，2010）。

（三）管理支持能力

1. 变革学科组织，迈向学术企业

随着大学复杂性的增加和改革进程的加速，其驾驭自己的能力变得更加薄弱，从而就加强了对加强管理能力的需要。具有雄心壮志的大学和担心自己会处于边缘地位、甚至担心自己生存能力的大学，由于对不断扩大和变化的需求的反应而变得更加迅速、灵活和集中（付淑琼，2010）。

ASU 有四个不同的校区，每个校区有不同学科的各个学院。ASU 把这种对学院的授权称为"学院中心主义"。以学院为中心的模式产生一个由本科生院、专业学院、学术性系科和跨学科研究机构的联盟，这一联盟还包括围绕一个相关的主题和使命的一系列的项目。学院中心模式的前提是要把知识和创业责任委托给学院这一层次，并且要求每个学院与全国各地和世界各地的同类学院为地位声誉而竞争（Crow，2008）。自 2002 年以来，为了适应不断变化的区域和全球社会的需求，ASU 正努力成为反应灵敏的、有竞争力的、适应性强的学术企业（Academic Enterprise）。

在 ASU 的 4 个校区，没有分校区级的治理结构。从 ASU 的创业管理架构（见图 4-4）可见，学校创业活动主要由校长办公室领导和协调，而校长办公室需接受校长和各委员会的指示。这种集中的领导体制，能确保校长和 ASU 的高级学术和行政官员都能充分参与，从而提高大学的创业能力，研究和经济事务的副校长则负责全校范围集合在创业基地的创业项目，而学术课程和创新网络是由学院管理，院长负责建立个性化的学习环境，并向大学的教务长报告，这种院长领导模式减少了层级，增强了对环境的适应性，做到集权和分权的平衡。

2. 协同合作，高度网络化

在亚利桑那州立大学，以学院为中心模式还产生了一个由 21 个独特的跨学科学院组成的联盟，同时也产生了众多的系、研究机构和中心，以及多样化的国际性学术团体等。根据"学院中心"模型，ASU 又建立了 16 个新的跨学科学院，其中包括全球研究院、人类进化和社会变迁学院、材料学院、地球与太空探索学院等。这些研究中心，通过跨学科，加强学科与外部世界的联系，并且试图解决在经济与社会发展过程中遇到的众多重大实际问题。

正如 Michael M. Crow（2008）所言，一个创业型大学应该是高度网络

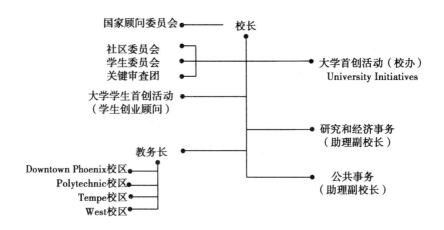

图 4-4　ASU 创业管理架构

资料来源：ASU 网站。

化的，它与企业家和产业界进行接触和合作，也与各种各样的个体以及关心创新和成长的有关团体进行接触合作，当所有的元素共同合作，大学就成为了一个更大的创新生态的组成部分。

（四）机会探索能力

1. 建立"自定义式跨学科组织"①

跟多数的美国研究型大学一样，ASU 面临着严峻的外部财政和资源压力，但校长 Crow 认为最关键问题是大学内部传统学科组织结构的僵化（ossification）和部分学校教师、管理者还无法接受注重应用科学、强调创业的思维定式（Stone Age logic）。建立自定义式跨学科组织是其极具特色的一笔。

（1）自定义式跨学科组织的管理体制：学院中心制

建立自定义跨学科组织，其关键就是上述的对学院的授权，校长 Crow 称之为"学院中心制"（College/school-centrism）。在校长和大学设计小组（UDT）的带领下（ASU，2012），ASU 实施学院中心制被分为三个阶段：第一阶段为设计和计划阶段（2004—2006 年）、第二阶段为实施阶段（2005—2009 年）、第三阶段为集成和联动阶段（2007—2012 年），具体某一阶段的年限根据实施进程和资源要求灵活变动。现今，ASU 四个不

① 美国新闻周刊记者 Stefan Theil 称之为 "custom-built 'transdisciplinary'institutes"，引自 ASU 网站。

同的校区，设计后每个校区有相关但学术上截然不同的各个学院组成的集群。以学院为中心的模式在各校区产生一个由学院、系科和跨学科研究中心组成的联盟，也产生围绕着一个相关的主题的项目集群。

而在具体措施上：首先在竞争方面，ASU 要求每个学院去和国内及世界上同行学院竞争声望和地位，而不是进行校内竞争，并且要求每个学院要去争取一流的师资、学生和资源。鼓励各学院以集中化的任务和高自由度为基础，通过紧密结合的组织形式来加强竞争。其次在授权方面，ASU 把知识和创业责任移交给学院层次，院长承担财政和学术责任，校长和行政人员则争取和创造各种资源条件协助各学术组织进行战略联盟。ASU 赋予各学院所有权，并以此激励各学院克服自身的知识和财政约束，同时也鼓励各学院通过新的设计或研究方向来实现差异化，即在 ASU 本校内也要在同行学院间有所特色。最后在构想和设计方面，ASU 通过学院中心制对原先的学院：a. 通过不断的计划、评价和反馈来实行变革，也充分尊重原先学院教职工的意愿；b. 尽量使用新概念、新方向和新模式，改善基础设施和使用新的或有差异性的名称。而对新建的或重新设计的学院必须：跨学科、学科交叉或知识融合。

（2）自定义式跨学科组织的运行机制：注重基于问题的动态整合

张伟（2011）指出一个高产出、高效率的跨学科研究系统首先是一个由大学中央管理系统支持和推动，与院系学术组织系统建立起良好矩阵式管理架构，并形成以学科范式整合和团队合作的知识生产方式、网络服务式管理为特征的内部运行机制的组织系统。跨学科组织合作理论指出，要在学科范式上由主导式、平行式向整合式进化；知识生产由专家型、协作型向合作型演进；工作方式由个体式或群体式走向团队式；而领导关系则由上自下、推动包容式演变成网状服务式，从而才能促进跨学科切实有效的发展。

如上所述，ASU 的自定义式跨学科组织是以学院为中心进行创新的，以在 ASU 科学和文理学院（College of Liberal Arts and Sciences，简称 CLAS）改革为例（ASU-CLAS，2010），CLAS 改革后下属有 12 个小学院（schools）、7 个系部（Departments）和 3 个项目计划（Programs）以及大量的研究中心。（据 ASU 的 UDT 白皮书观点：College 是指 schools 的融合，此处把 school 翻译成小学院，也是注重跨学科的）。CLAS 在传统系部如英语、化学系的基础上，建立跨学科学院，通过元规划法，追求学术卓越，设置平衡的、有挑战性的课程，识别"正确"的问题来应对各种挑战（见图4-5），包括建立了政治和全球研究学院、社会转型学院等。

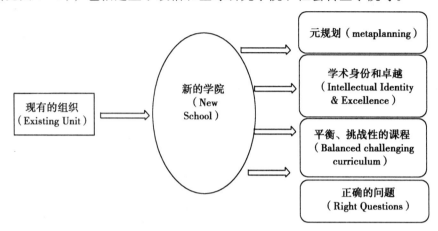

图4-5　CLAS 新学院建立流程和要求

资料来源：ASU 网站。

CLAS 的首要咨询机构是学院大会（College Assembly），而学院大会将建议和批准权授权给学院评议会（College Senate），所有的学术事务，包括课程批准、学位授予以及新学术组织的建立等都需要学院评议会的评议，学院评议会达到会议法定人数即可。学院评议会还下设执行委员会（Executive Committee），主要由评议会主席、副主席和 CLAS 的院长 3 人组成。同时 CLAS 还下设学术标准委员会、教学质量委员会、课程委员会、学生事务委员会等等来进行具体事务的咨询和监督工作。自定义式跨学科组织运行大同小异（见图4-6）。

如图4-6所示，自定义式跨学科组织十分注重"正确的问题"的驱动，按照"识别了正确的问题就意味着规定了组织的运行"思路，这些学科组织甚至学院都不断的在动态变化之中，以达到建立大型的、充满学术活力和灵活的学院以及大学的目标。这种制度安排有助于各学术组织的动态整合，通过元规划法注重团队合作，并且相互间的关系也逐渐演变成网络式，有助于提升跨学科的产出。

此外，为使自定义式跨学科组织高效有序的运行，ASU 还对跨学科学院的适应性、稳定性和可操作性作了一些规定。如在适应性上，由于外部环境是不断变化的，各学院要持续变革，所以学院下属学术组织的具体内部管理结构、主管的确定等因各组织而异，非常多样和灵活；其次在稳定

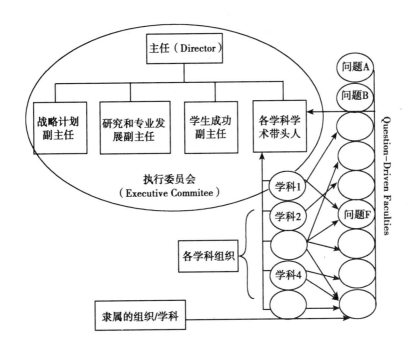

图 4 - 6 ASU 自定义式跨学科组织的运行机制

性上，一些重要的流程不变，如终身教职和晋升。除非新的学院得到正式批准和成立，否则原先学术组织的领导就有双重职责，既要继续领导原先组织的科研、教学，同时也要带领过渡到新模式；最后，在可操作性上，由于学院下属有众多学术组织，如 CLAS 的学院细则规定：下属的每个学术组织必须要完善自己的运作细则，这些细则需要在每年的评估、提升、终身教职和续聘资格上有明确的操作程序和政策，并且细则的任何修正需要经过 CLAS 和教务办公室的同意，而组织的主管（Chairs and Directors）的任命也需要经过 CLAS 院长的同意和批准。

2. 提供大量首创活动，激发师生创业激情

注重创业型结构的大学还会有大量的首创活动（Clarysse & Mosey et al.，2009）。而 ASU 的方法是以量求质，利用大量的首创活动，让自然选择去证明哪个活动有可取之处，同时在实践中让学生主动接受创业教育。另外，ASU 的首创活动还十分注重其实践性和应用性，也支持教职工创业，在教师方面，ASU 还尝试对教师进行创业激励，调整教师的收入以便能让教师有更大的动力去建立公司。有国外学者认为在创业型大学建设的早期阶段，教职工个人的这种有机的、非结构化式的首创活动（initiative）

比正式的机构的制度政策更能使创业取得成功（Philpott，2011）。

ASU 的"新美国大学"第 5 条标准是"使学生获得成功"。因此 ASU 资助学生开公司，并鼓励学生们拥有公司。但是大学看重的是这些公司能够带来长期成长而不是短期回报。ASU 还提供各种各样的竞赛，奖励和支持有创新项目或有建立企业想法的学生，如创新者挑战（Challenges Innovator）、社区改革者竞赛（Community Changemaker Competition）等。

四 ASU 对我国学科组织打造学术创业力的启示

（一）高层倾心打造

ASU 的发展，离不开校长 Michael Crow 的倾心打造，在加入 ASU 前，他是哥伦比亚大学的常务副教务长，而且是技术和创新转移，建立大型的跨学科研究方面的专家，他认为大学所具有的核心特征事关重大，任何大学都必须着眼于确立自己独一无二、与众不同的核心特征。他带领下的 ASU 以"新美国大学"为理念，以创业来加强对国家和地区经济发展的影响，以"大学生是创业者"活动来实现制度创新的创业型大学发展模式为我国大学的发展提供了比较好的范例。

（二）围绕创业，以变革学术组织为突破口，进行系统创新

由于 ASU 将自身定位为学术企业，因此相应的学术组织必须进行变革。ASU 以"新美国大学"的标准为依据，紧紧围绕着创业，通过"学院中心主义"对学术组织进行了重新设计，提高其反应性、竞争力和适应性。以激活的学术心脏为突破口，大学内部又衍生出许多新的灵活的组织机构，包括校外办事处和跨学科联盟等，这又加强了与政府、产业界等各方的联系，拓宽了发展外围，因为创新往往需要多学科的教师共同努力，还需要不同文化、不同背景人员之间的合作，而这些新衍生出的组织机构使创业有了制度保障。同时大学在以学生为本，鼓励创业的文化氛围下，通过丰富的首创活动和创业竞赛，极大地激发了基层的创业活力，从而进行了系统创新。

（三）构建自定义式跨学科组织

ASU 的自定义跨学科组织在设计时非常注重差异化，强调特色，强调动态变化和不断整合。当前我国一些研究型大学采取了学部制，是跨学科组织的最高形式。学部制可以归为三种：第一种是学部只具有学术权力，不具有行政权力，如北京大学的学部。第二种是学部作为一级管理层级，

如武汉大学下属六个学部，学部下设院系，学部是学校开展教学、科研、学术交流和人才培养等业务性活动的基本组织形式的典型代表。第三种模式为学部定位是学术分类管理的平台，教授治学的有力载体，受学校委托协调所辖学院（系）工作的组织机构，与作为一级行政组织的学部制的差别在于其工作职能是协调而不是直接管理，是一种中间模式（黄扬杰、邹晓东，2013），如浙江大学 ASU 的"跨学科学院"在功能上更强调创业和实用的研究，强调问题驱动和资源争取，和我国大学现有的模式有所不同，有一定的启示意义。

但是与学部制遇到的问题类似：跨学科领域学术问题的判断和评价、多样院系设置的合理性、学术的管理幅度等等，给 ASU 的自定义式跨学科组织也带来各种挑战。但由于在共同治理、学术自治的大背景下，美国大学通过各种委员会使得其跨学科组织在管理和运行上比我国大学相对要更为顺畅。此外由于其很多跨学科组织均使用新名称，虽增加了差异性，但也带来制度认同上的障碍，给招生、人才引进和评价等带来了一定的困难。

各种学术组织有特色是大学整体有特色的基础和前提，ASU 以问题驱动为导向，系统实施，注重各学科间的动态整合和合作，提高跨学科组织的灵活性，从而让创新能自然诞生在各个学科背景下。在此过程中，原先的学科组织可能会因为适应不断变化的外部环境而无法保持学术上的连续性，因此对原学科组织作科学动态的战略规划，建立合理富有活力的学术梯队，有效整合各种学术资源，营造团结和谐的学科文化氛围等也至关重要。

（四）系统实施是跨学科组织有效构建的关键

我国大学学术组织模式在管理和运行上的历史积弊已成为制约大学跨学科组织发展的结构性障碍。根据"变化的三角形"理论，大学跨学科体系改革的关键点在"系统实施"这条边上。ASU 实施改革时所采用的系统思路、方法原则对我国大学跨学科组织构建有一定参考价值，且此二者也在实践中不断完善改进。

第三节　美国斯坦福大学打造学科组织的学术创业力实践

一　斯坦福大学的基本情况

斯坦福大学创办于 1885 年，于 1891 年正式开学，位于美国加州硅谷的心脏旧金山和圣何塞之间，虽成立仅仅一百多年，在 50 年前还是美国西部一所较优秀的地方性大学，而如今已跻身世界一流大学行列。其发展之路有许多值得我们借鉴的地方。

斯坦福现全校在校本科生约 6900 人，研究生约 8800 人，拥有一流的教师 2000 多名，其中有 20 多位诺贝尔奖获得者，生师比（student to faculty ratio）约为 5∶1。

斯坦福大学以创业而闻名，从它的创始人，珍妮和利兰斯坦福的建校口述，以及它与硅谷的关系可见："培养有文化、有用的公民"（cultured and useful citizens）是斯坦福大学办学理念的基石。王英杰（2004）认为斯坦福大学的办学理念从建校时就在创新与传统之间游走，并始终影响其定位和发展。它不同于美国东部的传统大学，但是又不能完全从美国西方大学传统中游离，因此在这矛盾中寻觅着自己的特色。

二 斯坦福大学学科组织学术创业绩效概况

（一）斯坦福学科组织基本概况

斯坦福大学的学科组织主要是以系、实验室、中心及研究机构等形式存在。"优异"加"广博"是斯坦福大学学科建设的核心理念。Stanford 既注意保持院系基础结构的相对稳定，又适时调整学院设置，使得基础结构能够适应学科发展的需要，同时还通过机制创新为跨学科提供必要的制度保障（王英杰，2004）。

斯坦福最早是以系组织起来的，有 20 多个系，分布在科学、技术、人文社科等领域，学生一般会选择一个学科或系作为专攻领域。这种组织安排持续了近 30 年。跟 ASU 的校长观点类似，1916 年维尔伯（R. L. Wilbur）出任校长后认为旧的系制度已开始成为水泼不进的封闭机构，因此必须打破这些障碍，让 Stanford 的空气更自由地流动，从而给思想交流更多的机会。而打破障碍的关键亦是将有相关性的系合并成学院。犹如上述 ASU 提及，这种变化是很缓慢的，如 Stanford 到 1922 年才成立了第一所非专业学院生物学院，此后原有的系组成了物质科学学院、社科学院和文学院等，并且这种形式持续到了第二次世界大战后（王英杰，2004）。

斯坦福现有七个学院：工学院、医学院、地球科学学院、法学院、商学院、人文科学学院及教育学院。各学院相互支持为学校提供跨学科的研究和教学。而学校的跨学科研究在 17 个独立的实验室、中心和机构进行。

如人文与科学学院，下设有理学和文史哲类 30 多个专业，承担了全校约80% 的本科教育和学位授予工作，以及约 40% 的博士研究生教育工作。如今，所有的研究型大学都关注跨学科研究。斯坦福的独到之处在于它的审慎（deliberateness）。跨学科研究中心独立于传统的基于学科的组织架构，直接向负责科研的副教务长和科研院长（vice provost and dean）汇报工作。这样的组织架构改变了原有传统的科研文化，使得这些跨学科研究中心可以更好地对他们的初期想法进行实践，也可以有更多的资源（Eesley，2012）。

（二）斯坦福大学学科组织的学术创业绩效

斯坦福大学学科组织的基本功能科学研究、人才培养、社会服务、学术创业亦能较完美的融合和发挥，学术创业绩效也卓越。自 1930—2011年，斯坦福校友、教师及工作人员共创造了 33200 项专利以及 220 万出版物。这些出版物占全球出版物的约 4%。一般情况下，我们认为学术创业者的产出能力较低，因为他们将更多去关注商业活动，没有足够时间进行学术上的产出。而事实上，斯坦福的学术创业者在专利和著作上更加多产。以 2010—2011 年为例，斯坦福大学有约 11.5 亿美元在研项目和超过5100 项活跃的科研项目（Eesley，2012）。

再如斯坦福工程学院旨在解决最紧迫的全球性问题，近一个世纪更是一直走在创新的最前沿，创造和超越了许多改变世界信息、通信、医药、能源、商业等领域的关键技术。斯坦福大学工程学院的教师、学生和校友建立了数以千计的公司，奠定了硅谷的技术和业务基础。工程学院现约5000 名在校学生，多于 250 名教师，学院的教师和毕业生约创立了 13000个公司，包括 Google，Hewlett-Packard and Cisco 等科技巨头。

三　斯坦福大学打造学科组织学术创业力的措施

（一）学术支撑能力

1. 引进和培养一流的学科带头人和团队

如工程学院的学科带头人，在学科水平上世界一流且平易近人，至今共有 110 人入选为美国工程院院士。"雇用全世界最有资质的老师、研究人员""录取和支持富有天赋的研究生及博士生"是其基本的科研文化。

斯坦福每年一般只支付教授 9 个月的工资，但从斯坦福 2012—2013年财务年报中看出，斯坦福年费用总支出的 54% 是用在教职工的薪酬和津贴（Salaries and benefits）上，31%是用在运营经费上。这种既激励又约束的薪酬体系确保了斯坦福学科组织的学术支撑能力。

2. 建设先进的基础设施

斯坦福是美国仅有的 5 所掌控国家科学实验室的大学，即其工程学院拥有美国能源部的 SLAC 国家加速器实验室，这是美国最先进的实验室之一。斯坦福工程学院 9 个系均具有先进的基础设施，并且声誉显赫，3 个系排名世界第一，剩余的均在前 6 名。

3. 促进学科成员良好的团队协作

斯坦福规定每个教授都必须有科研项目，所有教授都必须指导学生从事科研实践。学校要求教授必须承担至少 50%的研究生学费，而学生必须完成教授规定的科研任务。（徐永吉，2014）这种规定把各个学科带头人和学生捆绑在一起，能促进良好的团结协作。在访谈调查中，中南大学有类似的规定："博士生招生名额通过科研经费控制，例如理工科纵向 50万，横向 100 万，则有相应的博士生招生名额，没有经费就没招生权，即使是博导，也要看当年的经费"。

（二）资源整合能力

1. 保持与产业界密切的联系

斯坦福的科研文化除了上述的"雇用全世界最有资质的老师、研究人员""录取和支持富有天赋的研究生及博士生"还包括"给教师更多的自由来进行创新研究""支持应用性跨学科研究中心""为教师提供额外的资源及设施"及"与产业界保持密切联系"。

斯坦福鼓励师生积极投身产业界，与产业界无缝对接。Terman 是斯坦福大学化学的理学学士，在联邦电报工作了一段时间后，听从 Harris Ryan 的建议去 MIT 读博，师从工程学院副院长，后来成为二战期间美国科技研发办公室主任的 Vannevar Bush 教授的学生。Bush 教授在产、学、军方合作方面深有研究，Terman 也将产学合作的理念带回了斯坦福。之后，时任校长 J. Sterling 任命 Terman 为副校长，开展了一系列改革。如鼓励学生创业，鼓励工程师接受继续教育，鼓励教师课余担任政府或企业部门的顾问，设立斯坦福研究园区（其定位：知识中心和新一代商品孵化器；其目标：为产业界提供和大学接触的机会，为研究者提供在商界一试身手的机会），制订产业联盟计划（让产业界的研究员和大学师生共同探讨学科前沿问题，双向交流）（Gillmore.，2004）。

　　因此基于 Terman 的研究型大学模型，斯坦福在这方面的实践经验包括以下几点：（1）从产业界来的访问学者被要求与学校科研团队一起工作，产业界的专家要经常到校园里演讲、授课、作为顾问教授以及项目交流；（2）有任期的教职员工是研究的核心，他们与产业界相关专家一起将他们的知识、经验传授给学生，与学生直接互动；（3）产业界的项目将产业界和大学的专家围绕着共同兴趣的话题在同一个平台上一起工作；（4）学校也会继续保持对项目的关注，并通过一个来自政府、基金会、产业及个人的多元资金支持来保持一定平衡，并且同时进行相应的商业和工程教育（Eesley，2012），使科研、教育、创业能可持续的集成。

　　2. 地理优势及能紧接邻近学校的产业需求

　　坐落于硅谷心脏的斯坦福一直被视为许多公司建立和技术研发的催化剂，而硅谷又反过来塑造了斯坦福。这种成功的学术和创业交互关系现已经为世界各地所模仿和学习。位于阳光明媚的加利福尼亚州和接近硅谷的地带意味着拥有许多来自行业领袖和企业家学习的机会。正如现任校长 Hennessy 认为：斯坦福之所以有今天，很重要的原因是"我们有地理优势，我们所有的学院和中心都建在一个校园内，这样就鼓励了正式和非正式合作"。

　　3. 保证教学和科研密不可分

　　对于斯坦福的教师来说，教学和科研是密不可分的。教师向学生讲授新知识发现的过程，反过来学生向教师提问问题，可以促进科研的进一步深入。评价教师业绩的重要指标之一是科研成果的发表以及对研究生和本科生的教学能力的评定。

　　4. 整合技术和市场知识到专业课程之中

　　斯坦福的 17 个独立的跨学科研究中心、实验室和研究所是产学研一体提供专业选修课、实践活动课的主力军。它们开设的很多课程由教授与产业界、社区领袖组成导师团队授课，与学生共同探讨实际问题，强调解决实际问题能力的培养（徐永吉，2014）。

　　如工程学院，各学科组织的教师同样渴望为学生提供各种参与科研的机会，包括各种正式的项目或各种日常申请。学科组织努力营造愉悦的氛围，让学生感受到学习工程的乐趣。并提供了一流的空间让学生可以在 80 多个实验室、研究中心中进行调查、设计和创造。

5. 努力整合外部资源到学科组织内部

如斯坦福要求技术授权办公室（OTL）向属于学术层面科研院长报告，而不是向有关商业方面的领导报告。这使得技术转移的过程尽可能地与老师贴近。而且斯坦福在商讨技术转移协议时均保持长期合作的想法，即在协商协议时就作长期考虑。这样做的目的是保持学校和产业强大的合作伙伴关系，因此可以看出协议的精神和两方的关系比实际协议内容来得更重要。从而确保外部资源能持续为斯坦福各学科所用（Eesley，2012）。

（三）管理支持能力

1. 争取政府的支持

根据赠地法案，美政府向各州赠拨土地并出售，所得资金用于资助建立专门性学院。而之后为适应美国经济社会发展的需求，著名的"威斯康星计划"使威斯康星大学一方面帮助州政府开展农业技术推广，另一方面进行函授教育。在这种互动中，大学在推动州发展的同时，亦使自身迅速从一所普通的州立大学成长为美国一流大学之一。而更进一步促进美国大学学术创业的是 1980 年颁布的专利法案《Bayh-Dole（贝耶－多尔法案）》和《Stevenson-wydler（斯蒂文森—魏德勒）技术创新法案》。这两个法案解决了大学承担政府资助研究产生的知识产权的归属问题，从而为学术创业扫清了障碍，相当于政府将知识产权赠给了大学，其意义不亚于赠地法案。（李宝笃，2012）可见政府支持对学科组织发展及其学术创业的重要性。

梁传杰（2010）通过分析斯坦福大学电子优势学科群，认为学科群与社会经济发展的协同模式需找到双方共赢的结合点，电子学科群形成就是因为该校把握住了美国由工业社会向信息社会转型的这一发展机遇，并准确地找到了与本地信息产业发展的结合点。

以工程学院为例，该学院是斯坦福大学王牌学院，对斯坦福大学的声誉有着重要影响，在第二次世界大战后斯坦福大学的起飞中起了领飞的作用。当时的院长特曼（Terman）预测战争已将基础的工学知识掏空，美国政府一定会投入大量的资金来支持工学的基础研究，从而为战后重建和冷战做准备。因此，他提出学校要积极争取政府的科研经费，抓住机遇发展工学。但是，与此同时他还明确要求：政府资助的科研要与教育融合；科研要由师生共同来完成；斯坦福只从事那些有充分学术价值的研究。就这样，学校的发展战略在科研"有用性"和"学术性"之间建立了平衡。

（王英杰，2004）在该战略指引和政府的大力支持下，工程学院和斯坦福才有今天的成就。

2. 建立专职服务学术创业的办公室

斯坦福技术授权办公室成立于1970年，一直是美国大学在技术授权尤其是创立公司方面的领头羊。它的使命是促进斯坦福对社会有益的技术转移以及为教育和科研发掘尽可能多的资金。到2010年，OTL在40年间帮助斯坦福约有8000项发明获得了约13亿美元的技术使用费。

目前OTL有37名工作人员，其中包括9名许可专业人士，他们负责管理各项发明。办公室工作人员要负责超过3000份有效申请表，所有的许可专员都是理工科学位。在2010—2011财政年，OTL的运行预算为540万美元，专利花费为约700万美元。运行经费每年稳步增长，当初在2005—2006年时仅为376万美元。即便如此，斯坦福OTL所创造的价值远高于其投入成本。

3. 学校设立大量支持学术创业的项目

斯坦福有大量支持学术创业的项目、中心和课程。如由斯坦福工程学院管理科学与工程系于1996年创办的创业研究项目——斯坦福科技创业项目，该项目开展高科技领域创业的学术研究，对工程师和科学家进行创业教育。2011年，该项目共提供31门课程，2350名本科生和研究生参与到该项目中。许多著名的领导人、风险投资家和企业家都会来做讲座。

此外还有如梅菲尔德研究项目（Mayfield Fellows Program）、创业角（Entrepreneurship Corner）、斯坦福创业网络（SEN）、创业研究中心（Center for Entrepreneurial Studies）、Hasso Plattner设计研究所等。

4. 学科成员创业时可获得商业管理技巧的帮助

很多斯坦福的教师创业者和校友创业者都会为学生和教师提供给慷慨的帮助。斯坦福的创业课程也很好地证明了这一点。为了更好地参与到公司的创立中，斯坦福的老师和学生大多数都要求暂时离开学校。当公司成立之后，通常会获取风投资金，然后让基础发明慢慢变成商品，如若成功的话，公司就会发展到IPO阶段。这时候，教职员工大多数就会返回学校继续研究，在公司仅担任咨询的角色（Eesley，2012）。

（四）机会探索能力

1. 跨学科的网络活动支持

斯坦福的科研文化中其中有两条为："给教师更多的自由来进行创新

研究""支持应用性跨学科研究中心"。这为师生学术创业提供了大量的机会。

如斯坦福大学工程学科的学生能获得一流（unrivaled）的教育，不仅包括他们所选择的工程学科，还包括文科等其他学科方面丰富的教育。近40%的斯坦福大学的研究生和20%的本科生在工程学科，该学院现已发展到9个系，并提供了大量的跨学科研究和学位课程。而且系或学科组织之间的界限已经比较模糊，各种研究团队经常越过界限，教师也经常举行跨系间任命，如法学院在教授聘岗时也会留一些岗位与其他院系共同进行聘任。学院还不断追求合作伙伴关系，从而为学者和学生提供更多的机会。

2. 良好的创业传统

如上所述，斯坦福有约2000名教职员工，均是在自己的领域内教学和科研的顶级人员。斯坦福教师的最基本职责是深入他们的学术研究。然而很多斯坦福教师也是创业者，对于斯坦福工科、应用科学上课的教师来说，离职然后创立公司再回到学校是很普遍的事情。

斯坦福的教师和学生也一直有创业的传统，如工程学院为学生提供了众多获得创业经验的正式和非正式的机会。斯坦福强调教师要拥有的一个重要特质：相关产业需求意识以及他们的创业精神。

3. 注重围绕现实问题

"有用"渗透在斯坦福大学的文化中，斯坦福认为对于基础或应用的科研成果进入市场成为商业产品没有一个统一的路径，不过为了解决实际问题而产生的科研成果更加容易进行/开展商业应用。

因此斯坦福鼓励学生和教师直接与公司对话合作，在财政年2009—2010年，大约有20%的工程研究被产业界支持。如斯坦福附加项目（affiliate programs）就是双方产学合作的载体。学校里有超过50个附加项目以及研究中心：有一些在系、学科组织里，有一些仅是围绕某个主题、问题。它们深化了学校与产业界的合作。通过这些附加项目（要求至少2名教师、2家公司要参与其中），学生可以近距离的和科学家以及企业领导一起工作。

参与的公司很清楚自己想要推进他们的某项研究或想要解决的问题为何。他们的科学家和工程师有机会与斯坦福的老师和同学一起工作。老师和学生们同样有兴趣参与到高水平的产业界讨论中。对企业来说，他们有机会雇佣到高水平的学生，同时斯坦福也会从讨论中获益。

　　4. 鼓励创业的激励机制

　　为了促进技术转移，斯坦福允许教师每周有一天的时间来进行创业。教师是新科技的创始人，所以教师的参与对企业的成功有关键性的作用。在这样的情况下，斯坦福的教职员工可以最长有 2 年的时间参与到创业的过程中。当他们重新回到学校时，他们需要将管理职责交给公司的其他人，自己继续专注于学校的事务。他们也可以继续担任科学顾问的职责。就学生而言，学校则允许学生休学两年创业之后再回学校继续完成学业。

　　斯坦福 OTL 会收集所有的技术许可费然后在每个财政年结算后（8月 31 日）分发出去。其中 15％ 用于 OTL 办公室的日常运营花费。另外技术许可费被分为三份：1/3 分配给发明者、1/3 分配给发明者所在系、1/3 分配给发明者所在学院（如工学院、医学院等等），分配给各院系的资金是为教学和科研使用。另外，OTL 也可选择股权代替现金作为许可授权费。决定收取股权还是技术许可费需经过与公司的协商后确定。如果选择了股权，股权所有就由斯坦福管理公司管理，并且它将作为科研院长以及负责研究生教育的副教务长的专项资金。

　　值得一提的是，斯坦福所有的终身职称的评定都是基于学术、服务以及教学的。虽然斯坦福在教师升职或委任时不考虑技术许可或者是专利，但是学校还是鼓励技术转移。教师科研以及贡献的影响评定是通过多种方式进行考察，包括他对其他研究的影响以及对这一领域知识的推进。

四　斯坦福对我国学科组织打造学术创业力的启示

　　（一）以"有用"为突破口，坚持学术和创业平衡的理念

　　科研"有用性"和科研"学术性"之间的平衡、科研和教学的平衡、教学和创业的平衡。从斯坦福打造学科组织学术创业力的实践中，始终可见。"有用"渗透在斯坦福大学的文化中，使得斯坦福的科研成果更易商业化，学生也可以近距离的和科学家以及企业领导一起工作，企业则更有机会雇用到高水平的学生，从而获取一个多赢的结果。

　　但在注重创业的同时，斯坦福也始终坚持学术为本，如其终身职称的评定不考虑技术许可或者是专利；又如斯坦福技术转移过程尽可能的贴近老师：规定 OTL 向属于学术层面科研院长报告，而不是向有关商业方面

的领导报告。斯坦福认为这是对技术转移有效支持的最佳实践经验之一。

（二）以大项目为引领，建立有效的跨学科研究组织

不像我国的一些大学，动辄十几个学院，斯坦福将兴趣相关的学科组织整合成了 7 个学院，这本身就在一定程度上促进了基层学科组织间的团结协作。斯坦福还建立 17 个独立的由副教务长和科研院长直接领导的跨学科研究中心、实验室和研究所。这些机构占全校科研力量的 20%，是有单独编制、预算、办公场所的实体机构。通过为这些机构提供跨学科的制度性支持，强调与各学科组织交叉合作，为科研、教育、社会服务和创业提供了有效平台。

优异加广博是斯坦福大学学科建设的核心理念，传统学科导向的研究与跨学科研究共存，这种制度安排还有助于打造学科组织的二元能力，即当我们要求学科组织较有效地进行探索，作传统的研究、基础的研究，它就可以按传统的范式进行；当我们要求学科组织能有效地开发，解决现实问题，做应用研究，进行商业化，它也可以通过实体的跨学科组织进行，提高了学科组织适应快速变化的外部环境的能力。

在我国，研究型大学更多的是重视基础研究领域的优势地位和国家重大战略相关领域的研究，这无可厚非，但还需尤其以大项目为引领，将一些资源集中在具有辐射效应和应用前景的大项目上，重组跨学科学术梯队（徐小洲，2007），产生一批能真正促进我国经济社会发展的成果或有强大竞争实力的高新技术企业。而地方性高校则一般更多关注区域经济发展或中小企业的技术需要，还没足够的研究实力，应基于特色优势学科进行重点突破，在学科发展到一定实力基础上，再适当地建立一些跨学科组织。

（三）以人才培养为本，整合资源，注重学生参与

"培养有文化、有用的公民"是斯坦福大学办学理念的基石。如工程学院的使命：寻求解决重要的全球性问题和培养工程领导人。对工程师的培养，不仅要使其具有深厚的技术卓越优势，还有让其接触文科，商业，医药等多学科的熏陶，从而获得创意、文化修养及创业技能，这些都是其在斯坦福教育体验的重要组织部分。而其主要目标则是：开展好奇心驱动和问题驱动的研究，产生新的知识，新发现，并为未来的工程系统提供基础；为学生提供世界级的研究型教育和广泛的培训，培养学术界、工业界和社会的领导者；驱动技术转移到硅谷，超越传统、变革想法、改进世

界。多学科的、广泛的方法（multidisciplinary, broad-based approach）是学院愿景的核心。通过与其他学院、产业界紧密合作，来加强学术项目、课程。学院的成功不仅在于为未来培养了领导者，还在于创造了新知识，并彻底改革了技术、医药等许多领域。

在斯坦福，教学和科研是密不可分的，亦鼓励学生直接与公司对话合作，而每个学科组织的教师都渴望尽可能多地给学生提供各种各样的机会。浓郁的创业氛围、丰富的学习资源、灵活的授课方式、多元的评价标准，造就了一批又一批独具特色的创新创业人才。

第四节　英国帝国理工学院打造学科组织学术创业力实践

一　英国高等教育面临的挑战和对策

英国是继美国之后的，世界第二高等教育强国。尽管英国人口是世界人口的1%，但英国拥有世界上引用率最高的出版物中的12%。若根据上海交通大学世界大学排名，英国约有11所能进入世界前100强。

但是英国大学的领导者们也意识到，随着德国和丹麦等欧洲国家大学的全力追赶，以及中国、加拿大和澳大利亚大学的崛起，英国大学面临着巨大的挑战：首先是财政问题，不像美国的大学，到2007年，排名前30位美国大学机构，在获得大学捐赠基金方面，每年的百分比平均增长15%—20%。而英国大学的财政收入已经接近饱和，而且还有政府会削减投入的可能；其次是英国大学多样化缺乏，整个教育系统的适应性不强，除了牛津、剑桥、帝国理工学院、伦敦大学学院（Oxford, Cambridge, Imperial and UCL）这四巨头，剩余的前30名的研究型机构的发展依然主要靠政府投入，而这批学校也是英国高等教育系统名声提升的重要力量。

针对这些挑战，Thrift（2010）认为可行策略之一是专业化（specialization），现有一些英国大学的学科太广泛，这样很难做到世界领先，要在多样化和专业化之间保持平衡。策略之二即是政府对学术创业的重视：2003年Richard Lambert向政府提交的《Lambert校企合作评论》强调了要想保证毕业生有较高的就业能力，就必须使学生具备创业技能和创新能力，而想要有效地培养这些能力，则必须让企业更多地参与到大学课程的设计和教学过程中去。2007 年公布了由 NCGE 学术顾问艾伦·吉伯教授起草的"朝着创业型大学发展"的政策文件。该文件指出，创业型大学即给予那些能够鼓励学生创业，并为在校生和毕业生创业提供创业机遇、创业实践以及创业文化环境的大学（徐小洲，2010）。而 2008 年英国创新和大学技能部（Department for Innovation, Universities&Skills）又向政府提交了白皮书《创新国家》（Innovation Nation），强调了创业能力在经济发展中的作用，据此在上述一系列政策和措施的驱动下，英国大学的学术创业正蓬勃发展（孙珂，2010）。

在谈到英国的大学通过创业来改善财政、实现崛起时，很多学者已经从不同的角度分析了沃里克大学的发展之道，这是很典型的一个案例，此处不再赘述。笔者下面将选的案例是英国的四巨头之一：帝国理工学院。帝国理工学院拥有英国第一个属于学校的上市公司，在学科组织的专业化和创业方面无疑是相当成功的，下面将重点剖析它的措施以及是如何保持可持续的竞争优势的。

二　英国 IC 的基本情况、治理结构、学术创业绩效

（一）英国 IC 的基本情况

英国帝国理工学院在欧洲乃至全世界是一所声名远扬的大学，成立于 1907 年，学校坐落于伦敦南肯辛顿，与著名的海德公园、肯辛顿宫仅咫尺之遥，优异的地理位置是学校的竞争优势之一。据 2010—2011 年数据统计，全日制学生 13964 名，生师比为 12∶1.1。帝国理工学院的使命是在科学、工程、医学和商业领域提供世界一流的学术、教育和研究，并特别关注他们在工业、商业和医疗保健上的应用，亦鼓励内部跨学科和与外部广泛的合作。学校愿景是：保持作为世界领先的科学研究和教育机构；利用有质量、广度和深度的研究来解决今天和未来的挑战；培养下一代的研究人员、科学家和学者；为来自世界各地的学生提供教育，提供他们需要的知识和技能来追求自己的抱负；通过转移工作于实践来产生明显的经济和社会影响；与世界接触和交流。

（二）英国 IC 的治理结构

该学校的治理结构有一条重要原则就是：参照公司治理结构各个方面的最佳实践。因此它拥有三个独立的、责任和权力明确的机构：董事

会（Council）是学院的董事和执行机构。它负责金融、财产、投资及学院的一般业务，并设置其总体战略方向。董事会下设六个具体的执行委员会。监事会（Court）是一个很大的正式机构，为学院的利益相关者提供服务，并提供了一个公开论坛，其成员可以提出有关学院的任何事项。评议会（Senate）是学院的学术权威，它的作用是指导和规范学院的教学工作。

（三）英国 IC 学科组织学术创业绩效概况

1. 英国 IC 学科组织基本概况

英国 IC 共有四个学院：工学院、医学院、自然科学学院和商学院。IC 的科研旨在知识的生产和解决社会经济中的问题，其学科设置主要分为三个层次（见图 4 - 7）：基于核心学科的学科组织、基于跨学科的研究中心和为了解决全球挑战的研究所。

图 4 - 7　英国 IC 的学科设置层次

资料来源：英国 IC 网站。

这三个层次都是独立的，许多 IC 的学者同时参与三个层次。IC 认为强大的核心学科是知识创造的基础，并要求学校的所有学科组织（系）至少要在国内排名前三。尽管基于学科的系是学校的基础，IC 也鼓励跨学科研究，在过去，学校的跨学科主要是为解决某一特定问题而基于各个学院、系的离散的团队，随着大型的跨学科项目在知识的生产和应用中显得越来越重要，学校也有意识的进行协调和促进，如该校的终身健康项目就拥有超过 100 名来自各个院系的学者。

2. 英国 IC 学科组织的学术创业绩效

在过去的 10 年中，帝国理工学院已经产生了比任何其他的英国大学更多的衍生企业。而其中工程学院在产学合作上颇有成效（见表 4 - 1）。IC 的工程学院涵盖工程所有的学科，有 9 个系。拥有超过 1200 名员工和 5000 名学生。从产业研究经费收入情况表中可看出，工程学院来自英国以外产业的经费比重超过了其在国内的收入，该学院与 Syngenta、ABB、Johnson & Johnson、Shell and Qatar Petroleum 等公司在联合培养和研究成果商业化等方面开展了广泛的合作。

表 4 - 1　　　　　英国帝国理工学院各学院产业研究经费收入情况

学院名称	经费来自英国的产业（占全部的比重）	经费来自英国以外的产业（占全部的比重）	来自产业的总研究经费（占全部的比重）	全部研究经费收入
工程学院	10736（13.77%）	11843（15.19%）	22579（28.96%）	77979
医学院	5326（3.28%）	7158（4.41%）	12484（7.69%）	162343
自然科学院	2603（3.82%）	1629（2.39%）	4232（6.21%）	68199
商学院	255（5.09%）	26（0.52%）	281（5.61%）	5009

注：为 2011—2012 年研究经费收入，单位：千英镑。

三　英国 IC 打造学科组织学术创业力的措施

英国 IC 主要通过 6 个战略主题的实现，即研究、教育、转化、组织、资源、影响来打造学科组织学术创业力。下面具体论述之。

（一）学术支撑能力

1. 高水准多元化的学科团队

吸引和培养高水准、多元化的学科团队是 IC 的重要目标之一。IC 的成功离不开高质量的学科团队。比如，校长研究卓越奖（Rector's Awards for Research Excellence）会给已经取得卓越绩效或很有潜力的研究团队 15 万英镑的奖励，对青年教师的培养亦是相当重视。对高级职称的评定会根据申请数控制在一定的比例，从而确保优异的人才梯队。

2. 基于学科的自下而上的创新哲学

IC 的传统哲学是鼓励学者追求自己的野心，认为自下而上的创新才能可持续产生新思想。如学校的战略投资基金（Strategic Investment Fund（SIF））为促进各学院向战略新兴领域发展而投资。投资的建议首先是来自各个学院的，然后 SIF 根据各学院的学术潜力来分配优先顺序。即使在经济困难时期，SIF 亦会不间断支持。

3. 投资建设先进基础设施

卓越的研究离不开世界级的基础设施，自 2006 年，IC 共花费 1.8 亿英镑来建设。如土木与环境工程车间升级花费 2200 万英镑，机械工程现代化项目花费 3000 多万英镑。学校优先投资研究重点领域，同时相应配套的技术人员、服务也持续投入。

（二）资源整合能力

1. 基础研究和应用研究不分离

IC 认为社会经济的发展不仅仅来自应用研究，而是来自所有的研究。因此强调基础研究和应用研究不能分离，长期的、理论性的、由好奇心确定的研究才能可持续的产生重大的、意想不到的成果。更好地平衡和协同基础研究和应用研究，才会产生更大的价值。如 IC 的等离子体和超材料研究中心的实践即同时承担着理论和应用导向研究，最好的应用研究只有在最好的基础研究的根基上才能可持续发展。

2. 鼓励与产业界等外部利益相关者合作

学校鼓励与英国乃至世界上的企业家、利益相关者进行合作。这不仅有利于共享互补的专家学者，也有利于共享大型昂贵的基础设施。如通过与卡塔尔石油公司和卡塔尔科技园的合作，近 10 年来，IC 共获得了约价值 7000 万美元的研究项目。

3. 注重整体智力开发的人才培养机制

IC 很重视人才培养，但是也认识到单独靠教育很难有令人满意的高等教育，尤其像 STEM 这类学科。像工科、理科、医学都要基于实验室开发学生的整体智力。徐小洲（2010）指出创业型大学发展模式包含两类：传统商业模式和互动模式：前者注重在创业教育过程中所教内容，以及在教学过程中何者会显著地受到传统思维以及公司业务的影响，这种模式注重运用专有的商业管理方式；而互动模式将创业角色纳入社会系统加以考虑，能够为个人组织以及社会各界人士提供所有技能，是英国大学未来的发展方向。英国的 IC 就是采用互动模式，要求学生在学习课程时参与到著名学者的科研中，并不断与其他同学进行交流。

IC 的人才培养分三个层次：本科教育（undergraduate（UG）level）：基于核心学科的，主要提供学术性课程、实践经验、学科的基本原理，鼓励学生独立和批判性地思考，并锻炼强大的分析能力；研究生教育（post-graduate taught（PGT））：在 UG 的基础上，提供基于学科和跨学科的课程，培养的学生可继续读博，也可进入产业界、医学界等工作，近几年，PGT 数量一直在增加；研究生科研（postgraduate research programmes（PGR））：该层次比 PGT 更强调基于跨学科的课程及科研训练，鼓励同时进行基础研究和应用研究，PGR 的学生数近几年也有所增加。2009—2010年 IC 的 UG 为 8608 人、PGT 为 2492 人、PGR 为 2734 人。IC 还很注重对各层次学生满意度的调查，收集他们的意见并不断改进；引进电子学习（e-learning）弥补传统面对面学习的不足，使学生可以灵活地获得在线学习资源等等。

（三）管理支持能力

1. 政府的一系列政策支持

1987 年，英政府提出了"高等教育创业计划"（EHE），历经 20 多年的发展，这一计划已相对成熟和完善，并将创业精神培养作为教育的总目标和策略。政府是英国高校创业教育发展经费的主要来源，政府拨款约占经费的 80%（徐小洲，2010）。之后，在 2003 年的《兰伯特校企合作评论》、2008 年的《创新国度》等一系列政策支持下英国大学的学术创业蓬勃发展起来。

2. 学校对创业的战略支持

IC 的战略主题之一是转化，包含三层意思：对外开放式的参与，这有助于新思想的交流和达成共识；跨学科的整合学者；创新的拓展和学校影响的扩大。在此战略下，IC 鼓励外部专家和实践家为学校的科研、教育和创业提供见解。

如工程学院的一些教育课程，会邀请产业界人士给一年级学生授课，启发他们努力成为对社会有影响力的未来工程师。学校还有很多支持师生创业的项目，如企业家进驻项目由帝国理工创新集团运行，支持教师来评估他们所开发的技术，找准市场需求，并建立必要的商业管理团队，使产品顺利推向市场。

3. 建立技术转让办公室——帝国创新集团

帝国创新集团成立于 1986 年，作为 IC 的技术转让办公室，它以保护和最大限度地利用学院从研究而产生的商业机会为最终目的。1997 年该集团成果 IC 的全资附属公司，并于 2006 年成为伦敦证券交易所 AIM 板公司，是英国第一个大学拥有并上市的商业化公司。其整合的商业模式成为英国其他高校和世界的榜样。集团与 IC 有个到 2020 年的协议，要求它继续充当 IC 的技术转让办公室，同时帮助选择管理一些选择信托基金。

据 2013 集团年报显示，2013 年集团净资产总额约 2.3 亿英镑，投资总估值约 1.8 亿英镑，投资最大块为医疗领域，第二大块是工程领域。而投资相关衍生企业的数额也巨大，以寻求最有前途的机会、参与的时间更长与价值最大化为原则，约 2220 万英镑投资于 28 个公司。此外，集团也单独投资知识产权，或者与剑桥大学、牛津大学和伦敦大学学院的剑桥企业、Oxford 分拆股权管理（Spin-out Equity Management）和 UCL 商业公司合作投资，再加上英国帝国理工学院，这些都是在欧洲每年超过 13 亿英镑的研究收入前 4 名研究型大学。

因此该集团强大的资金支持、专职经验丰富的投资人员、大量成功的创业案例、广泛的社会网络为帝国理工学院的学术创业提供了坚实的保障。正如 Lerner（2005）研究结论：大学提供风险资金有时会起到反向选择的副作用，尤其对于一些小学校来说更是如此，因为除资金外专业的运作也至关重要。

（四）机会探索能力

1. 加速跨学科合作研究

尽管基于学科的根本是创新，IC 同样也鼓励跨学科合作研究。在以往，学校的跨学科研究团队一般都是离散的。现在 IC 也适当进行一些"有组织的科研"。尤其是面对一些特定的全球挑战性问题时，跨学科研究有助于突破学科组织的临界，而且还会获得外部科学家、政策制定者、产业专家的帮助，有助于整体研究水平的提升。

从成功的经验来看，创业更多地依靠跨学科的合作。IC 正依靠其天时地利（well-placed）加速跨学科进程。例如，塑料电子产品研究中心（Imperial's Centre for Plastic Electronics）是英国政府指定的卓越中心，它集合了来自产业合作伙伴、各院系部门和研究团队组成的跨学科小组。

2. 师生较强的创业意愿

英国大学生创业委员会（NCGE）2005 年的报告显示，近 1/3 的学生将就业作为最紧迫的目标，而其中有 4% 的学生打算毕业后尽快就业或创业。由于 IC 是英国唯一一所把重点完全放在科学，技术，工程，医学和商业上的大学，也是唯一一所其使命为不得不将其知识应用于产业、商业和健康领域的大学。转化（translation）是 IC 的战略主题之一，意为所有形式的知识转移都可称之为转化。因此 IC 的师生比一般的英国大学有更强的创业意愿。

3. 注重围绕现实问题

IC 有和产业界、商业界以及政府部门合作的传统。学校的创业战略与科研和教育战略都是 IC 的核心使命，并不断努力扩大和深化与企业的合作。因此 IC 强调学校的工作要注重围绕现实问题，要能满足当前和新兴工业的需求。从 2008—2009 年数据显示，IC 从产业获得的研究收入比任何其他的英国大学都要多，约达 4600 万英镑。

4. 科研为重，适当鼓励创业

除了研究和教学，IC 也鼓励教师做外部咨询。如建立帝国咨询有限公司（Imperial Consultants Ltd）直接服务于学校的教师。但总体来说 IC 的老师还是以科研为重。IC 曾对其学校学者在 2012 年的时间分配做过一项调查，结果显示如图 4 - 8 所示，IC 学者约 54.2% 的时间花在科研上，18.1% 的在教学上，在专业活动上的时间分配约为 14.8%（IC-Stats Guide，2013）。

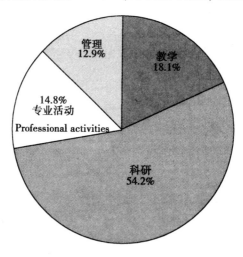

图 4 - 8　英国 IC 的学者在 2012 年的时间分配比例

四　IC 对我国学科组织打造学术创业力的启示

（一）重视学术创业，系统的战略规划

IC 有 6 个战略主题，即研究、教育、转化（Translation）、组织、资源、影响（Influence）。一般我们比较常见的是以前面三个为战略，而对组织、资源这类驱动性因素直接作为战略主题的较少见。IC 的独到之处就在于系统的规划了大学功能的有效实现，以及实现这些功能的组织保障、资源保障，从战略上统筹规划。这是值得我国大学学习之处。

另外 IC 称所有形式的知识转移都可称之为转化。而转化有助于开放式的参与、跨学科的整合以及创新的拓展和学校的影响的扩大。这也有助于拓展我们对创业的认识。学术创业不仅包含硬活动（技术转移、衍生企业），还包括咨询、创业教育等一系列的软活动。而创业也不仅仅关注经济价值，还应关注开放式参与带来的思想交流、学校影响的扩大等无形的价值。

（二）基于学科自下而上的创新和基于问题的跨学科合作相结合

最好的应用研究只有在最好的基础研究的根基上才能可持续发展，这是 IC 学科建设的重要理念。秉承基于学科的自下而上的创新哲学，先确保学校的核心学科能可持续的知识产出，然后看准机会、抓住战略前沿，进行跨学科的研究。和美国研究型大学大力鼓励和支持跨学科合作不同，英国 IC 始终以基于学科的创新为核心，注重专业化。这对当前我国大学学科组织打造学术创业力更有借鉴意义。

（三）建立产业集团或技术转移办公室

帝国创新集团作为一家上市的商业化公司，又兼任大学的技术转移办公室，不仅单独投资知识产权、衍生公司，还与剑桥大学、牛津大学和伦敦大学学院的剑桥企业、Oxford 分拆股权管理和 UCL 商业公司这几所英国最优秀的研究型大学合作投资。这是 IC 学术创业最靓丽的一笔集团强大的资金、专职经验丰富的投资人员、大量成功的创业案例、广泛的社会网络为帝国理工学院的学术创业提供了坚实的保障。

第五节　德国 TUM 打造学科组织学术创业力实践

一　德国大学面临的挑战和卓越计划

德国是孕育现代研究型大学的重要基地，但在如今激烈的竞争中亦做着艰难抉择，德国高等教育固有的矛盾亦逐渐凸显。首先，同其他欧盟国家一样，大学财政收入有限；其次，培养出来的高层次创新创业人才数量质量不足；第三，学术研究过于自由化从而导致脱离实际，大学的社会服务和学术创业功能难以有效实现（吴伟、邹晓东，2010）。

为应对这些挑战，德国研究基金会（DFG）于 2006 年启动的第一轮科技教育"卓越计划"（Excellence Initiative），卓越计划旨在长远地加强德国的研究实力。在该计划支持下，德国的大学开始进行尖端的研究，逐步提升自身的国际地位。该计划分为两轮：2006/2007—2012 年和 2012—2017 年。第一轮总资金为 19 亿欧元，第二轮为 27 亿欧元。该计划分为三大部分：卓越研究院计划、卓越学科群计划和"未来概念大学（Institutional Strategies）"计划（TUM，2010）。其中"未来概念大学"旨在培育顶尖的研究型大学，如果一所大学至少有 1 个卓越研究院、1 个卓越学科群和 1 个未来概念，那么将被赋予"精英大学"荣誉。

二　TUM 治理结构、学科设置及学术创业绩效

（一）TUM 基本情况

慕尼黑工业大学提出的"创业型大学"获得了首批"未来概念大学"的资助。慕尼黑工业大学以创业型大学为学校发展的"首要战略"，不断地拓展学校的发展空间，以新的理念来重新整合各种资源。为应对全球市场经济和未来社会的新挑战，该校建立起现代化、企业化的组织机构并组织实施，通过加强规划、严格控制以提高效率，并坚持高质量的评估。该计划为慕尼黑工业大学的发展带来了新的机遇，TUM 以其卓越的创新水平赢得了德国中央政府和州政府一流的声誉（Herrmann，2008）。

TUM 是欧洲顶尖的大学之一，创立于 1868 年，最早是作为德国巴伐利亚州的学习中心，致力于自然科学。之后，该大学在德国巴伐利亚州从农业到工业的转变乃至欧洲的技术进步中起到了至关重要的作用，今天，TUM 仍继承着 19 世纪以来"应对明天的挑战"的学校目标，并以"人才是我们的资产，声誉是我们的回报"为使命。从 2001—2010 年的 10 年间，其新生增加了 61%，教授增加了 22%，第三方研究经费增加了 78%。是德国第一所被评为卓越的大学，现有 13 个学部（院、系），35000 名学生，500 多名教授。

（二）TUM 的治理结构

TUM 是一所创业型大学，因此其管理和监督结构是垂直的（见图 4 - 9），这样设计的目的在于向各层级授权和进行鼓励。（Kwiek，2008）分

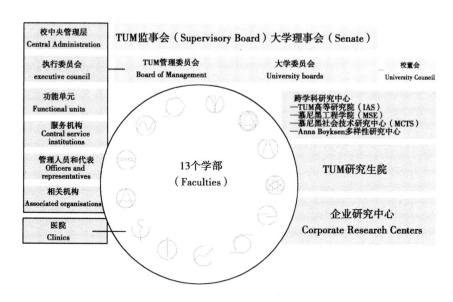

图 4 – 9　创业型大学 TUM 的治理结构

析欧洲大学案例时提出创业型大学的治理结构有三种变革方式：第一种是追求扁平结构，消除中间学术组织；第二种是保持原有层次结构，并加强各层级的权力和责任；第三种是创业型和职业化，即明确责任和风险，成功则奖励，失败则卸任，实践中经常和第一、第二种结合。上述的美国 ASU 即采用的是第一和第三种结合，而 TUM 采用的第二种和第三种的结合，加强了各层级的权利和责任，也加强了职业化，如引进宝马公司的董事进入相关的委员会等。

　　TUM 的 13 个学科归于水平结构之中，并辅以跨学科的综合研究中心（4 个）。同时，在卓越计划的支持下，卓越学科群计划（Clusters of Excellence）是一个创新的、世界级的研究项目。2006 年以后，德国一共设立了 37 个国际知名的前沿研究中心，并且后续还会有所增加。其中 TUM 贡献了 5 个卓越学科群，这些集群将来自不同的学科和机构以及来自行业合作伙伴的研究人员整合在一起。TUM 还设立了一些企业研究中心（CRC）在高度专业领域开展前沿的工作，从中子物理到生命科学领域等。这些中心直接向 TUM 管理委员会汇报。这意味着他们既可以自由地独立于院系来开展基础研究，也可以和产业合开展作应用驱动的研究。

　　（三）TUM 的学科设置

　　如上所述，TUM 有 13 个学部，而这 13 个基于学科的组织名称各有不同，有学部、学院、也有系，如建筑学部下设 23 个教学和研究单位，比较强调用跨学科的方法来研究；又如土木、地质和环境工程学部，其教学和研究项目涵盖多个学科。还有化学系，涵盖现代化学基础研究和应用研究的所有领域。电气工程和信息技术系则是德国同行中最大和研究实力最强的系，外国学生和访问学者的比例也最高，西门子公司是其重要的产业伙伴。

TUM 还有两个比较新的学院，一是成立于 2002 年的管理学院，从商业研究系发展而来，以创业研究闻名，和 TUM 的理工科以及生命科学相结合，使其独具特色，也为学校创业环境的营造作参谋和贡献；另一个是 2009 年成立的教育学院，结合 STEM 的方法来培训教师，亦从事国际比较教育研究，是大学学院"后向一体化"（backward integration）的典型代表。

（四）TUM 学科组织的学术创业绩效概况

TUM 的自然科学、工程科学、生命和食品科学和医学，并辅以技术为导向的管理学院和教育学院，几乎成为了无可匹敌的组合。学校主要通过 TUMentrpreneurship 这项综合行动计划，来不断激励师生及校友，并唤醒他们的创业精神。

自 1990 年以来，学校研究成果的商业化也因此在其衍生公司提供了超过 11000 个工作机会。施穆德排行（Schmude-Ranking）显示，TUM 营造的创业氛围在德国排行第一。每年，慕尼黑工业大学跟科学界和企业界的合作伙伴签署 1000 多项有价值的研究协议。自 1990 年来约共有 368 家衍生企业获得过学校的支持。2012 年这一年提交给学校专利办公室的高质量发明就有 35 项。TUM 鼓励创业，但其学术产出亦未减反增，每年约 5000 篇课题发表在高质量期刊上。

三　TUM 打造学科组织学术创业力的措施

在 Herrmann（2008）校长看来，大学成功有四个关键因素：良好的教育、卓越的研究和创新、教育和研究的不可分割以及提供更大的灵活性。除此之外，要想成功，TUM 还要注重与校外研究机构之间的联盟，如马克斯·普朗克研究所、亥姆霍兹协会等，以提升大学的研究力量，因为在进行科学研究的同时，大学还必须要能通过研究培养优秀青年，这种双重职责必然导致德国和欧洲整个大学系统的调整，无论对于重视研究生教育的研究型大学，或者对于注重培养高质量本科生的大学，皆是如此。与此同时，TUM 还继续巩固与丹麦理工大学、埃因霍温理工大学、伦敦帝国理工学院等学校已经建立的联盟关系。TUM 校长道："如果我们能够形成这样的联盟，那么我对欧洲的未来很乐观。我们大家都应抱以乐观态度，为欧洲大学的未来共同努力，因为欧洲的未来是属于我们的。"（Herrmann，2008）下面主要从学术支撑能力、资源整合能力、管理支持能力、机会探索能力对 TUM 的措施打造学科组织学术创业力进行剖析：

（一）学术支撑能力

1. 优良的师资队伍结构

TUM 至今共有 13 名教师获得过诺贝尔奖，还有众多的莱布尼茨奖以及洪堡教授职位，学校自身也会赋予教师一些有声望的奖项和荣誉。学校注重从全世界范围内的大学、企业或科研院、研究所揽才。近年来，TUM 不断优化教师队伍结构，提高学术人员比重，精简非学术人员，扩大女性及来自国外的学术人员比重；为优秀人才营造宽松的学术环境，解决他们生活方面的各种困难，使得科学家能心无旁骛地全身心工作。其中，自 2008 年来共有 4 名洪堡教授加盟 TUM，这代表了 TUM 在人才引进上的国际竞争力十分强大。

2. 与学科匹配的生源

TUM 约有 26000 的学生，23% 来自国外。学校不仅希望能吸引招收最优秀的学生，也期望学生的才能和爱好能与在学科的选择上实现最佳匹配。科学家和专业人士针对学员不同的学科背景和经验来培养，包括从学士和硕士学位以及到博士和博士后的候选人。为此，1998 年，TUM 针对大部分课程计划引入了入学倾向性测验（aptitude tests for admission），目的是基于候选人的兴趣和禀赋而确定哪些学生最适合特定学习计划的学习。除此之外，TUM 近年来还给大一学生开设了专业概论课程，主要由具有多年社会或产业界经验的导师讲授，对职业生涯和专业领域前沿进行疏导。这大大减少了毕业前放弃学习计划的学生数量，而之前在不同学科领域，统计约有 20%—50% 的学生会提前放弃自己的课程学习计划。入学倾向性测验通过这种个性化、多样化的选拔方法，促进了 TUM 对优质生源的竞争，也为高质量人才培养打下了扎实基础（吴伟，2010）。

3. 广泛的社会网络

TUM 的创业者受益于该大学的广泛的合作伙伴，包括从企业、政府、政策和科学部门三者构成的网络。创业者可以在这里测试他们的商业计划，向成功的榜样学习。并在创业网络中分享和不断提升他们的经验。

TUM 有一个国际校友网络，包括大约 45000 成员，遍布全球。从其杰出校友的评价中，我们可以大致判断其成就，TUM 研究生院院长 Ernst Rank 教授道："TUM 是一个有无限机会的地方"；校办企业 TUM 国际有限公司的 CEO，Evelyn Ehrenberger 博士道："TUM 是一个强大的品牌"；宝马集团 CEO，Norbert Reithofer 博士道："TUM 是我的学术之家，为什么它至今仍吸引着我？那就是创业思维！"

（二）资源整合能力

1. 紧密联系企业

TUM 校长认为，与产业界紧密联系的精英大学（Die Unternehmerische Elite-Universitaet）是 TUM 的全球性标志，TUM 和欧洲众多名企有着紧密的科研、教育和经济联系，为使科研成果能快速用于教学和用于实践提供了外围保障。此外，TUM 还加强了与校外科研机构的联系（如马普所、亥姆霍兹协会），在进行科学研究的同时还以此种方式培养优秀青年。

如土木工程和测绘学院攻读土木工程和建筑材料工程的学生在学习期间，可在学院的测绘公司、实验室等兼职工作。TUM 的科研与企业联系紧密，使得高和低年级的学生以及在博士阶段的研究生，都可以来从事应用性研究和学习，从而在毕业后就可轻松地融入工作环境。

2. 独特、集成的创业教育

TUM 创业教育的核心目标是通过独特的，集成的教导，识别这个时代所面临的挑战，并开发能可持续发展的企业解决方案和商业模式，以激励下一代的企业家。其任务是让 TUM 的学生和科学家有机会学习创业的基础，并让他们觉得创造事业也是他们的一个职业机会。

创业教育主要通过管理学院和 UnternehmerTUM 以及 TUM 众多的学科组织提供（TUM，2013）。我们可以从其校友的论述中体会到 TUM 创业教育的独特之处，亚洲学生 Chirag Tejuja："我们上课时一个班就 15 个学生，这样能确保每位学生与讲师都有充分互动的机会。但班级规模小并不意味着缺乏多样性，在国籍上我们一个班有 5 个中国人、4 个印度人、3 个印度尼西亚人、2 个马来西亚人和 1 个法国人。而在学科分布上，我们有 8

个工程学科、6 个化学学科、1 个药学的学生。这样就保证了知识可以跨国籍、跨学科边界流动，就类似当今的跨国公司。"

TUM 的创业教育涵盖建立一个企业的各个阶段（STARTUM，见表 4 - 2），确保他们教学的内容和方法是以实践为导向，以需求为基础的。

表 4 - 2　　　　　　　　　TUM 创业教育步骤（STARTUM）

缩写	创业阶段	TUM 在创业各阶段的教育内容
S	感知（sense）	除了做雇员，还能做？
T	接触（touch）	接触真正的创业者！
A	评估（Assess）	我想不想创业？有多想？
R	识别（Recognize）	成为创业者必须要做什么？识别机会、收集一切所需信息！
T	实践（Take-off）	我怎么开始我的企业？
U	理解（Understand）	我怎样才能更了解创业理论？
M	更进一步（More）	通过尖端研究如何推进其更进一步？

3. 及时把技术和市场等前沿知识整合到课程计划中

近年来，TUM 注重课程计划调整上与产业界的沟通合作，使对人才培养更具针对性，例如通过对毕业生就业去向的调研反映出 TUM 毕业生大多毕业后从事技术管理岗位，因此在所有专业都开设管理学课程，培养学生管理能力。当然，那些与企业相关的重要的其他非技术知识也已经列入许多学院学生的学习范围，如外语能力等。

TUM 的教学计划时刻注意将最新科技成果、新近信息资料引进课程，提高信息学在各专业教学中的地位。TUM 的学生在大一时就可以参与企业赞助项目中的时间管理、工作技巧和学习方法的培训。再如信息学院（Faculty of Informatics）提出培养学生的社会交往与经济管理的能力是非常重要的，所以要让所有学生都将接受管理、法律、沟通和团队合作的基础教育，密切关注企业的需求，开设实用方向的课程，把学生培养成为未来商业社会中的可以相互合作的对象。经济学院的 MBA 培养项目，与莱比锡管理研究生院（Leipzig Graduate School of Managment）、Unternehmer-TUM 及麦肯锡公司（McKinsey & Company）、Intel 公司合作，注重人才的创业创新能力培养，把管理能力培养、创业能力培育结合起来，通过创业体验、管理科学学习等方式提升学生的综合能力。

4. 稳步推动创业文化

TUM 通过一系列里程碑式的事件来推动学校的创业文化。如 2002 年，在宝马公司董事苏珊·克拉滕（Susanne Klatten）的赞助下，学校成立 UnternehmerTUM，即 TUM 的创新创业中心（Center for Innovation and Business Creation），这被视为学校推动创业，提升创业文化的里程碑，如今已经发展为欧洲最大的基于学校的创业中心。2004 年，利用林德公司（Linde）提供的年度捐赠，TUM 建立了卡尔·冯·林德学院（Carl von Linde Academy），用以关注学生早期创业精神培育，提高学生的责任意识。通过利用、整合各种资源，将其逐步内化在学校的创业文化中是 TUM 的重要经验。

5. 提供创业所需的商业管理技巧的支持

在慕尼黑工业大学，创业研究在各部门，尤其是创业和财务研究中心（CEFS）都很受重视，它们的见解保证 TUM 的初创企业获得高质量的支持。比如：企业家如何作决定、企业家情绪起到什么样的作用、如何保护发明和知识产权等都包括在内。

（三）管理支持能力

1. 政府政策引导

德国政府对创业相当重视，因为政府认为，创业不仅可以解决就业问题，还可以促进竞争和经济结构的转型，同时又是创新的源泉。如今创业已经成功融入到德国的教育科研体系中，实现了科研、教育和创业三者的有机结合（孙博，2013）。

TUM 认为创业是基于发明和科学研究的。2011 年，TUM 启动了"TUMentrepreneurship"计划来鼓励学校大部分的研究者进行创业，而学校通过努力，竞争获得了德国联邦经济技术部的 270 万欧元的资助来推动。

2. 启动全校性的创业支持项目——TUMentrepreneurship

如上所述，学校是通过"TUMentrepreneurship"计划来鼓励师生进行创业。这项行动计划重点突出，主要支持四个"未来技术（Technologies of The Future）"领域：信息和通信技术、医疗技术、清洁技术和生命科学。而该行动计划的目标很明确：积极推动基于研究的初创企业的发展。因此该项目有四大战略要素，高效的衍生（spin-off）流程、创业网络、创业实践、创业文化相互支持，并不断地被进一步发展（见图 4 – 10）。

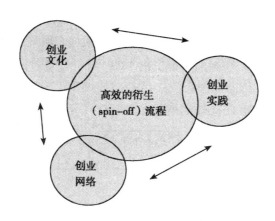

图 4 - 10　TUMentrepreneurship 计划的四大战略要素

3. 专业的服务学术创业的办公室

学者和学生，若对将新技术推向市场感兴趣，那么在 TUM 他们不是孤独的。那些想把从他们的研究成果中获得的好想法转化为现实的学者或学生将会在他们的新业务的各个阶段获得专家咨询和指导，慕尼黑工业大学通过提供专业知识支持来促进初创企业的形成率。

如上述已提到的 UnternehmerTUM，它是 TUM 创新创业的推动中心，在欧洲亦是数一数二的。该中心旨在积极促进解决社会挑战，从而加强德国未来的可持续发展。是人才、技术、资金和客户等汇集地。UnternehmerTUM 通过应用一个系统的过程，来识别、开发和实施的创业机会。主要为那些尖端的科技与具有国际市场的潜力创业公司投资。

TUM 的技术转移办公室称为 TUMForTe，是 TUM 所有和产业合作相关的研究的第一个接触点和中央协调办公室。下设有专利和许可办公室，负责积极推广新技术，代表 TUM 负责合同（保密协议，购股权，授权和收购协议等）的谈判。还设有产业联络办、侦查和孵化办（Scouting & Incubation）、创业教练办（Start-up Coaching）。创业各环节都有成熟的政策、协议模版，对于那些对学校有战略意义的合作合同，将直接进入绿色快速通道，非常之高效。

4. 设立专门的创业管理委员会，进行强有力的领导

TUM 设立专门的创业管理委员会来管理 TUM entrepreneurship 这个全校性的项目（见图 4 - 11）。其成员来自校管理委员会（TUM Board Management）和 Unternehmer TUM，即由 TUM 校长、分管资源和组织的副校

长、分管创业和知识产权的副校长以及 Unternehmer TUM 的 CEO 四人组成。委员会的每一层级和四个具体的战略要素均有明确的教授或主管部门来负责。比如创业流程和创业网络由 Unternehmer TUM 负责，创业文化由 TUM ForTe 负责。从而确保在该委员会的协调下，TUM 全校的创业战略、流程和创业活动能有序高效地进行。

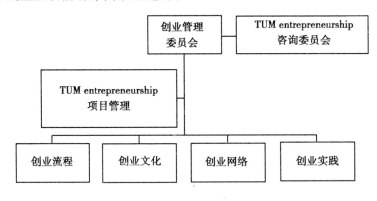

图 4-11   TUM 创业管理委员会组织结构

（四）机会探索能力

1. 推动跨学科网络合作

TUM 的 13 个基于学科的组织是其学术根基，但如上述提到的建筑学部、电气工程和信息技术系等也都非常鼓励用跨学科的方法进行教学、研究和创业。

浙江大学课题组（2008）曾调研过 Weihenstephan 生命和食品科学中心，这亦是 TUM 的 13 个学科组织中的 1 个，也是唯一一个叫中心的学科组织。原先的学院已经由矩阵结构的研究部门和学院所取代。这个新的矩阵结构推动了跨学科的合作，并使教学方法更加灵活。在矩阵的节点上，教授或与研究相关，或与教学相关，或与跨越学科的重点研究所和中心相关，旨在为师生、校友、管理人员和其他目标群体提供更好的社会服务和更好的培养质量。该中心的教师的专业有生物科学、生物技术、农学、林学、生态学、生态系统管理、营养学、食品科学和生命科学工程等等，充分地结合了基础研究和应用研究来面对 21 世纪的挑战。

2. 建立跨学科研究中心，注重互补和结果导向

TUM 同时鼓励（旨在促进一般的科学知识和见解的）基础研究和（重点放在定义问题和具体解决方案的）应用研究。互补性的研究链既能

塑造知识，也能通过与行业伙伴合作创造能转移到社会的技术。每年，慕尼黑工业大学与科学界和产业界都会签署 1000 多项的研究协议。

为了应对复杂的研究，TUM 除了学科卓越和跨学科网络"两张王牌"，还有一项重要的措施，就是建立 4 个跨学科研究中心（Integrative Research Centers）。因为在今天复杂的社会中，一些问题需要来自不同领域的专家一起努力攻克，那么如何来集合他们？谁来发起和协调那些重大长期的研究计划？TUM 的跨学科研究中心提供了理想的网络枢纽。在这中心里，不同部门的成员并肩作战，不管职称高低，唯一重要的就是围绕共同研究主题共享利益，TUM 的一些跨学科研究中心，如 MSE 和 MCTS 还有权授予博士学位。这种整合的、结果导向的方法有利于全面协调 TUM 巨大的学术板块，最终获得成功。

如"高等研究院"（TUM-IAS）是一个横跨各学科的跨学科中心研究院，它的基本理念是：有效地整合资源，为顶尖水平的研究人员和学术型教师创造一个能够使他们自由发挥聪明才智和创新能力的平台。TUM-IAS 为校内高级研究人员提供充分的研究空间，汇集工程科学和自然科学学科文化，协调生命科学与医学学科领域研究人员之间的关系，引进国际同行加入研究团队（目前 27 名研究人员中有 13 名来自海外）以及介绍优秀学生在开始学位课程后尽快展开研究工作。TUM-IAS 注重形成基于创新、自由与非官僚形式的氛围，对优秀研究人员来说，它是提高生产力，涌现杰出科学成就的源泉。TUM-IAS 将为国际上受到赞誉的科学家提供一个支撑他们创新思维的环境，他们无须为近期的功利标准所束缚，国际领先的科学家有机会在一个理想环境中进行跨学科研究，而不必承担教学任务，学校将全力支持他们开展全新而富有挑战性的科研项目。学校希望 TUM-IAS 像传奇的普林斯顿高级研究所一样，激励创造、灵感和全球顶尖科学家的互动，带动 TUM 的四大学科（自然科学、工程、医学和生命科学）提升到一个新的国际水平。

3. 良好的创业传统和创新的用人机制

卡尔·冯·林德（Carl von Linde）教授是慕尼黑工业大学的第一个学术创业家。1877 年，他为了深化在机械制冰系统领域的研究，成立了林德制冰机有限公司，也为今天全球关注的"林德集团"奠定了基础。先辈的创业精神被完整地继承下来。

慕尼黑工业大学还有许多激励机制。比如 TUMentrepreneurship 行动计划主要是指导并鼓励四个学科领域即信息和通信技术、医疗技术、清洁技术和生命科学进行创业，鼓励它们为社会价值和经济的增长作更多的贡献。在 TUM，高水平的教学将与高水平的研究受到同等对待，如学校正努力争取将欧洲以外的学者纳入它的 17 项用英语授课的硕士研究生课程计划，并为一线教师提供丰厚薪金。在从企业界招聘教师时，学校也把在工业界的实践与在大学的经历等量齐观。

TUM 认为其最大胆的新措施就是教授终身制（Faculty Tenure Track System），这在德国是独一无二的。它为年轻有为的学者提供和允诺了清晰、长远的职业前景，计划到 2020 年，达到 100 名。这项措施还预留了些职位专门给女性学者。这项针对高级学者的野心勃勃的招聘计划以及家庭友好式的配套项目，确保了 TUM 在顶尖人才中的竞争力，亦是学校未来成功的关键。

四　TUM 对我国学科组织打造学术创业力的启示

（一）政府要加强对创业型大学建设的引导和支持

除了上述的竞争性的"卓越计划"，德国联邦政府还有如"德国创业周""Exist-创业文化与创业高校"竞赛等一系列专门支持创业的政策计划，极大地激发了高校师生的创业激情。

德国大学一般都有创业支持服务机构。比较成功的除了本书中提到的 TUM，还有如位于勃兰登堡州的波兹坦大学，这所大学曾在 2009 年德国大学创业教育与创业支持评分获得第一，并且连续四次得到德国政府"Exist-知识创业"计划的资助。波兹坦创新创业中心是波兹坦大学创业支持工作的负责机构，亦有四大任务，分别是创业教育、创业研究、技术转化和创业支持（孙博，2013）。

创业型大学在我国目前还不是主流，在现有评价体系中处于劣势，政府多是口号而没有实质性的资金支持。因此，国家和地方政府亟须制定相应的鼓励支持政策。从德国在其逆境中的经济增长经验来看，大学生自主创业扮演着相当重要的角色。

（二）制定系统的创业战略，加强管理支持、创新用人机制

我国高校当前较少有高校制定系统的创业战略。在英国帝国理工学院的案例中，我们可以看到它有很明确的 6 个战略主题，同样德国 TUM 制订的全校范围的 TUMentrepreneurship 计划亦包括高效的衍生（spin-off）流

程、创业网络、创业实践、创业文化四大战略要素。并且还设立了专门的创业管理委员，其咨询委员会中有来自德国一流的企业宝马公司的董事。

（三）人文社科要"傍大款"，充分利用学校的优势学科、特色学科

TUM 的管理学院和教育学院是大学学院"后向一体化"（backward integration）的典型代表，对于我国一些大学人文社科的发展有一定借鉴。

第六节　小结

本章对美国、德国、英国大学打造学科组织学术创业力的案例研究以本书通过访谈研究构建的学术创业力理论模型为框架展开，全面关注其国家层面、学校层面、学科层面、产业层面等的相关措施，不仅为我国大学的学科组织的学术创业实践提供了借鉴，还充实了后续学术创业力构成要素的定义和测量的理论和文献支撑，并为学术创业力作用于绩效的机制的探究打下了基础。

通过国外一流大学打造学科组织学术创业力的案例复合分析（见表4-3），对于我国大学至少有以下几点有价值的启示：（1）更新理念，系统的战略规划；（2）学科要提升创业绩效，需与产业紧密联系，尤其是和区域产业的无缝嵌入；（3）注重平衡：学术和创业平衡、基于学科的创新和基于问题的跨学科合作的平衡、基础研究和应用研究的平衡；（4）强大专业的转化平台支撑。

表4-3　　国外一流大学打造学科组织学术创业力的案例复合分析

	美国 ASU	美国斯坦福	英国 IC	德国 TUM
学校地理位置概况	亚利桑那州，早期以第一产业为主，现高科技制造业迅速发展	加州北部硅谷，高技术产业，电子工业和计算机业的王国	伦敦西部，主校区位于南肯辛顿（富人区），学术机构密集的区域	德国面积最大、最富裕的巴伐利亚自由州，几十年间完成以农业为主到高科技工业巨大转变，汽车制造业为核心产业
学术支撑能力	1. 学科和创业互嵌；2. 学院设计上注重学术特色	1. 引进和培养一流的学科带头人和团队；2. 建设先进的基础设施；3. 促进学科成员良好的团队协作	1. 高水准多元化的学科团队；2. 基于学科的自下而上的创新哲学；3. 投资建设先进基础设施	1. 优良的师资队伍结构；2. 与学科匹配的生源；3. 广泛的社会网络

	美国 ASU	美国斯坦福	英国 IC	德国 TUM
资源整合能力	1. 通过科技园与产业界密切合作； 2. 运用资金杠杆，整合各种社会资源	1. 保持与产业界密切联系； 2. 地理优势及能对接邻近学校的产业需求； 3. 保证教学和科研密不可分； 4. 整合技术和市场知识到专业课程中； 5. 努力整合外部资源到学科组织内部	1. 基础研究和应用研究不分离； 2. 鼓励与产业界等外部利益相关者合作； 3. 注重整体智力开发的人才培养机制	1. 紧密联系企业； 2. 独特、集成的创业教育； 3. 及时把技术和市场等知识整合到课程计划中； 4. 稳步推动创业文化； 5. 提供创业所需的商业管理技巧的支持
管理支持能力	1. 变革学科组织，迈向学术企业； 2. 协同合作，高度网络化	1. 争取政府的支持； 2. 建立专职服务学术创业的办公室； 3. 学校设立大量支持学术创业的项目； 4. 学科成员创业时能获得商业管理技巧的帮助	1. 政府的一系列政策支持； 2. 学校对创业的战略支持； 3. 建立技术转让办公室——帝国创新集团	1. 政府引导； 2. 启动全校性的创业支持项目； 3. 专业的服务学术创业的办公室； 4. 设立专门的创业管理委员会
机会探索能力	1. 建立自定义式跨学科组织； 2. 提供大量首创活动，激发师生创业激情	1. 跨学科的网络活动支持； 2. 良好的创业传统； 3. 注重围绕现实问题； 4. 鼓励创业的激励机制	1. 加速跨学科合作研究； 2. 师生较强的创业意愿； 3. 注重围绕现实问题； 4. 科研为重，适当鼓励创业	1. 推动跨学科网络合作； 2. 建立跨学科研究中心，注重互补和结果导向； 3. 良好的创业传统和创新的用人机制

第五章

学科组织学术创业力作用于
绩效模型实证研究

第一节　变量的定义和测量

一　因变量的定义和测量

如上所述，注重绩效提升是学术创业的终极目的。已有的研究多是从大学层次或个人层次对学术创业绩效进行评价，从学科组织层次进行评价的还较少，提法也各异，但这些学者的观点对本书有着重要的启示。

在国外，学者们普遍直接用组织绩效指标来测量学术创业绩效。该领域较有影响力的是 Shane（2004），他在著作里定义了大学准公司（University Spinoffs）的概念：由学者或学生创造的在学术机构里面的用来开发知识产权的新公司，并以此来评价学术创业绩效。他系统研究了 TTO 的特征、制度环境、技术转移类型、大学文化、产业特征、学者角色、形成过程等影响因素与 Spinoffs 形成率的关系。Di Gregorio、Shane（2003）以大学技术许可办公室（TLO）里 5 年内初创公司的形成率作为学术创业绩效的评价指标。Chang & Yang et al.（2009）用专利、许可、新创公司来作为学术商业化绩效的评价指标。Owen-Smith & Powell（2003）在研究大学生命科学学科如何学会商业化研究，并发展有效专利能力时，用前沿引用数和重大专利来作为评价指标，指出商业化网络有着巨大的价值，但是太多的联系会破坏高影响专利的稳定流动。

在国内，学者们则从产学合作的角度各有提法：如产学合作绩效（IUCP）可用"在新产品新技术或新工艺开发方面有重要进展；发表了许多与项目有关的研究成果；实现了预期目标（如技术创新利润收益等）；项目合作中的沟通协调是令人满意的；愿意在未来继续开展更深层次的合作"五个测度题项来测量（李世超、苏竣等，2011）。也有用财务、技术创新、技术转移和满意度四个方面的指标共同反映企业参与产学合作的绩效（谢志宇，2004）。

综上所述，专利是最常见的学术创业绩效的评价指标，学科组织亦适用。当然也有反对意见，如有学者提出专利不能完全指代知识创造和转移的本质（Agrawal & Henderson，2002）。Owen-Smith、Powell（2001）、Coup E（1998）的调研也发现对于一些学术组织的大部分学者，出版物（publications）仍是他们最喜欢和最有价值的产出。Walsh & Huang（2014）通过美国和日本学术创业的比较，发现日本强调用专利来测量学术创业绩效，而美国更普遍用的是产业资助（industry funding）。而 Mars（2010）提出学术创业不管是市场导向还是非市场导向，现在都要更注意平衡，要注重价值创新，既要考虑有形价值，也要考虑无形价值。Gulbrandsen（2005）在调研挪威1967名大学终身教授的产业资金投入与绩效产出关系时，应用学术产出、创业产业及学术和创业相结合的产出进行绩效评价。笔者在走访调研浙江农林大学时，发现其对学科组织学术创业的业绩评价根据创业投入和产出（经济效益及对学科专业建设、对培养学生创新创业能力、对提高学校学科社会声誉的贡献度），并且采取定量与定性相结合的方式进行评价与计算。因此本书对学科组织学术创业绩效的评价主要采用李克特量表7级打分法，而选用的主观评价指标主要包括学科组织有形的产出（出版物、专利、咨询收入等）和无形的产出（满意度、社会声誉等）指标，后续研究将结合问卷的因子分析进一步优化，这亦是本书可能的创新之处。对因变量的测量及相关支撑文献见表5-1。

表5-1　　　　　　　　　学科组织学术创业绩效测量指标体系

学科组织学术创业绩效	相关文献
Y1 学科成员和产业界对学科组织均较满意	Mars，2010；谢志宇，2004；李世超、苏竣等，2011 等
Y2 学科组织结合创业活动发表了较多高水平课题	Owen-Smith & Powell，2003；Van Looy & Ranga et al.，2004；德国 TUM；英国 IC 等
Y3 学科组织培养的学生的创业能力较强	美国 ASU、斯坦福、SIT 等
Y4 学科组织有较多高质量专利和咨询收入	Agrawal & Henderson，2002；Owen-Smith & Powell，2003；Chang & Yang et al.，2009 等
Y5 学科组织获得了较多省部级以上奖励	陈艾华，2011；访谈资料等
Y6 学科组织的科研成果总是能实现成果转化	Shane，2004；Di Gregorio & Shane，2003；访谈资料等

学科组织学术创业绩效	相关文献
Y7 科研到款中横向项目所占比重很高	Di Gregorio & Shane, 2003；德国 TUM，访谈资料等
Y8 科研成果转化活动为本学科积累了学术声誉	美国斯坦福等案例、访谈资料等

二　自变量的定义和测量

除了上述提到的 Shane（2004）的准公司形成率、Gregorio（2003）的初创公司数和 Chang & Yang et al.（2009）的二元结构分析时所采用的自变量，还有如 Van Looy（2004）基于不同学科的调查，Brennan（2005）的学术创业五层次三阶段框架以及（Grimaldi & Kenney et al.，2011）对国家层次、大学层次、个体层次学术创业力的打造的研究等等。Bloom（2006）认为组织创业能力的打造取决于管理支持、职员自治、奖励机制和跨越组织边界。而尹承梅、吴太山（2007）则在调研湖北省七所教育部直属高校的重点学科后提出影响其服务区域经济的主要问题是科技成果转化平台不完善和服务机制不健全等因素。

如上所述，由于管理者需要同时了解多层次的组织问题，组织理论中的中观理论（meso theory）将微观层次和宏观层次相融合，探究不同层次的影响因素。这亦是本书在捕捉学科组织学术创业绩效影响因素时采取的方法之一，即综合考虑微观、中观、宏观三个层次的影响因素，并将之融合在学科组织层次。

首先在国家层次：如 Rasmussen（2011）用委托代理理论对挪威分析后指出，政府支持项目（Government Support Programmes，GSPs）对学术创业有一定的刺激作用，但是这角色往往不容易被理解，政府支持项目能减少政府和研究商业化代理人间委托代理中出现的反向选择和道德风险问题。政府的主要任务包括收集和共享信息，长期从事委托代理关系，发展战略和具体合同的关系，用风险代理规避高风险及运用多指标。Goldfarb（2003）认为瑞典自上而下的国家政策和学术环境不利于学者研究的商业化，而美国对研究资金竞争的制度对学者发明的商业化有着积极作用。

其次在组织层次：Kenney（2004）在分析教授创业模式差异的原因时指出嵌入的学科文化有助于创业活动。而 Markovska（2008）提出了奖励机制对组织创业文化的建立十分必要。Markman & Gianiodis et al.（2004）则在研究奖励制度对美国大学的创业活动是否有影响时，指出若奖励给个人或学科系部对创业活动是负相关的，则奖励给 TTO 则是正相关的。也有学者指出产业资金和学术产出、创业产出（专利、商业化产品、新公司、咨询合同）是正相关的（Gulbrandsen & Smeby，2005）。Colyvas & Powell（2007）；Colyvas（2007）则研究了斯坦福大学生命科学学科的学术创业如何从脆弱到受尊重、从不常见到普及的制度化的过程。Siegel & Waldman et al.（2003）通过 98 位产学合作利益相关者的实证，得出学术创业的主要障碍是官僚体制的不灵活性、文化冲突、差劲的奖励制度和 TTO 的低效，因此相应的对策就是消除文化和信息障碍、灵活的大学政策、改进职员实践、给更多的资源、奖励参与学术创业、鼓励非正式关系和社会网络。之后他又访谈了 55 位产学合作利益相关者，认为给 TTO 配置更多资源、增加大学的灵活性等对学术创业绩效有正面影响（Siegel & Waldman et al.，2004）。

最后在个人层次：Wright & Clarysse et al.（2012）提出学术创业的相关研究容易忽略企业家的作用，建议要考虑学术企业家在学界和商界的流动性和学术企业家的行为和认知过程，还要考虑大学的异质性，尤其是领先的研究型大学中，特定学校里面学院、学科间的创业文化的显著差异，同时关注学术创业的政策要对情境（Context）和个人敏感。Gurau & Dana et al.（2012）从个人层面，即学术企业家角度，将学术创业分为三类模式：学术创业经理（Academic entrepreneur manager）、学术项目经理（Academic project manager）、学术科学顾问（Academic scientific advisor），在此基础上通过对英国生物技术公司里的 26 个学术企业家的半结构式访谈，以创新专利（innovation patents）的数量、从学术机构得到许可（licenses）的数量、与科学协作的数量三个指标为绩效，得出项目经理模式对总绩效影响最大。而在分项绩效上，项目经理模式对专利数影响大，科学顾问对应的是许可数量，而创业经理则是对应科学协作数量等等。Colyvas & Snellman et al.（2012）则研究了性别差异对医学院学术创业绩效的影响。Jensen & Thursby（2013）提出要根据学者研究生命周期来促进学术创业绩效，学者的机会探索能力取决于其先前的创业经验和卓越的学术基础，机会开发能力取决于创业经验、产学合作及资源整合（D. Este & Mahdi et al.，2010）。

综上所述，影响学科组织层次的学术创业绩效因素是多样且复杂的，而学科组织的学术创业力是一系列内部要素和外部要素的组合，结合上述国内外文献和理论基础、访谈、案例，并在 Rasmussen & Borch（2010），Rothaermel & Agung（2007）和 O'Shea & Thomas J. Allen et al.（2004）的学术创业分析框架基础上，再结合第二章学科建设的相关文献，得出以下分析。

（一）学术支撑能力的定义和测量

该构面较有代表性的还如宣勇（2007）得出大学学科组织带头人的学术能力、组织协调能力、社会活动能力、创新能力和学科组织成长规律间的关系。再如 Chang & Yang et al.（2009）得出大学要建立一个双元结构的组织来同时确保研究卓越和研究的商业化，而根据第二章的组织二元能力综述，它会受高层管理者（学科带头人）、高层管理团队（TMT）、社会网络等较大作用。Friedman & Silberman（2003）则通过对美国研究型大学的研究发现，学者的质量会影响大学的披露数（disclosures）。而（Ponomariov & Boardman，2008；D. Este & Patel，2007；Ponomariov，2008）得出了相反的结论：组织层次的学术质量与学者参与学术创业活动频次负相关。Sine & Shane et al.（2003）提出机构的声誉对组织的许可数有影响。再如对中南大学学科访谈发现："粉末冶金研究院产学合作成果之所以能够显著，很重要的原因在于其平台建设非常齐备，粉末冶金基础理论研究所、粉末冶金制备技术研究所、粉末冶金测试技术研究中心、粉末冶金设备研究开发中心等等一应俱全，形成了完整的发展链条"。综上所述，本构面的具体测量指标及相关支撑文献见表5-2。

表5-2　　　　　　　　学术支撑能力的定义和测量

学术支撑能力构面	相关文献
AX1 学科带头人学术研究能力强	Wright & Clarysse et al.，2012；Clarysse，2011；Zucker，1999；宣勇，2007 等
AX2 学科带头人组织协调能力强	O'Reilly & Tushman，2011；O'Reilly & Harreld et al.，2009；宣勇，2007 等
AX3 学科带头人有广泛的社会网络	Chang，2009；组织二元理论；宣勇，2007 等
AX4 合理的学科成员梯队结构	Owen-Smith，2003；Chrisman，1995 等
AX5 学科内部成员间能良好地团结合作	O'Shea，2004；Chang & Yang et al.，2009；Friedman，2003 等

续表

学术支撑能力构面	相关文献
AX6 学科有良好的创新平台（实验室、中心）	Clarysse, 2011；苏跃增, 2006；斯坦福工程学院、访谈资料等
AX7 学科组织有良好的社会声誉	Sine, 2003；O'Shea, 2004；美国斯坦福、德国 TUM、访谈资料等

（二）资源整合能力的定义和测量

该构面比较有代表性的如 Friedman（2003）研究发现更多的奖励、邻近高科技集中地、明确的使命、TTO 的经验等会促进大学披露数的增加。实践中，美国史蒂文斯理工学院（SIT）针对组织层面的学术创业力用"SIT 的教育活动重视将技术和市场知识整合进课程""SIT 的科学研究聚焦能创造经济价值的科学突破和技术进步""SIT 支持产学研、产学学等合作研究""研究的技术发明能迅速商业化"四个题项来测量。本构面的具体测量指标及相关支撑文献见表 5 - 3。

表 5 - 3　　　　　　　　资源整合能力的定义和测量

资源整合能力构面	相关文献
RX8 学科的研究能快速回应产业界的新发现	Hall & Link et al., 2003；Rasmussen & Mosey et al., 2011；叶飞帆, 2011；德国 TUM 等
RX9 学科善于在产业链中捕捉主流研究方向	Friedman, 2003；Kenney & Goe, 2004；德国 TUM 等
RX10 面对不确定性情况更倾向采取大胆积极的态度	美国 SIT 的 AE 问卷；美国 ASU
RX11 学科成员有一定时间自主与产业合作交流	Siegel, 2003, 2004；美国斯坦福等
RX12 学科成员内部知识共享、学习型文化好	Brennan & Mc Gowan, 2006；；邹晓东, 2003；肖楠, 2010 等
RX13 学科组织邻近能提供较多的需求的产业	知识管理理论；Friedman, 2003；Saxenian, 1994、访谈资料等
RX14 能把技术和市场的知识整合到学科专业相关课程	美国 SIT 的 AE 问卷；Bodwell & Chermack, 2010；访谈资料等
RX15 本学科的学生培养能受到产业界的帮助	三螺旋管理理论；Etzkowitz, 2003；美国 ASU 等
RX16 学科的科研能把外部资源整合到学科组织内部	美国 SIT 的 AE 问卷；美国斯坦福；英国 IC 等

（三）管理支持能力的定义和测量

该构面较有代表性的还如 Coupe（2003）研究发现给学者更多的金钱以

及建立 TTO 对专利产出来说均有正面影响，而法案的建立（Bayh-Dole Act）等无显著影响。Lee（1994）研究则发现，学术研究能否商业化取决于大学减少风险的速度和能力。Rasmussen & Mosey et al.（2014）则提出即使有大学层面的支持，若没有系部层面的支持，学术创业绩效亦会受影响。Hsu & Kenney（2005）提出大学的领导对学术创业绩效有重要影响。再如在浙江大学访谈时受访者认为："高校教师无法独立创业的关键原因在于现在很多教授都单枪匹马地进行研究，没有综合性团队，不懂得进行规范化管理。""在学术创业过程中，江苏省政府不但提供了资金、土地、税收方面的支持，而且合理运用了自身资源为企业带来便利，政策较为灵活。他对政府后续改进建议是，应减少参与企业的数量，集中精力服务好那些已参加产学合作的企业"。本构面的具体测量指标及相关支撑文献见表 5 - 4。

表 5 - 4　　　　　　　　　管理支持能力的定义和测量

管理支持能力构面	相关文献
SX17 学科领导对本学科创业很重视	Van Looy，2004；美国 ASU、访谈资料等
SX18 政府鼓励本学科创业并制定了相应的政策	Rasmussen & Mosey et al.，2011；Goldfarb，2003 等
SX19 学校鼓励本学科创业并制定了相应的政策	Di Gregorio，2003；Wright & Birley et al.，2004；Lee，1994 等
SX20 学科成员创业能获得商业管理技巧的帮助	英国 IC，德国 TUM，访谈资料等
SX21 学科的创业活动能有科技转化平台帮助	Siegel，2003；Coupe，2003；美国 ASU、访谈资料等
SX22 学科能获得专职服务学术创业的行政机构或办公室的帮助	Clarysse，2011；顾征，李文，2011；德国 TUM、访谈资料等

（四）机会探索能力的定义和测量

该构面较有代表性的如 Laukkanen（2003）发现，教师的无意的功能障碍性态度是大学追求第三使命的主要阻碍。Henrekson（2001）在分析瑞典大学的激励结构的弱点后，提出要建立创业型大学，需要有更强的个体激励。学者是否进行学术创业，取决于他们的学术、创业经验以及所在环境的激励机制（Bekkers，2010）。工作分权对中层管理者的创业行为有影响（Hornsby & Kuratko et al. 2002）。再如在浙江大学访谈时，某国家千人学者提道："高校教师在与企业合作时，应有一支不为写课题、不为学术而奋斗的团队。教师应当灵活地变换自己的位置，将学术追求和公司利益区分开来。与此同时，在承接企业项目时，教师应当正确认识自己的能力，不要承诺自己无法实现的事情，可侧重选择较为学术性的项目。"综上，本构面的具体测量指标及相关支撑文献见表5-5。

表5-5　　　　　　　　　　　机会探索能力的定义和测量

机会探索能力构面	相关文献
OX23 学科带头人有一定的创业经验	Grandi & Grimaldi, 2005；Gurau & Dana et al., 2012；Clarysse, 2011；Owen-Smith, 2003；黄超等，2011 等
OX24 学科成员有创业意愿	Wright, 2012；Laukkanen, 2003；Henrekson, 2001 等
OX25 学科带头人有一定的自主权（人、财权）	Hornsby & Kuratko et al., 2002；组织二元理论；访谈资料等
OX26 学科注重围绕现实问题的进行学术创业	美国 ASU；张鹏，宣勇，2011 等
OX27 学科允许打破正规程序保持一定灵活性	美国 SIT 的问卷；组织二元理论；访谈资料等
OX28 有鼓励创业的激励政策	Markman, 2004；Siegel, 2003, 2004；Bekkers, 2010 等
OX29 学科组织能获得良好的跨学科网络活动支撑	Rhoten, 2004；张炜，2012；陈艾华，2011 等

三　控制变量的定义和测量

由于学科组织相对个人层次及大学层次属于中观层面，因此必须把学科规模和学科重点级别等变量控制起来（Moon, 1999；Walter, 2010），一般学科规模较大学术创业绩效也会较好。而学科门类更加由于其差异性要考虑将其控制。例如，生命科学是近30多年来，发展最快、产学合作最深入的领域，就生命科学学科为研究对象，大量的相关实证研究，发现生命科学领域的专利比其他领域更具市场价值，专利申请和转移、教师创办衍生公司也较多（Owen-Smith & Powell, 2004；Owen-Smith & Powell, 2003；Owen-Smith & Riccaboni, 2002；Owen-Smith & Powell, 2001）；相比之下，以物理学科为例，由于其学科的基础学科性质，产学合作明显较少，专利的市场价值相对较低，学科仅与企业保持松散的合作和咨询等关系。综合上述文献、访谈，本书的控制变量选择以下三者，见表5-6。

表5-6　　　　　　　　　　　控制变量的定义和测量

控制变量	相关文献
C1 学科门类	Owen-Smith, 2001, 2002, 2003, 2004；D'Orazio & Monaco et al., 2012 等
C2 学科重点级别（国家重点、省校重点）	宣勇，2007；访谈资料等
C3 学科规模	Walter, 2010；Moon, 1999；访谈资料等

第二节 初始概念模型及研究假设

综上可见，现有对学科组织学术创业力作用于绩效模型的研究还较少。如上文的 Chang（2009）从组织的双元视角出发，以专利、许可和衍生企业作为学术研究商业化的评价指标，以制度合法性、组织支持、个人网络和个人创业能力为影响因素，得出在影响研究商业化绩效上结构双元和情境双元是互补的，因此大学也要建立一个双元结构的组织来同时确保研究卓越和研究的商业化。Brennan（2006）从知识本体论的角度，通过访谈研究得出学术组织层次学术创业的关键动力是知识吸收能力和组织学习。Toma（2010）的高等教育组织能力建设理论（BOC）：来自于目标、治理、结构、政策、流程、信息、基础设施和文化等组织要素。

国内学者由浙江大学王沛民（2005）教授在《面向高新科技的大学学科改造》一书中提出大学学科改造应该从厘清高等教育体系分类、开展学科和跨学科的研究、创新学科运作的模式和机制、塑造 21 世纪的学术新文化、改造急功近利的评价系统等五个方面入手。刘艳华（2009）运用适合度景观模型给出学科不同组织结构形式与学科创新能力间的相关性。陈艾华（2011）从跨学科的角度，认为国家层面的支持、评价机制、管理体制、运行机制、与产业界的联系、合理的组织是影响研究型大学跨学科科研生产力的六大因素。王梅（2011）以生态学的观点，提出学科协同进化是指由于学科内各要素之间的关联而促进该学科自身的发展，或是由于学科间的关联，最终导致整个系统的进化。黄敏（2011）以军医大学重点学科为研究对象构建了学科创新生态系统。在这个系统中，内部成员可以相互学习、相互分享和相互利用各自的创新成果，使得核心学科可以更好地利用外部资源强化和完善创新能力，实现创新目标。肖丁丁（2012）基于面板数据，采用随机前沿知识生产函数，以高校与企业联合申请专利数为产出，以企业年度研发经费支出、研发人员、高校知识存量为投入，探究了模式 2 情境下应用导向、跨学科研究、参与者异质性、组织多样性对知识生产效率的影响。

而有些学者认为要实现协同创新战略所提出的大学功能综合、大学体制机制改革的目标，需要构建以学科—专业—产业链为基本状态的新型基层学术组织。因为产学研合作范式已经不能适应时代发展的需要

（王贺元、胡赤弟，2012）。学科—专业—产业链范式作为新的范式适应时代的需求，其在制度、组织、载体等三个方面体现了新范式的优越性，能有效地解决利益偏差问题，提升了产学研合作的实践效果（王贺元，2012）。

综上所述，这些学者的研究与本研究有一定关联，或从宏观角度，或从单一的影响因素展开，但总的来说，对学科组织学术创业力的构成、作用机制研究还是较缺乏的，这亦是本书的创新和意义所在，学科组织学术创业力作用于绩效的模型初始概念见图5－1。

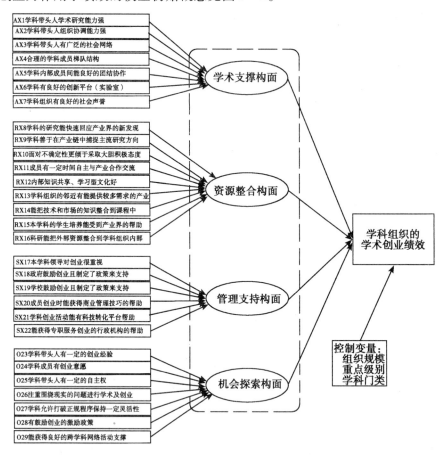

图5－1   学科组织学术创业力作用于绩效模型初始概念

第三节　研究设计与研究方法

一　问卷内容与设计流程

（一）问卷的内容

本书的问卷内容，围绕着我国大学学科组织学术创业力作用于绩效的模型构建展开。调查问卷主要包括了四个方面的基本内容（详见附录）：

1. 被调查者个人及其所在的学科组织的基本信息，包含模型控制变量所需的信息；

2. 大学学科组织学术创业力作用于绩效的模型的指标体系判断，主要为收集模型自变量所需的信息；

3. 被调查的学科组织近 3 年的学术创业绩效的情况，主要为收集模型因变量所需的信息；

4. 被调查者对本研究的建议，主要为开放式问题，尽可能多地收集专家学者对本书的看法、改进建议等。

（二）问卷设计的流程

首先，本书所使用的大学学科组织学术创业力问卷在 Rothaermel & Agung（2007）和 O'Shea & Thomas J. Allen et al.（2004）等的学术创业分析框架上，基于美国史蒂文斯理工（SIT）学术创业小公室所用的成熟的李克特量表以及大量的国内外期刊文献，并结合国内多所高校（如浙江大学、北京大学、上海交通大学、中南大学、南京工业大学、南京农业大学、苏州大学、浙江工业大学、浙江农业大学、华南理工大学、深圳大学等等）的半结构访谈和国外多所大学（美国斯坦福大学、亚利桑那州立大学、德国慕尼黑工业大学、英国帝国理工学院）的案例分析综合而成。具体问卷设计流程见图 5-2。

其次，问卷的初稿生成后，经导师团队成员帮忙修改完善，并对导师和一些关注创业型大学、学术创业的学者进行了小范围的试测，如在这轮的问卷试测中，导师认为基于 WORD 的问卷填写过于烦琐不便，不利专家节约时间，而且部分选项描述得不够简化和通俗易懂。因此笔者又重新设计了在线问卷，并且修改了一些选项，问卷填写所需时间亦由原先的

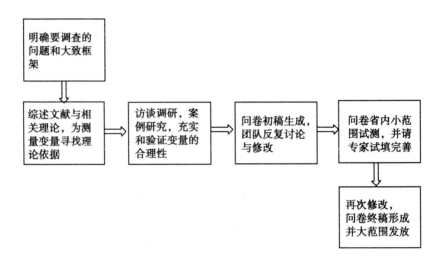

图 5 - 2　本书的问卷设计流程

20 多分钟缩减到 10 多分钟。同时，笔者还基于一次在浙江省举办的创业型大学建设的学术论坛，对几位特邀嘉宾发放了本书问卷，征求他们的宝贵意见。问卷得到了来自教育部教育发展研究中心、华中科技大学、浙江工业大学、绍兴文理学院等几位教授的指点。

最后，综合上述意见，问卷终稿形成。

二　问卷的发放与数据收集

（一）在线问卷的设计

由于本次的问卷调查是以电子在线问卷为主（极个别纸质），通过调查派 V4.5 问卷调查系统进行，在该系统中设计好问卷后，只需将问卷网址链接通过邮箱发送给受访者即可。

（二）样本选择

本书的大规模调查对象为 985、211、2011 计划学校以及几所致力于创业型大学建设高校的高层次人才、国家或省重点学科带头人、王牌学院院长、大学的高级管理者、一线创业经历的教师等。由于各学校网站均有一些教师的邮箱地址可查询，通过历时多月的检索，搜集到约 2000 个拟发放对象的邮箱地址。

（三）一对一式 Email 发放

由于多数调查对象为博导并且为知名学者、专家，工作繁忙，为尽可能地提高回收率，同时保证问卷发放的严谨性和对这些专家学者的尊重。本次问卷发放采用的是一对一式的 Email 在线调查，通过笔者在浙江大学的学生邮箱，基于浙江大学科教战略发展研究中心平台一对一发放。

（四）数据收集

问卷调查工作始于 2012 年 10 月，结束于 2013 年 11 月，共历时约 14 个月。主要调查方式是电子邮件，辅以极个别访谈时或学术会议时实地发放。期间共发出问卷 2000 份，有部分电子邮箱地址失效或拒收，在线问卷被浏览次数为 323 次，收到问卷共 261 份，剔除问卷关键题项填写不完整、不同题项答案无差异、所填答案明显不符要求等无效问卷 15 份，有效问卷为 246 份，回收率为 12.3%，有效浏览回收率约为 76.2%（有效问卷/浏览次数）。

本次调查向受访者承诺匿名，并保证若有需要，将发给研究报告作为回报。并通过一对一式的 Email 发放，以最诚恳的态度期望受访者的帮助。考虑到本次受访对象的特殊性，且电子邮箱可能的拒收性和时效性（如一些受访者在美国或欧洲给予回复，有些未能及时回复），本次调查的有效回收率相对较为理想。

三　问卷的整理与统计

对于收集的数据，本书将在描述性统计分析（各变量的均值、标准差、最小值、最大值、众数和频次分布等，以描述样本组织的特性、比例分配状态）和检验信度与效度的基础上，进行探索性因子分析、相关分析、多元回归分析及方差分析。课题所使用的统计分析软件为 SPSS20.0。具体方法如下：

（一）探索性因子分析

因子分析是研究从变量群中提取共性因子的统计技术。最早由英国心理学家 C. E. 斯皮尔曼提出。因子分析可在许多变量中找出隐藏的具有代表性的因子。将相同本质的变量归入一个因子，可减少变量的数目，还可检验变量间关系的假设。因子分析的方法有两类：一类是探索性因子分析，另一类是验证性因子分析。探索性因子分析不事先假定因子与测度项之间的关系，而让数据"自己说话"。验证性因子分析假定因子与测度项的关系是部分已知的，即哪个测度项对应于哪个因子。虽然我们尚且不知道具体的系数（吴明隆，2010），但探索性因子分析既可用于在未知理论构思的情况下探讨测量的理论结构，又可在理论构思驱动下优化测量（Church，1994）。

尽管本书对学科组织学术创业力的构成要素内容是基于大量的文献、国内的半结构访谈及国外的案例综合分析推论得出，已经初步验证，但上述研究得出的学术创业力的四个构成要素及其潜在结构问题是否就如假设一样，以及仍然存在的学术创业力与学术创业绩效关系问题，均还需要通过大样本实证研究进行检验。

因此考虑到对学科组织学术创业力的四个构成要素的理论基础还是不够强劲，本部分还将继续进行探索性因子分析，让数据说话，优化测量。

（二）相关分析

相关分析是回归分析的前提。本部分将针对理论模型中涉及的自变量、因变量和控制变量，考察各研究变量间是否存在显著相关，将其作为下一步统计为后期研究提供基础。

（三）多元回归

通过多元回归验证学科组织学术创业力作用于绩效的模型中自变量、因变量及控制变量间的关系。

（四）方差分析

方差分析（Analysis of Variance，简称 ANOVA），又称"变异数分析"或"F 检验"，是英国统计学家 R. A. Fisher 于 1923 年发明的，用于两个及两个以上样本均数差别的显著性检验。从观测变量的方差入手，研究诸多控制变量中哪些变量是对观测变量有显著影响的变量，在公共管理研究中应用十分广泛（范柏乃、蓝志勇，2008）。本部分将从不同变量入手，研究学科组织学术创业力在四个构面上的差异。

第四节　描述性统计

一　问卷的基本信息

（一）问卷填写者所在学校情况

本次调查回收的 246 份问卷中，来自 985 高校的有 132 份，占总问卷数的 53.66%，来自 211 高校的有 226 份，来自有 985 工程优势学科创新平台高校的有 42 份，其他的高校 20 份（见图 5-3）。

（二）问卷填写者的职称情况

本次问卷填写者中，正高级职称占 78.46%，副高级占 12.6%，中级

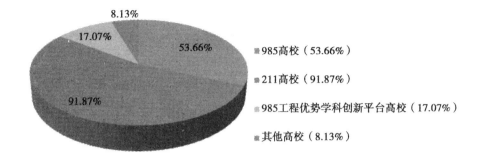

图5-3 问卷填写者所在学校情况

占8.94%，之所以有部分中级，主要是因为一些调查对象将问卷转交给了解学科组织情况的助手或博士填写，初级职称为0个（见图5-4）。

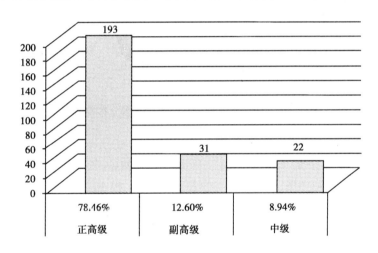

图5-4 问卷填写者职称分布情况

（三）学科门类分布情况

被调查学科组织的学科门类分布如图5-5所示，工学的最多，占57%，农学的占11%，医学的占3%，管理学的占10%，艺术学的占1%，人文社科（这里指哲学、经济学、法学、教育学、文学和历史学）的占5%，理学的占13%。需要说明的是问卷对象具体选择时，有些学科是理工交叉的，有些是工科和管理交叉的，等等，这里在统计时将其按所属的主要学科门类归类。

在学科类型分布情况上（如图5-6所示），传统学科占62%，新兴学科占12%，交叉学科占26%。

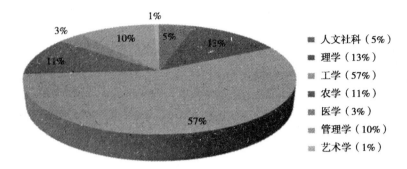

图 5 - 5　被调查学科组织的学科门类分布情况

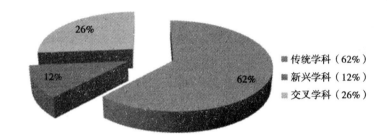

图 5 - 6　被调查学科组织的学科类型分布情况

（四）学科重点级别分布情况

回收的问卷在学科重点级别分布上，国家重点学科最多占 62%，国家重点培育学科占 8%，省级重点学科占 22%，校重点学科及其他占 8% 如图 5 - 7。需要说明的是，部分问卷填写者同时选了多项，此处按最高级别处理，例如若同时选了国家重点和校重点，按国家重点处理。

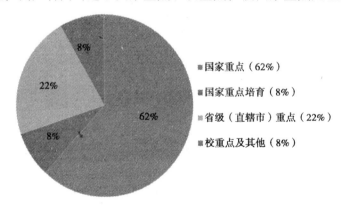

图 5 - 7　被调查的学科组织重点级别分布情况

（五）学科组织生命周期分布情况

被调查的学科组织的生命周期情况见图 5 - 8，成熟期和成长期分别占 47%，和 49%，衰退期和孕育期各占 2%。

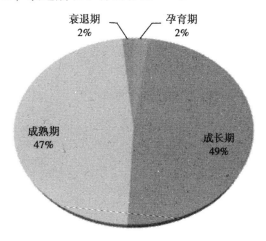

图 5 - 8　被调查的学科组织重点级别分布情况

二　受访者中高层次人才分布简况

本次回收的问卷中，得到了不少高层次人才的支持（见图 5 - 9），根

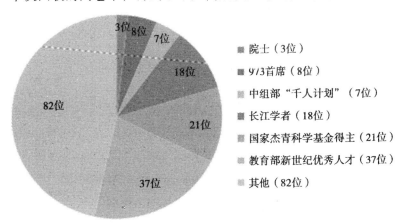

- 院士（3位）
- 973首席（8位）
- 中组部"千人计划"（7位）
- 长江学者（18位）
- 国家杰青科学基金得主（21位）
- 教育部新世纪优秀人才（37位）
- 其他（82位）

图 5 - 9　问卷填写者的高层次人才分布情况

据填写了头衔的问卷显示：至少有 3 位院士，8 位 973 首席科学家，7 位中组部"千人计划"学者，18 为长江学者，21 位国家杰出青年科学基金得主，37 位教育部新世纪优秀人才。

　　限于篇幅，此题项在问卷调查时只列出了上述 6 项。实际调查中，一些被调查者跳过了此项，还有 82 位选择了其他，在其他中注明的有：多数为博导，多位是国务院学科评议组专家、国务院政府特殊津贴专家、国家级学术组织委员、全国优秀科技工作者，多位某省级人才和某某学者，以及不少校领导，等等。优秀的学科才有优秀的人才，这在一定程度上也说明了此次调查结果较理想。

三　受访者学术创业的动机分析

　　根据样本受访者的职称和其学术创业动机的交叉分析，横坐标是职称，纵坐标是四种学术创业动机的频次比例。如图 5 - 10 所示，图中从左到右的柱状依次是学术兴趣、物质奖励、荣誉和其他。正高级职称学术创业动机主要是出于学术兴趣（94.3%），然后是荣誉（37.3%）、物质奖励（31.6%）、其他（11.4%）；而副高级职称学术创业的动机依次是学术兴趣（83.9%）、物质奖励（71%）、荣誉（38.7%）和其他（3.2%）；中级职称学术创业动机依次是物质奖励（81.8%）、学术兴趣（68.2%）、荣誉（36.4%）和其他（13.6%）。在对其他这个选项中，受访者提到的关键词频次较高的"有学以致用""追踪产业方向""交流""成就感""价值实现""社会服务""工作量"等。

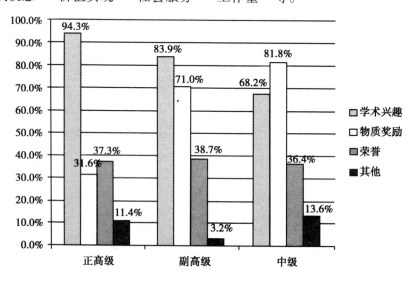

图 5 - 10　受访者职称—学术创业动机交叉分析

　　学者参与学术创业的动机也是异质性的（Markman & Siegel et al.，2008；Shinn & Lamy，2006）。不过本书对正高级职称的调查结果与 Lam（2011）对英国 5 所研究型大学的 735 名科学家的调查结果较为接近，Lam 发现英国学者参与学术创业的动机主要是出于谜题（puzzle）和荣誉（ribbon），而较少出于物质奖励（gold）。而对副高级职称和中级职称的调查则亦较符合马斯洛需求层次理论（Gawel，1997），即先是出于外在的物质激励，然后才是内在的兴趣或声誉的激励。

　　因此，对于我国大学里鼓励学术创业的政策制定者而言，因充分考虑学科组织内部的学者创业动机的差异（Krabel & Mueller，2009；Hoye & Pries，2009），推出组合性的政策，如对高级职称者，过多的物质奖励未必有效，应以内在激励（兴趣）为主，而对较年轻的学者则要有效结合内在激励和外在（物质）激励。

四　大学学科组织学术创业绩效的描述性统计

　　如表 5-7 所示，给出了大学学科组织学术创业绩效的极小值、极大值、均值、标准差和方差。数据显示，各测量指标的极小值均出现过 1、极大值均出现过 7，样本组织有一定的差异性，测量指标的均值均在 4 以上，最大的均值达到 5.03，说明学术创业绩效较好。指标的方差介于1.197—1.67，标准差则介于 1.09—1.29，说明样本组织的差异性较小，评价结果一致性较好。其中指标 Y7 的均值最低，且标准差最大，这在后续的信度和效度检验中值得重点关注。

表 5-7　　　　　　　　学科组织学术创业绩效的描述性统计

学术创业绩效的测量指标	N	极小值	极大值	均值	标准差	方差
Y1 学科成员和产业界对学科组织均较满意	246	1.00	7.00	4.7236	1.09396	1.197
Y2 学科结合创业活动发表了较多高水平课题	246	1.00	7.00	4.9228	1.13844	1.296
Y3 培养的学生的创业能力较强	246	1.00	7.00	4.8862	1.09696	1.203
Y4 有较多高质量专利和咨询收入	246	1.00	7.00	4.7724	1.25398	1.572
Y5 获得了较多省部级以上奖励	246	1.00	7.00	5.0325	1.22514	1.501

学术创业绩效的测量指标	N	极小值	极大值	均值	标准差	方差
Y6 科研成果总是能实现成果转化	246	1.00	7.00	4.3293	1.22945	1.512
Y7 科研到款中横向项目所占比重很高	246	1.00	7.00	4.1992	1.29243	1.670
Y8 科研成果转化活动为本学科积累了声誉	246	1.00	7.00	4.9878	1.24698	1.555

五　学科组织学术创业力各指标的描述性统计

从表5-8中可大致看出，样本组织的学术创业力构成指标均值最高为5.7073，排在前三位的是学科组织有良好的社会声誉、学科带头人有较强的学术研究能力和学科有良好的创新平台（实验室），均值最低为3.7236，排名最后三位的指标是学科组织有鼓励创业的激励政策、成员创业时能获得商业管理技巧的帮助和能获得专职服务学术创业的行政机构或办公室的帮助。而具体每个测量指标对学术创业力的载荷程度，以及对学术创业绩效的影响系数和指标自身的信度和效度，都有待更进一步的考察和分析。

表5-8　　　　学科组织学术创业力各指标的描述性统计

测量指标（自变量）	N	极小值	极大值	均值	标准差	方差
AX7 学科组织有良好的社会声誉	246	2.00	7.00	5.7073	1.09344	1.196
AX1 学科带头人学术研究能力强	246	2.00	7.00	5.6057	1.04735	1.097
AX6 学科有良好的创新平台（实验室）	246	1.00	7.00	5.4350	1.19942	1.439
AX2 学科带头人组织协调能力强	246	1.00	7.00	5.3740	1.04118	1.084
AX3 学科带头人有广泛的社会网络	246	2.00	7.00	5.3089	1.05853	1.120
RX9 学科善于在产业链中捕捉主流研究方向	246	1.00	7.00	5.2398	1.14437	1.310
RX11 成员有一定时间自主与产业合作交流	246	1.00	7.00	5.1707	1.21694	1.481

续表

测量指标（自变量）	N	极小值	极大值	均值	标准差	方差
AX5 学科内部成员间能良好的团结协作	246	1.00	7.00	5.1016	1.10741	1.226
AX4 合理的学科成员梯队结构	246	1.00	7.00	5.0366	1.15117	1.325
RX12 学科成员内部知识共享、学习型文化	246	1.00	7.00	4.9837	1.16397	1.355
RX15 本学科的学生培养能受到产业界的帮助	246	1.00	7.00	4.9593	1.21486	1.476
OX26 注重围绕现实问题的进行学术和创业	246	1.00	7.00	4.9472	1.14342	1.307
SX17 学科领导对本学科创业很重视	246	1.00	7.00	4.9472	1.35272	1.830
RX13 学科组织邻近能提供较多的需求的产业	246	1.00	7.00	4.9431	1.24737	1.556
RX8 学科的研究能快速回应产业界的新发现	246	1.00	7.00	4.9065	1.27271	1.620
RX16 科研能把外部资源整合到学科组织内部	246	1.00	7.00	4.9024	1.12786	1.272
RX10 面对不确定性更倾向采取大胆积极态度	246	1.00	7.00	4.8496	1.20108	1.443
SX18 政府鼓励本学科创业并制定了相应政策	246	1.00	7.00	4.8293	1.33222	1.775
RX14 把技术和市场的知识整合到课程中	246	1.00	7.00	4.8130	1.22124	1.491
OX23 学科带头人有一定的创业经验	246	1.00	7.00	4.6220	1.36103	1.852
OX24 学科成员有创业意愿	246	1.00	7.00	4.6138	1.30355	1.699
OX27 学科允许打破正规程序保持一定灵活性	246	1.00	7.00	4.5244	1.21782	1.483
OX29 学科能获得良好的跨学科网络活动支撑	246	1.00	7.00	4.4797	1.18735	1.410
SX19 学校鼓励本学科创业并制定了相应政策	246	1.00	7.00	4.3496	1.37905	1.902
SX21 学科活动能有科技转化平台帮助	246	1.00	7.00	4.3455	1.36670	1.868

续表

测量指标（自变量）	N	极小值	极大值	均值	标准差	方差
OX25 学科带头人有一定的自主权	246	1.00	7.00	4.1667	1.50396	2.262
OX28 学科组织有鼓励创业的激励政策	246	1.00	7.00	4.0122	1.46380	2.143
SX20 成员创业时能获得商业管理技巧的帮助	246	1.00	7.00	3.8740	1.22740	1.507
SX22 能获得专职服务学术创业的行政机构或办公室的帮助	246	1.00	7.00	3.7236	1.16969	1.368

注：此表按指标均值的降序排列；为使表格简洁直观，部分指标的描述与问卷略有不同，有所缩略，最终以问卷为准，下同。

第五节　量表的信度检验

Churchill 于 1979 年发表了有关信度如何验证的文章后，他的方法被广泛应用，后来又有学者对他的方法进行了进一步的讨论，对使用中应注意的事项作出说明（范柏乃、蓝志勇，2008；Churchill，1979）。信度检验的方法是，计算各测量项的校正的项总计相关性（Corrected Item—Total Correlation），即 CITC，其值若小于 0.5 则删去指标；同时计算克朗巴哈 α 系数，若 α 系数≥0.7，说明指标可靠性是可以接受的。但不同的学者对 α 系数的界限值有不同的看法，有学者认为，在基础研究中克朗巴哈 α 系数要大于等于 0.8 才能被接受，在探索研究中克朗巴哈 α 系数则至少应达到 0.7 才能被接受，而在实务研究中，克朗巴哈 α 系数只需超过 0.6 即可。对于本书的整体量表，一般经验上，如果克朗巴哈系数 α≥0.9，则认为量表的内在信度很高；如果 0.9＞α≥0.8，则认为内在信度是可以接受的；如果 0.8＞α≥0.7，则认为量表设计存在一定问题，但仍有一定的参考价值；如果 α＜0.7，则认为量表设计存在很大的问题，应考虑重新设计量表。

表5-9　　　　　　　　学术支撑构面的测量题项信度分析结果

测量题项	校正的项总计相关性（CITC）	多相关性的平方	项已删除的Cronbach's Alpha值	Cronbach's Alpha
AX1 学科带头人学术研究能力强	0.732	0.629	0.879	0.898
AX2 学科带头人组织协调能力强	0.772	0.767	0.875	
AX3 学科带头人有广泛的社会网络	0.724	0.687	0.880	
AX4 合理的学科成员梯队结构	0.659	0.544	0.888	
AX5 学科内部成员间能良好地合作协调	0.697	0.588	0.883	
AX6 学科有良好的创新平台（实验室）	0.681	0.559	0.886	
AX7 学科组织有良好的社会声誉	0.658	0.543	0.888	

　　学术支撑构面（见表5-9）的测量题项的一致性系数Cronbach α值为0.898，校正的项总计相关性（即CITC系数）最小值为0.658，大于0.5；且表中删除各观测变量后的α（Cronbach's Alpha）值都比原量表的α值小，说明该构面的量表具有较高的信度。

表5-10　　　　　　　资源整合构面的测量题项信度分析结果

测量题项	校正的项总计相关性	多相关性的平方	项已删除的Cronbach's Alpha值	Cronbach's Alpha
RX8 学科的研究能快速回应产业界的新发现	0.732	0.656	0.924	0.931
RX9 学科善于在产业链中捕捉主流研究方向	0.799	0.737	0.920	
RX10 面对不确定性学科更倾向采取大胆积极态度	0.729	0.639	0.924	
RX11 学科成员有一定时间自主与产业合作交流	0.732	0.593	0.924	
RX12 学科成员内部知识共享、学习型文化好	0.654	0.473	0.929	
RX13 学科组织邻近能提供较多的需求的产业	0.690	0.541	0.927	
RX14 能把技术和市场的知识整合到课程中	0.749	0.668	0.923	

续表

测量题项	校正的项总计相关性	多相关性的平方	项已删除的Cronbach's Alpha 值	Cronbach's Alpha
RX15 本学科的学生培养能受到产业界的帮助	0.829	0.799	0.918	0.931
RX16 学科的科研能把外部资源整合到学科组织内部	0.805	0.755	0.920	

　　资源整合构面（见表 5 - 10）的测量题项的一致性系数 Cronbach α 值为 0.931，校正的项总计相关性（即 CITC 系数）最小值为 0.654，大于 0.5；且表中删除各观测变量后的 α 值都比原量表的 α 值小，说明该构面的量表具有较高的信度。

表 5 - 11　　　　　　　管理支持构面的测量题项信度分析结果

测量题项	校正项总计相关性	多相关性平方	项已删除的Cronbach's Alpha 值	Cronbach's Alpha
SX17 学科领导对创业很重视	0.602	0.422	0.880	
SX18 政府鼓励创业	0.691	0.548	0.866	
SX19 学校鼓励创业	0.814	0.716	0.844	
SX20 学科成员创业时能获得商业管理技巧的帮助	0.693	0.543	0.865	0.885
SX21 学科活动能有科技转化平台帮助	0.678	0.579	0.868	
SX22 学科能获得专职服务学术创业的行政机构或办公室的帮助	0.717	0.618	0.863	

　　管理支持构面（见表 5 - 11）的测量题项的一致性系数 Cronbach α 值为 0.885，校正的项总计相关性（即 CITC 系数）最小值为 0.602，大于 0.5；且表中删除各观测变量后的 α 值都比原量表的 α 值小，说明该构面的量表具有较高的信度。

表 5 – 12 机会探索构面的测量题项信度分析结果

测量题项	校正项总计相关性	多相关性平方	项已删除的Cronbach's Alpha 值	Cronbach's Alpha
OX23 学科带头人有一定的创业经验	0.718	0.556	0.851	
OX24 学科成员有创业意愿	0.591	0.396	0.867	
OX25 学科带头人有一定的自主权	0.635	0.468	0.863	
OX26 学科注重围绕现实问题的学术和创业	0.710	0.551	0.854	0.876
OX27 学科允许打破正规程序保持一定灵活性	0.724	0.606	0.851	
OX28 学科有鼓励创业的激励政策	0.660	0.458	0.859	
OX29 学科能获得良好的跨学科网络活动支撑	0.603	0.409	0.866	

机会探索构面（见表 5 – 12）的测量题项一致性系数 Cronbach α 值为 0.876，校正的项总计相关性（即 CITC 系数）最小值为 0.591，大于 0.5；且表中删除各观测变量后的 α 值都比原量表的 α 值小，说明该构面的量表具有较高信度。

表 5 – 13 学科组织学术创业绩效的测量题项信度分析结果

测量题项	校正项总计相关性	多相关性的平方	项已删除 α 值	Cronbach's Alpha
Y1 学科成员和产业界对学科组织均较满意	0.655	0.452	0.886	
Y2 学科结合创业活动发表了较多高水平课题	0.695	0.561	0.882	
Y3 培养的学生创业能力较强	0.720	0.628	0.880	
Y4 有较多高质量专利和咨询收入	0.674	0.545	0.884	
Y5 获得较多省部级以上奖励	0.656	0.537	0.886	0.897
Y6 科研成果总是能实现成果转化	0.767	0.624	0.875	
Y7 科研到款中横向项目所占比重很高	0.525	0.392	0.899	
Y8 科研成果转化活动为本学科积累了学术声誉	0.758	0.627	0.876	

学术创业绩效构面（见表 5 - 13）的测量题项的一致性系数 Cronbach α 值为 0.897，校正的项总计相关性（即 CITC 系数）最小值为 0.525，大于 0.5；除了 Y7，表中其他的删除各观测变量后的 α 值都比原量表的 α 值小，说明该构面的量表具有较高的信度，而 Y7 还需待效度检验后再进一步考虑是否删除。

第六节   量表的效度检验和探索性因子分析

如上所述，学术创业力的四个构面学术支撑、资源整合、管理支持和机会探索均通过了信度检验，而学术创业绩效的指标 Y7 的信度有待进一步考证。

测验或量表所能正确测量的特质程度，就是效度（Validity）。效度可以分为三种：①内容效度（content validity），指测验或量表内容或题目的适切性与代表型，也称为逻辑效度；②效标关联效度（criterion-related validity），指测验与外在效标间关系的程度；③建构效度（construct validity），是指能够测量出理论的特质或概念的程度（吴明隆，2010）。

其中，建构效度由于有理论的逻辑分析为基础，同时又根据实际所得的资料来检验理论的正确性，因此是一种相当严谨的检验方法，而因子分析可以求得量表的建构效度，它可以抽取变量间的共同因素，以较少的构念代替原来较复杂的数据结构（吴明隆，2010）。

综上所述，本部分将通过探索性因子分析来学术创业力四个构面的建构效度，同时也将检验学术创业绩效 8 个指标的效度。

一   学科学术创业力构成指标体系因子分析

马庆国（2010）指出 KMO 的值大于 0.7，并且各题项的负荷系数大于 0.5 时，可以利用因子分析将同一变量的各测量题项合并为一个因子。为了判断处于同一变量的不同测度项能否准确反映被测度变量的特性，本书采用 SPSS20.0 软件对所有潜变量的题项进行因子分析，并将这些题项合并为一个因子。采用因子分析（取特征根 >1），对大学学科组织学术创业力的构成要素所包含的 29 个题项进行分析，首先进行 KMO 和 Bartlett 检验，结果如表 5 - 14 所示，KMO 为 0.941，表明很适合作因子分析；Bartlett 球体检验的显著性概率为 0.000，表明数据具有相关性，适宜做因子分析。

表 5 – 14　　学术创业力 29 个指标的 KMO 和 Bartlett 的检验结果

取样足够度的 Kaiser-Meyer-Olkin 度量。		0. 941
Bartlett 的球形度检验	近似卡方	5593. 575
	自由度（df）	406
	Sig.	0. 000

　　吴明隆（2010）指出因子结构因不同研究者、不同步骤会有所差异，即由于使用者删除的题项不同，因而最后保留的结构也可能不同，研究者必须从数个不同的因素结构中选取一个最简约、最适宜的结构。因此按照①因子载荷系数标准要大于 0.5；②在一个共同因素中若包含不同向度的测量题项，保留测量题项较多的构面；③某一题项若在多个共同因素上载荷系数均较大，则考虑删除；④尽量得到结构最简单，解释性最高的模型的标准，经过多次反复的运算验证，依次：

1. 删除第 OX29 题：学科组织能获得良好的跨学科网络活动支撑；

2. 删除第 OX24 题：学科成员有创业意愿；

3. 删除第 OX23 题：学科带头人有一定的创业经验；

4. 删除第 SX17 题：学科领导对本学科创业很重视。

　　最后得到学术创业力的探索性因子分析结果如表 5 – 15、表 5 – 16 所示。

表 5 – 15　　学术创业力构成指标体系因子分析解释的总方差

成分	初始特征值			旋转平方和载入		
	合计	方差的%	累计%	合计	方差的%	累计%
1	12. 435	49. 740	49. 740	5. 112	20. 447	20. 447
2	1. 778	7. 113	56. 852	4. 949	19. 797	40. 244
3	1. 401	5. 605	62. 457	4. 039	16. 157	56. 402
4	1. 309	5. 237	67. 694	2. 823	11. 292	67. 694
5	0. 833	3. 332	71. 026			
6	0. 793	3. 172	74. 199			
7	0. 731	2. 923	77. 122			
8	0. 693	2. 772	79. 893			

续表

成分	初始特征值			旋转平方和载入		
	合计	方差的%	累计%	合计	方差的%	累计%
9	0.581	2.325	82.218			
10	0.535	2.141	84.359			
11	0.476	1.906	86.264			
12	0.414	1.654	87.919			
13	0.398	1.593	89.511			
14	0.335	1.341	90.852			
15	0.296	1.183	92.035			
16	0.281	1.122	93.157			
17	0.274	1.096	94.253			
18	0.256	1.023	95.275			
19	0.230	0.918	96.193			
20	0.214	0.857	97.050			
21	0.183	0.732	97.782			
22	0.175	0.701	98.483			
23	0.156	0.625	99.108			
24	0.115	0.458	99.566			
25	0.108	0.434	100.000			

提取方法：主成分分析。

表 5-16 学科组织学术创业力构成指标体系因子分析结果

旋转成分矩阵[a]				
指标体系	成分			
	1	2	3	4
AX2 学科带头人组织协调能力强	0.771	0.200	0.097	0.342
AX1 学科带头人学术研究能力强	0.768	0.275	0.032	0.183
AX5 学科内部成员间能良好地团结协作	0.699	0.192	0.223	0.163
AX3 学科带头人有广泛社会网络	0.692	0.271	0.127	0.331
AX4 合理的学科成员梯队结构	0.677	0.140	0.271	0.158
AX7 学科组织有良好的社会声誉	0.667	0.350	0.202	-0.056
AX6 学科有良好的创新平台	0.623	0.269	0.367	0.060

续表

指标体系	成分			
	1	2	3	4
RX10 面对不确定性情况时学科更倾向于采取大胆积极的态度	0.227	0.791	0.087	0.221
RX9 学科善于在产业链中捕捉主流研究方向	0.318	0.785	0.236	0.081
RX8 学科的研究能快速回应产业界的新发现	0.237	0.784	0.172	0.149
RX12 学科成员内部知识共享氛围、学习型文化好	0.183	0.609	0.222	0.300
RX15 本学科的学生培养能受到产业界的帮助	0.463	0.604	0.379	0.151
RX13 学科组织邻近能提供较多的需求的区域产业	0.225	0.574	0.363	0.230
RX16 学科的科研能把外部资源整合到学科组织内部	0.489	0.568	0.349	0.206
RX14 能把技术和市场的知识整合到学科专业相关课程中	0.434	0.564	0.398	0.064
RX11 学科成员有一定时间自主与产业合作交流	0.242	0.558	0.440	0.256
SX18 政府鼓励创业	0.231	0.156	0.794	0.026
SX19 学校鼓励创业	0.146	0.243	0.777	0.288
SX20 学科成员创业时能获得商业管理技巧的帮助	0.043	0.334	0.707	0.248
SX22 学科能获得专职服务学术创业的行政机构或办公室的帮助	0.280	0.201	0.695	0.236
SX21 学科活动能有科技转化平台帮助	0.434	0.286	0.581	0.206
OX27 学科允许打破正规程序保持一定灵活性	0.251	0.310	0.141	0.777
OX25 学科带头人有一定的自主权	0.146	0.187	0.219	0.775
OX28 有鼓励创业的激励政策	0.215	0.106	0.422	0.664
OX26 学科注重围绕现实问题的学术和创业	0.449	0.418	0.150	0.510

旋转成分矩阵[a]

提取方法：主成分。

旋转法：具有 Kaiser 标准化的正交旋转法。

a. 旋转在 7 次迭代后收敛。

可见，最后得到四个因子，与本书的理论假设完全吻合，累计解释总方差为 67.694%。并将公共因子 1 命名为学术支撑能力因子，公共因子 2

命名为资源整合能力因子，公共因子3命名为管理支持能力因子，公共因子4命名为机会探索能力因子。且上表中相应的因子负荷系数均大于0.5，最低为0.51，最高为0.794，因子分析结果较好。

二　学科组织学术创业绩效的因子分析

同样，对学术创业绩效进行 KMO 和 Bartlett 检验，结果如表5－17所示，KMO 为0.885，表明很适合作因子分析；Bartlett 球体检验的显著性概率为0.000，表明数据具有相关性，也适宜作因子分析。通过对其进行公因子方差分析，发现表5－18中，Y7 的公因子方差为0.384，小于0.5的标准，结合上述的信度分析，因此将其删除。分析其原因，如在深圳访谈时一位受访者提到"这可能与各学校对科研横向项目统计口径的不一有关"，又如在中南大学访谈时受访者亦提到"学科公司与学科组织一起申报项目，项目直接到公司去了，有可能会导致横向项目的流失和横向经费的下滑"。还有可能就是本次样本学科组织主要任务仍是面向国家的重大需求，纵向项目多，符合我国实际情况，因此 Y7 指标无法有效反映学科组织的学术创业绩效。

表5－17　　学术创业绩效8个指标的 KMO 和 Bartlett 的检验结果

取样足够度的 Kaiser-Meyer-Olkin 度量。		0.885
Bartlett 的球形度检验	近似卡方	1060.606
	自由度（df）	28
	Sig.	0.000

表5－18　　　　学术创业绩效8个指标的公因子方差分析结果

公因子方差		
	初始	提取
Y1 学科成员和产业界对学科组织均较满意	1.000	0.554
Y2 学科组织结合创业活动发表了较多高水平课题	1.000	0.610
Y3 培养的学生的创业能力较强	1.000	0.639
Y4 有较多高质量专利和咨询收入	1.000	0.584
Y5 获得了较多省部级以上奖励	1.000	0.556
Y6 科研成果总是能实现成果转化	1.000	0.691
Y7 科研到款中横向项目所占比重很高	1.000	0.384
Y8 科研成果转化活动为本学科积累了学术声誉	1.000	0.676

提取方法：主成分分析。

　　同样，再根据取特征根＞1的原则进行因子提取，见表5－19学术创业绩效因子分析解释的总方差，表5－20学术创业绩效指标体系因子分析结果得到1公共因子，命名为学术创业绩效因子，累计解释总方差为62.385%。

表5－19　　　　　　　　学术创业绩效因子分析解释的总方差

成分	初始特征值			提取平方和载入		
	合计	方差的%	累计%	合计	方差的%	累计%
1	4.367	62.385	62.385	4.367	62.385	62.385
2	0.729	10.421	72.806			
3	0.545	7.785	80.591			
4	0.463	6.612	87.203			
5	0.372	5.321	92.524			
6	0.281	4.018	96.542			
7	0.242	3.458	100.000			

提取方法：主成分分析。

表5－20　　　　　　　　学术创业绩效指标体系因子分析结果

成分矩阵[a]	
	成分
	1
Y6 科研成果总是能实现成果转化	0.821
Y8 科研成果转化活动为本学科积累了学术声誉	0.806
Y3 培养的学生的创业能力较强	0.805
Y2 学科组织结合创业活动发表了较多高水平课题	0.791
Y4 有较多高质量专利和咨询收入	0.781
Y5 获得了较多省部级以上奖励	0.767
Y1 学科成员和产业界对学科组织均较满意	0.756

提取方法：主成分。

a. 已提取了1个成分。

第七节　模型构建的多元回归分析

　　打造学科组织学术创业能力的终极目的是为了提升学科组织的学术创

业绩效，这在本书对学术创业文献的知识图谱分析部分亦有述及，因此还需研究学术创业力与学术创业绩效间的相互关系。

通过上述的因子分析，已验证了学术创业力四个构面的理论假设及对访谈资料通过内容分析法所得出的结论，并构建了学术创业力和学术创业绩效的关键因子指标体系，为构建大学学科组织学术创业力作用绩效模型奠定了基础。

本部分将继续采用多元回归分析方法，以大学学科组织学术创业力为被解释变量，以学术支撑能力因子、资源整合能力因子、管理支持能力因子、机会探索能力因子为解释变量，并以学科组织规模、学科重点级别（虚拟变量）、学科门类（虚拟变量）为控制变量，建立了回归模型，以对这些变量间的关系进行更为精确的验证。

一　虚拟变量及相关分析

（一）虚拟变量

多元回归分析中，自变量应为计量变量，即是等距的或是等比变量，如果自变量是间断的，如名义或次序变量，则需在投入回归模型时先转为虚拟变量（dummy variable），以使间断变量具备连续变量的特性，再将转化后的虚拟变量作为多元回归的预测变量之一。（吴明隆，2010）在虚拟变量的转换方面，如果间断变量有 K 个水平，则需要 K − 1 个虚拟变量，未经处理的水平称为参照组，且这水平定义要明确，如"其他"就不能作为参照组。

基于此，考虑到虚拟变量不宜过多，为便于处理，本书将控制变量学科重点级别分为两类，国家重点学科和国家重点培育学科统统归为"国家重点"，将省重点和校重点归为"省校重点"，这样就可以设为 1 个虚拟变量，以省校重点为参照组，即"国家重点和省校重点"。同理，将控制变量，学科门类合并为四类：理工、农学、医学、人文社科（含管理学、艺术学）这样就可设为 3 个虚拟变量，以人文社科为参照组，即有理工和人文社科、农学和人文社科、医学和人文社科 3 个虚拟变量。而学科规模，在问卷设计中要求填的是具体的数值，即连续变量，对缺失值采取的措施为搜索其相关网页，根据经验判断赋值。

（二）相关分析

在做多元回归分析前，还需判断自变量、控制变量和因变量之间是否

相关。将控制变量和学术创业力四变量按强迫进入变量法，用 SPSS20.0
软件运行，进行 Pearson 相关分析，如表 5-21 所示，显示自变量和控制
变量与学术创业绩效的相关系数，结果显示各变量与因变量学术创业绩效
均相关，其中虚拟变量有 1 个相关，整个控制变量即相关。

表 5-21　　　　　　　　各变量的相关系数表

变量	学术创业绩效		
	Pearson 相关系数	Sig. （单侧）	N
学术创业绩效	1.000	0.	246
理工和人文社科	0.098 *	0.063	246
农学和人文社科	-0.032	0.309	246
医学和人文社科	0.003	0.481	246
国家重点和省校	0.314 ***	0.000	246
学科组织规模	0.134 **	0.018	246
学术支撑能力因子	0.500 ***	0.000	246
资源整合能力因子	0.516 ***	0.000	246
管理支持能力因子	0.248 ***	0.000	246
机会探索能力因子	0.311 ***	0.000	246

注：*，**，*** 分别表示在 10%、5% 和 1% 的水平上显著。

二　多元回归分析的三大检验

为了保证正确使用多元线性回归模型以便得出科学的结论，必须检验
回归模型是否存在多重共线性、序列相关和异方差三大问题。

（一）多重共线性问题检验

回归模型的多重共线性问题可以采用容差（Tolerance）和方差膨胀因
子（VIF）两个指标来检验。其中，容差的取值范围介于 0—1 之间，其
值越接近 1，共线性越弱。容差的倒数即方差膨胀因子（VIF），一般认
为，当 $0 < VIF < 10$ 时，不存在多重共线性问题；当 $VIF > 10$ 时，存在较
强的多重共线性（马庆国，2010）。其值越小（即接近 1），共线性越弱。
由表 5-22 可见，本模型基本不存在多重共线性问题。

表 5 – 22　　　　　　　　　模型的多重共线性检验表

模型		共线性统计量	
		容差	VIF
2	（常量）		
	理工和人文社科	0.540	1.852
	农学和人文社科	0.633	1.581
	医学和人文社科	0.818	1.223
	国家重点和省校	0.806	1.241
	学科组织规模	0.817	1.224
	学术支撑能力因子	0.877	1.140
	资源整合能力因子	0.989	1.011
	管理支持能力因子	0.955	1.047
	机会探索能力因子	0.969	1.032

（二）序列相关问题检验

由于本书的样本数据是截面数据，因此出现序列相关问题的可能性比较小。一般主要依靠 Durbin-Watson（DW）值对序列相关问题进行检验，DW 取值范围介于 0—4 之间，其值越接近 2，表明存在序列相关的可能性越小。本模型的 DW 值为 2.133，说明几乎不存在序列相关。

表 5 – 23　　　　　　　回归模型的 **Durbin-Watson** 值

模型^c	R	R^2	调整后 R^2	DW 值
2	0.831	0.690	0.678	2.133

c. 因变量：学术创业绩效。

（三）异方差问题检验

通常，对异方差的检验是通过观察标准化残差的散点图是否有明显的变化规律来实现的。在本书中，以回归模型的标准化预计值为横轴、标准化残差为纵轴进行残差项的散点图分析，如图 5 – 11 所示，散点图呈现无序状态，表明本书中回归模型不存在异方差问题。

三　多元回归分析的结果

最后多元回归模型的结果汇总如表 5 – 24，显示如果还未投入学术创业力四个构面的自变量，那么模型一的 5 个控制变量（虚拟）与学术创

散点图

因变量：学术创业绩效

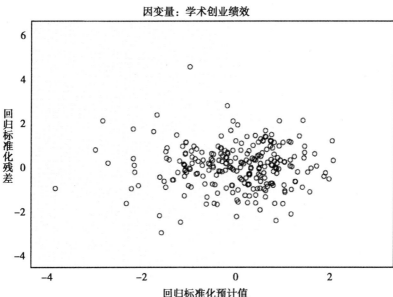

图 5 – 11　回归模型残差散点图

业绩效的多元相关系数 R 为 0. 329，共能解释学术创业绩效 10. 8% 的变异量。多元回归整体检验的 F 值为 5. 83，达到 1% 的显著水平，说明控制变量中至少有一个变量的回归系数会达到显著，再看模型一的标准化回归系数，主要是学科组织的重点级别的"国家重点和省校"这个虚拟变量在起影响，系数为正，即表示与省校重点学科相比之下，国家重点学科的学术创业绩效较好。

　　再看表 5 – 24 模型二，即投入了学术创业力的四个因子后，9 个自变量与学术创业绩效的多元相关系数 R 为 0. 831，多元相关系数的平方为 0. 69，即整体解释变异增加了 58. 2%，显著性改变的 F 值为 110. 779，达到 1% 的显著性水平，表示学术创业力的四个构成因子对学术创业绩效有显著影响，方程整体拟合效果较好。从标准系数 β 也可看出，四个因子均显著，回归系数最高是资源整合能力因子为 0. 52，其次依次是学术支撑能力因子为 0. 458，机会探索能力因子为 0. 303，管理支持能力因子为 0. 233，且四个因子对绩效的影响均为正向。

　　而对于三大控制变量，回归模型二中只有学科组织的重点级别这个控制变量达到5%的显著性水平，而其他两个控制变量的回归系数并未达到显著性水平，在一定程度上说明了本研究构建的学术创业力四个构面的解释力较强韧。

表 5 – 24　　　　　　　　　　多元回归模型分析结果摘要

预测变量	模型一			模型二		
	β	标准误	t 值	β	标准误	t 值
理工和人文社科	0.099	0.177	1.199	0.069	0.106	1.395
农学和人文社科	0.004	0.237	0.058	0.025	0.141	0.558
医学和人文社科	0.035	0.340	0.519	-0.002	0.202	-0.061
国家重点和省校	0.306	0.140	4.771 ***	0.098	0.088	2.427 **
学科组织规模	0.020	0.001	0.300	0.030	0.001	0.753
学术支撑能力因子				0.458	0.039	11.825 ***
资源整合能力因子				0.520	0.036	14.284 ***
管理支持能力因子				0.233	0.037	6.286 ***
机会探索能力因子				0.303	0.037	8.223 ***
回归模型摘要	F 值	5.83 ***			58.403 ***	
	R^2	0.108			0.690	
	ΔF 值	5.83 ***			110.779 ***	
	ΔR^2	0.108			0.582	

因变量：学科组织学术创业绩效。

*，**，*** 分别表示在10%、5%和1%的水平上显著。

因此，标准化回归方程式为：学科组织学术创业绩效 = 0.52 × 资源整合能力因子 + 0.458 × 学术支撑能力因子 + 0.303 × 机会探索能力因子 + 0.233 × 管理支持能力因子 + 0.098 × 国家重点 & 省校重点。

方程相应的回归系数的解释：在其他条件不变的情况下，每增加资源整合能力1单位，绩效平均提升0.52。同理学术支撑能力、机会探索能力、管理支持能力在其他条件不变的情况下，每增加1单位，绩效会平均提升0.458、0.303、0.233。而对于虚拟变量，即在其他条件不变的情况下，国家重点学科比省校重点学科的平均绩效高0.098。总的来说，控制变量对绩效的影响较小。在回归分析中，未达到显著水平的预测变量不一定与因变量没有关系，以控制变量学科规模为例，与绩效的相关系数为0.134，达到显著正相关，但在回归模型中却未达到显著水平，表示该自

变量与其他自变量间可能在一定程度上有关系。学科门类的虚拟变量亦是
如此，后续将通过方差分析进一步探究其差异性。

四　实证结果与探讨

通过对 246 份问卷的实证分析，本节进一步验证了上述模型初始概念
图，如图 5 - 12 所示。实证结果也支持了 30 个假设验证中的 26 个。见表
5 - 25。

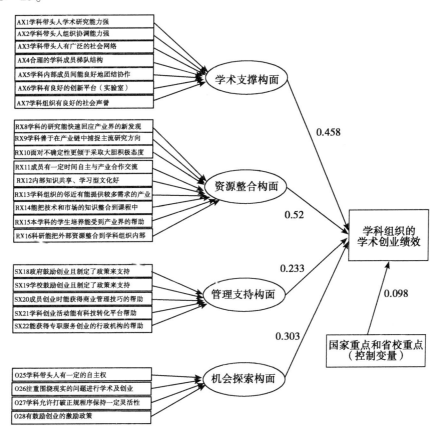

图 5 - 12　模型构建的多元回归实证结果

表 5 - 25　　　　　　　　　模型的研究假设检验结果汇总

解释变量	假设	具体内容	验证情况
学术创业力概念	H1	学科组织学术创业力是一个多维度、综合的概念，由四个构面组成	通过

续表

解释变量	假设	具体内容	验证情况
学术支撑能力构面	H2	学科带头人学术研究能力强与学科组织学术创业绩效正相关	通过
	H3	学科带头人组织协调能力强与学科组织学术创业绩效正相关	通过
	H4	学科带头人有广泛的社会网络与学科组织学术创业绩效正相关	通过
	H5	合理的学科成员梯队结构与学科组织学术创业绩效正相关	通过
	H6	学科内部成员间能良好的团结合作与学科组织学术创业绩效正相关	通过
	H7	学科有良好的创新平台（实验室）与学科组织学术创业绩效正相关	通过
	H8	学科组织有良好的社会声誉与学科组织学术创业绩效正相关	通过
资源整合能力构面	H9	学科的研究能快速回应产业界的新与学科组织学术创业绩效正相关	通过
	H10	学科善于在产业链中捕捉主流研究方向与学科组织学术创业绩效正相关	通过
	H11	面对不确定性情况时学科更倾向于采取大胆积极的态度与学科组织学术创业绩效正相关	通过
	H12	学科成员有一定时间自主与产业合作交流与学科组织学术创业绩效正相关	通过
	H13	学科成员内部知识共享、学习型文化好与学科组织学术创业绩效正相关	通过
	H14	学科组织邻近能提供较多的需求的产业与学科组织学术创业绩效正相关	通过
	H15	能把技术和市场的知识整合到学科专业相关课程中与学科组织学术创业绩效正相关	通过
	H16	本学科的学生培养能受到产业界的帮助与学科组织学术创业绩效正相关	通过
	H17	学科的科研能把外部资源整合到学科组织内部与学科组织学术创业绩效正相关	通过
管理支持能力构面	H18	学科领导对学科创业很重视与学科组织学术创业绩效正相关	未通过
	H19	政府鼓励本学科创业与学科组织学术创业绩效正相关	通过
	H20	学校鼓励本学科创业与学科组织学术创业绩效正相关	通过
	H21	学科成员创业时能获得商业管理技巧的帮助与学科组织学术创业绩效正相关	通过
	H22	学科的创业活动能有科技转化平台帮助与学科组织学术创业绩效正相关	通过
	H23	学科能获得专职服务学术创业的行政机构或办公室的帮助与学科组织学术创业绩效正相关	通过

续表

解释变量	假设	具体内容	验证情况
机会探索能力构面	H24	学科带头人有一定创业经验与学科组织学术创业绩效正相关	未通过
	H25	学科成员有创业意愿与学科组织学术创业绩效正相关	未通过
	H26	学科带头人有一定的自主权（人、财权）与学科组织学术创业绩效正相关	通过
	H27	学科注重围绕现实问题的进行学术创业与学科组织学术创业绩效正相关	通过
	H28	学科允许打破正规程序保持一定灵活性与学科组织学术创业绩效正相关	通过
	H29	学科有鼓励创业的激励政策与学科组织学术创业绩效正相关	通过
	H30	学科组织能获得良好的跨学科网络活动支撑与学科组织学术创业绩效正相关	未通过

1. 针对本章的第 2 个研究问题，结果显示：

学科组织学术创业力是一个多维度、综合的概念成立，包括资源整合、学术支撑、管理支持、机会探索四个维度。

而对于四个维度：资源整合能力因子和 RX1 到 RX9 的 9 个指标均相关；学术支撑能力因子和 AX1 到 AX7 的 7 个指标均相关；机会探索能力因子与 OX23、OX24、OX29 指标不相关，与 OX25、OX26、OX27、OX28 指标相关；管理支持能力因子和 SX18 到 SX22 相关，与 SX17 不相关。因此 29 个指标有 25 个指标和学术创业绩效正相关，通过了验证，说明了本书的理论建构较好。

进一步通过分析，发现被删除的四个指标"第 OX29 题：学科组织能获得良好的跨学科网络活动支撑；第 OX24 题：学科成员有创业意愿；第 OX23 题：学科带头人有一定的创业经验；第 SX17 题：学科领导对本学科创业很重视"。本书分析其对应的原因和对策是：

（1）对于 OX29 未通过，即学科组织能获得良好的跨学科活动支撑却不一定有较好的学术创业绩效。主要原因可能是当前我国大学整体上处于由独立学科模式向学科会聚模式的过渡阶段，部分研究型和综合性大学正在从金字塔式的单学科学术组织向矩阵式的跨学科组织模式转型（张炜、邹晓东，2011），跨学科还没真正发挥作用，或者学科组织自身还未发展到拥有一定的实力。犹如在美国 ASU 案例分析中提到，我国大学学术组织模式在管理和运行上的历史积弊已成为制约大学跨学科组织发展的结构性障碍。根据"变化的三角形"理论，大学跨学科体系改革的关键点在"系统实施"这条边上（Rhoten，2004）。而当前，我国的学科组织普遍还在点（个人创业）到线（学科组织、团队创业）的过程中，更缺乏系统的实施，从国外一流大学成功的案例来看，亟须要对创业做的比较好的学科着力从线到面（多学科、跨学科）的拓展和辐射。

（2）对于 OX24 未通过，说明学科组织成员有创业意愿却没有较好的绩效。借鉴美国 ASU 的案例可发现之所以该校进行系统的改革，组织结构的僵化和教师、管理者还无法接受注重应用科学、强调创业的思维定式是其主要原因。教师的无意的、功能障碍性态度是大学追求第三使命的主要问题（Laukkanen，2003）；要建立创业型大学，需要有更强的个体激励（Henrekson，2001）。因此如果说 OX29 是结构僵化的原因，那 OX24 未通过可能就是我国一些学科组织可能还存在着思维定式，亟须建立相应的创业激励机制，如人事晋升、工作考核等，激发师生创业意愿。另一原因就是学科成员们想创业，但是配套的能力和支持或者组织结构保障还跟不上，需要系统的学术创业力打造才能有更好的绩效。

（3）对于 OX23 未通过，即学科带头人有创业经验却没有好的组织层面的学术创业绩效。可能原因是我国学科带头人的创业经验还不很足或还未能有效给组织带来好处。这与宣勇（2007）的研究结果有部分一致，当前一些国家重点学科的带头人多是传帮带、历史自然形成的，平时又受累于太多的表格、行政杂事要处理，未有足够的时间致力于组织的发展。因此亟须要建立辅助的创业转化平台或 TTO 等，总结先进的创业经验、优化创业的流程，帮助学者从琐碎的事务中解脱出来，促进个人创业到团队创业再到网络创业的发展。Philpott（2011）也指出大学要提高创业产出，大学的管理者要更加关注个体层次，因此大学要克服缺乏创业楷模、缺乏统一的创业文化、学术晋升过程对创业努力之影响的三大障碍。

（4）对于 SX17 未通过，即学科领导对本学科创业很重视却不一定有较好的组织绩效。可能原因是我国政府和学校对学术创业普遍还未有实质的支持，到学科带头人这一层更是力量单薄，因此未对绩效有正影响。学者创业行为一般更可能是偷偷摸摸的（Louis & Jones，2001），学校对创业要适当予以管理支持，建立合法性机制（Rasmussen & Borch，2010），而且有效的政策和行动应该是多层次的，因此学校尤其是要根据自身的特色和定位，有针对的支持，一旦选定要支持的学科组织后，各层各级均要全力协同推进，才能发挥最大效果。

2. 针对本书的第 3 个研究问题，结果显示：

在考虑学科组织规模、学科重点级别、学科门类等控制变量的前提下，本书得出我国大学提升学科组织的学术创业绩效，资源整合能力最关键，其次依次是学术支撑能力、机会探索能力和管理支持能力。这与Clarysse（2011）对英国大学的研究结果有所差异，他研究得出影响学术创业绩效的最关键因素是学者个人的创业能力，其次是社会环境因素，TTO 则起着间接的促进作用，亦侧面反映了本书的价值所在。

第八节　不同变量下学科组织学术创业力的差异分析

一　研究的目的

上述的研究已经验证并构建了学术创业力四个能力因子的框架体系。在不同的学科门类、学科组织生命周期差异下，尤其是理工和人文学科或成熟期的学科组织和成长期学科组织，学术创业力四个因子表现出的强弱程度定会有所差异。尽管理论或主观上我们会感觉到这种差异的存在，但却较少有实证研究给予支持。通过实证数据对不同学科门类和组织生命周期的学科组织学术创业力进行分析，具有一定的理论和实践意义。

在学术创业力四要素模型基础上，下面将从不同学科组织门类的学术创业力差异、不同学科组织生命周期的学术创业力差异尝试进行剖析。

二　单因素方差分析

本节对于不同变量下的学科组织学术创业力的差异分析是运用SPSS20.0，采用单因素方差分析法（One Way Anova）。方差分析有三个前提条件：

1. 分布正态性。方差分析与 Z 检验和 T 检验一样，需要样本必须来自正态分别的总体。但是范柏乃（2008）又指出在公共管理研究领域，大多数变量是可以假定其总体分布是满足正态分布的基本要求的，因此方差分析不需去检验总体分布是否服从正态分布。因此为了便于进行有效的方差分析，考虑到医学由于样本量小，不大可能是正态分布，先删除之，同时由于本次样本的交叉学科中，理学多是和工学交叉的，且纯理学的样本量也不大，为方便统计，合并处理。同时亦将人文社科（多为经济学，历史学、法学等）和管理以及艺术等合并为一类，总共学科门类分3类来进行差异分析，鉴于上述回归分析时的结果，因此此次分类有所不同。

2. 效应可加性。即变异是可分解、可加的。该条件一般情况下也能够满足的。

3. 方差齐性。在进行方差分析时，需先对方差齐性进行检验，对于方差为齐性的采用LSD的两两t检验结果判断均值是否存在显著差异，用最小显著性差异方法的t统计量，两两检验各组均值是否有显著性差异。对于方差非齐性的采用tamhane的两两t检验结果判断均值是否存在显著差异（马庆国，2010）。

三　不同学科门类的学术创业力差异分析

不同的学科门类有不同的学术创业特质，学科的归属是影响学术创业绩效的重要变量（Martinelli & Meyer et al.，2008；Bekkers Bodas Freitas，2008），如工程类等应用学科更容易（Boardman，2008）。Tartari & Salter et al.（2012）、D'Este & Mahdi et al.（2012）、D'Este Perkmann（2011）对英国大学基于系层面的数据研究发现，有87.5%的生物医药系、78.7%的硬科学（hand sciences）系、99.1%的工程学系、68.8%的社会科学系以及27.0%的人文、艺术和语言系参与了各类产学合作，并且从产业界获得的资金占该类系总研究资金的比例分别为12.8%、14.4%、28.3%、13.6%、6.7%。Lee（1996）发现工程和应用科学学科（具体指化学工程、电子工程、计算机科学和材料科学）的教师最为支持大学的技术转移政策，其中83.4%的工程和应用科学的教师愿意进行用户导向的研究，而基础科学和社会科学教师相应的比例为73%和42%。同样（Azagra-Caro，2007）用产学合同数量测度产学合作绩效，发现工程和技术学科的教师更倾向于产学合作，其次为自然科学的教师，最后是社会和人文学科的教师。但Schartinger & Rammer et al.（2002）等发现，自然科学、技术科学、农业科学以及经济方面的学科比医药学科、人文社会科学有更高的产学合作兴趣。Bozeman & Gaughan（2007）的研究则发现农科、工科、计算机科学比物理学科参与了更多的产学合作。

假设H31：基于不同学科门类的学科组织，学术创业力四因子表现的强弱程度也存在差异。

表 5 - 26　　　　　　不同学科门类的学术创业力单因素方差分析结果

学术创业力	Sum of squares	均值差异检验		方差齐性检验	
		F 值	Sig.	Sig.	是否齐性
学术支撑能力	234.969	0.782	0.459	1.000	是
资源整合能力	237.718	0.047	0.954	0.871	是
管理支持能力	237.383	4.580	0.011	0.673	是
机会探索能力	228.694	0.510	0.601	0.379	是

注：方差齐性检验的显著性水平为 0.05。

　　表 5 - 26 显示基于不同学科门类的学术创业力的四个构面，方差都是齐性的。学术支撑能力构面的方差总平方和是 234.969，组间平方和是 1.567，F 值为 0.782，显著性水平为 0.459，即表明，此次分析所选的三大学科门类在学术支撑能力方面不存在显著的差异。

　　资源整合能力和机会探索能力的均值差异检验的显著性水平分别为 0.954，0.601，亦说明此次分析所选的三大学科门类在资源整合能力和机会探索能力构面亦不存在显著的差异。

　　而在管理支持能力的显著性水平为 0.011，F 值为 4.580，即说明在 5% 的显著性水平下，此次分析所选的三大学科门类在管理支持能力构面上存在着显著差异。再经过两两多重比较检验，SPSS 给出了所选择的 LSD 和 TamhaneT2 的两两检验的结果，由于前面已分析出方差具有齐性的结论，所以这里应当读取 LSD 的检验结果，结果显示，在 5% 的显著性水平下，在管理支持能力上理工科和农学有着显著差异，理工科均值高，两者均值差为 0.521。即在一定程度上说明此次样本组织里的理工科在管理支持这维度的得分高，这亦与我国大学现实相符。

四　不同学科组织生命周期的学术创业力差异分析

　　学科组织如同企业一样，存在着生命周期，包括生成期（孕育期）、生长期（成长期）、成熟期和衰退期，每个阶段有自己的特征和策略。宣勇（2009）基于国家重点学科的调查，提出大学学科组织成熟的八大标志：研究领域、方向和水平的不可替代性；标志性的研究成果；可持续的知识产出；稳定的资源获取；明晰的组织结构；规范的学科制度；良好的学科传统；较高的国际化程度。黄超（2011）将大学学科发展进程划分为萌芽期、快速成长期、稳步成长期、衰退期或再成长期四个阶段，并认为在不同阶段，构成大学学科成长能力的四个子能力并不总是处于强势状态。因此：

假设 H32：不同学科组织的生命周期阶段，学术创业力四因子表现的强弱程度也存在差异。

由于孕育期和衰退期的样本数较少，不符合正态分布，亦无代表性，此处分析时只选择了成长期（120 个）和成熟期（117 个）两个阶段，因此只需独立样本 T 检验即可。单就学术支撑能力上看，成长期的均值要低于成熟期（见表 5 – 27），但两个组别平均数间高低的差异必须经过 TEST 才能确知其差异值间是否达到显著，若是 T 检验结果的统计量未达到显著水平，则此种差异没有意义。（吴明隆，2010）平均数差异检验的基本假设之一就是方差同质性，因而 SPSS 在进行 T 检验之前，SPSS 会用 Levene 检验法来检验两组的方差是否相等。表 5 – 28 显示四个因子均是方差相等，其中学术支撑能力因子的 T 检验显著，说明存在显著差异，另外 Eta 方为 0.051，说明在成长期和成熟期这一变量可以解释学术支撑能力变量总方差的 5.1% 的变异量。

表 5 – 27　　成长期和成熟期的学科组织学术创业力各构面的组统计量

学术创业力	组织生命周期	N	均值	标准差	均值的标准误
学术支撑能力	成长期	120	– 0.1740156	1.00548162	0.09178749
	成熟期	117	0.2566691	0.84894510	0.07848500
资源整合能力	成长期	120	0.0540476	0.90049050	0.08220316
	成熟期	117	0.0365371	1.02719885	0.09496457
管理支持能力	成长期	120	– 0.0177195	0.99315312	0.09066206
	成熟期	117	0.0485798	1.00599941	0.09300468
机会探索能力	成长期	120	0.0330108	0.95336845	0.08703023
	成熟期	117	0.0082629	1.02932338	0.09516098

表 5 – 28　　　　　成长期和成熟期学科组织学术创业力差异分析

学术创业力		均值方差 T 检验			方差方程 Levene 检验	
		T 值	均值差值	Sig.（双侧）	Sig.	F 值
学术支撑	假设方差相等	– 3.559	– 0.4307	0.000	0.070	3.322
资源整合	假设方差相等	0.140	0.0175	0.889	0.190	1.725

续表

学术创业力		均值方差 T 检验			方差方程 Levene 检验	
		T 值	均值差值	Sig.（双侧）	Sig.	F 值
管理支持	假设方差相等	−0.511	−0.0663	0.610	0.986	0.000
机会探索	假设方差相等	0.192	0.0247	0.848	0.735	0.114

注：显著性水平为 0.05。

五　实证结果与讨论

实证分析结果显示，假设 H31 和 H32 均部分通过验证。学科组织的成长及学术创业能力的提升要注重差异性，要根据不同生命周期阶段的特征选取针对性的策略，这与邹晓东（2003）、宣勇（2009）、单佳平（2012）、Rasmussen & Borch（2010）等学者的结论较为一致。也与对多位学者访谈时的结论较符合："创业可以分学科性质不同，逐步展开，学校要对现有的学科进行分类，分清哪些是创业型学科，哪些是主力，哪些是助攻，有针对性地进行政策支持"。

表 5 – 29　　学科组织学术创业力差异分析的研究假设检验结果

假设	具体内容	验证情况
H31	基于不同学科门类的学科组织，学术创业力四因子表现的强弱程度也存在差异	部分通过
H32	不同学科组织的生命周期阶段，学术创业力四因子表现的强弱程度也存在差异	部分通过

第九节　小结

本章是本书的重头戏，经过系统科学的问卷设计，历时 14 个月的问卷调查，相当数量的高层次人才的大力支持，以回收的 246 份问卷为样本，首先对问卷数据进行了描述性统计、信度和效度，再综合运用因子分析、多元回归分析、方差分析等方法，对大学学科组织学术创业力作用于绩效模型进行了实证构建。

通过描述性统计，这展示了问卷受访者、受访学科组织的基本信息。

通过信度效度检验，显示了各个构面较好的信度，剔除了学术创业绩效的 Y7 指标，为后续的分析奠定基础。

通过因子分析从学术创业力29个指标体系中选取了25个指标，剔除了SX17、OX23、OX24、XO29这4个指标。构建了学术支撑、资源整合、管理支持、机会探索四个公共因子，验证了上述对学术创业力概念以及构成的理论假设。

通过多元回归分析，本书结合控制变量（虚拟变量），对学科组织学术创业力作用绩效机制作了深入的探索，结果显示学术创业力的四个构面均显著回归。

最后，笔者还基于上述建构的学术创业力模型，通过方差分析，探讨了不同学科门类、不同生命周期阶段的学科组织在学术创业力四个构面上的差异性。

第六章

打造学科组织学术创业力，促进绩效提升

学科组织学术创业力是指促进传统的大学学科组织向知识创业型组织转型，最终使学科学术创业绩效提升的组织能力，它来源于学科组织的内外部各要素，终极目的是促进组织绩效发展。综上所述，系统打造我国大学学科组织的学术创业力的对策如下：

第一节　更新理念，明确定位，系统打造 RAOS

大学的发展有多种多样的模式，当前我国大学的师资、教学、科研、创业等方面与世界一流大学相比都存在很大差距，但这些差距都只不过是表象，理念上和制度上的差距才是最大的差距。

大学和学科是互动的。学科组织是大学功能实现的落脚点和基本组织单元，但是学科组织的发展首先需要大学有明确的定位和科学系统的战略规划。从上述案例分析中可知，国外的大学发展一般定位明确，理念新颖，且有系统的战略规划，如"斯坦福的优异加广博""德国 TUM 的未来概念大学""ASU 的新美国大学及其八条黄金准则""美国 SIT 的学术创业三角""英国 IC 明确的 6 个战略主题及'最好的应用研究只有在最好的基础研究的根基上才能可持续发展'的理念"等。基于此，大学的学科组织才能明确和更好地秉承大学的使命和战略主题。对处于发展中国家的我国大学学科组织而言，应该有一大批的学科组织树立学术创业的理念，"教学—科研—创业"三者紧密结合，从离散的要素建设到注重学术创业力的系统打造，从而培养一大批创业人才，产生一大批可产业化的高端科研成果，助力我国产业的转型升级。

学科学术创业力的打造离不开利益相关者的共同努力，正如笔者对中

南大学访谈时发现："创办学科公司，由于单一学科感觉力不从心，所以采用合作的模式，风险投资前景看好，联合注资，大学技术入股，运行则选用专业管理人才。"从上述实证分析中亦可知，学科组织学术创业力包含完整的四个构面，其重要性依次是资源整合能力（R）、学术支撑能力（A）、机会探索能力（O）、管理支持能力（S），相应的回归系数为0.520，0.458，0.303，0.233。因此应以资源整合为重点，自上而下的管理支持和自下而上的学术支撑相结合，同时注重机会探索来培育组织的二元性，从而系统地打造RAOS。由于学术创业的多样性、异质性，如果仅仅关注单一因素或局部因素，在不同的情境下难以有效发挥，这亦是本书构建学术创业力的重要价值所在，亦是创业型大学本土化的关键。

第二节 紧接产业，基于问题，加速学科整合

通过本书的实证，学术创业力资源整合能力的9个指标均通过了验证。其中"RX9学科善于在产业链中捕捉主流研究方向"的均值排在首位，为5.2398，其次就是"RX1成员有一定时间自主与产业合作交流"，均值为5.1707，说明对于我国大学学科组织而言，关键在于对接产业需求，加速整合。学术创业并不是独立的运行，它还会影响到教学和科研等其他大学活动（Nelson，2004），因此还应努力做到三个平衡（Rasmussen & Gulbrandsen，2006；Rasmussen & Borch，2010）：学术（教学、科研）和创业平衡、基于学科自下而上的创新和基于问题的跨学科合作平衡、基础研究和应用研究的平衡。正如英国IC的经验所言，过度的产业化会不利于基础研究的发展，而基础研究是应用研究可持续发展的保障。

在我国大学内部，学科划分过细，导致学院和机构臃肿、数目庞大、边界分明已是备受诟病，且一些传统的学科组织的发展是基于学术兴趣或者行政安排，较少紧密结合社会需求，导致多数组织里是单兵或小团体作战，难以形成协同合力。反观鼎鼎大名的斯坦福也只有7个学院，英国IC仅4个，德国的TUM也仅13个。仔细分析，如斯坦福闻名遐迩的工程学院，下设生物工程、化学工程、机械工程等7个系，反观我国可能这样1个系就设1个学院，仅一个工程系就可以直接分割出去7个学院。又正如沃里克大学的Nigel Thrift（2010）所说学科组织要专业化（specialization），如现有一些英国大学的学科太广泛，很难做到世界领先，尤其是相

关性较强的学科要进行适当的整合与兼并，在多样化和专业化之间保持平衡。

通过上述美国 ASU 的案例可知，该校为了提升学术创业力，围绕创业，对全校的学科进行了重组，建立了基于问题的自定义式的跨学科组织，通过这样一种有特色的方式去争取外部资源，再利用资金杠杆，寻求更大的项目，形成良性循环，形成带动学科组织的发展。正如本书的一些问卷受访专家在建议中写道："学科组织和学术研究应与我国产业发展紧密结合"。作为德国精英大学的 TUM 打造学科组织学术创业力的重要措施就是"对接未来技术产业"。

第三节 人才为本，树立楷模，凝聚团队合力

一流的学科归功于一流的人才。这是导师团队在对浙江大学多位教授访谈时提到频次最高的观点。如："一个优秀人才能够带动一个学科、一个平台，甚至一个学院"。"世界一流学科必然是以人为代表的，必然有一批具有重大影响力的人"。

通过上述国外一流大学打造学科组织学术创业力的案例分析可知：引进和培育一流的学科带头人和团队以及学科团队成员间的团结协作和打造学科组织学术创业力的关键要素。值得一提的是，斯坦福引进的人才除了学术上要求一流外，还强调教师要拥有重要的特质：相关产业需求意识以及他们的创业精神。英国 IC 则除了重视已经取得卓越绩效的研究团队，也注重有潜力的团队及后继青年教师的培养。德国 TUM 则注重从全世界范围内的大学、企业或科研院所招揽人才。而在对我国多所大学的一些学科带头人的访谈中发现："在引进人才的过程中，我们往往比较关注有名头的人才，而对那些有学术发展潜力的年轻人才关注不够"。"缺乏对学科团队建设方面的评价，学科带头人在德操不足的情况下，难以将更多精力放在学科队伍建设上"。"学科难以有效组织，一方面是一些学科带头人学术能力强但组织协调能力不一定强，另一方面对学科带头人没有团队建设的考核指标，结果往往是一盘散沙，学术成果水平有限，高水平的创业更是遥远"。

Philpott（2011）指出大学要提高创业产出，管理者尤其要克服缺乏创业楷模、学术晋升过程对创业努力的影响的障碍。而中南大学的学科创

业水平的一流，离不开黄伯云院士等一批优秀的高层次创业楷模，而且中南大学还设立了"中南大学千人学者"等灵活的人才机制，横向经费结余超过 500 万元以上即授予该称号，博士招生名额、资格也有鼓励，年薪可达 80 万元以资助激励那些创业优异的教师。

本书的问卷实证结果显示，学术支撑能力是第二大关键能力，对绩效的回归系数为 0.458。其构成要素依次是 AX2 学科带头人组织协调能力强、AX1 学科带头人学术研究能力强、AX5 学科内部成员间能良好地团结协作、AX3 学科带头人有广泛社会网络、AX4 合理的学科成员梯队结构、AX7 学科组织有良好的社会声誉、AX6 学科有良好的创新平台（实验室、中心）。这 7 个指标均对绩效是正影响，通过了假设检验。说明了打造学科组织学术创业力，不仅要有学术研究能力强且组织协调能力强的学科带头人，而且成员间要有良好的团结协作。其中 AX7 学科组织有良好的社会声誉（信用支持）的均值在所有 29 个指标里是最高的，为 5.7073，并且对绩效有正影响。这与产学合作的关键是供求关系，主要障碍是信息不对称①，因为在不了解合作双方相关信息的情况下，良好的组织声誉为双方初期合作提供了信用支持。因此构建合理多元的学科梯队结构，尤其是注重培养一部分有产业需求意识的青年人才，从而可持续的积累组织的声誉亦是绩效提升必不可少的因素。

结合机会探索构面的问卷实证分析，发现 OX23 学科带头人有一定的创业经验未通过验证。这对遴选和培养适合学科组织提升学术创业绩效的学科带头人也有一定的启示：组织协调能力强、学术研究能力强、较广泛的社会网络、不一定要有创业经验，且学科团队的建设作为其关键的考核指标。

第四节   政策引导，把握差异，分层分类推进

创业型大学作为一种新的大学定位，在我国主流的高等教育评价体系与政府在办学资源的配置中会处于不利地位（宣勇，2010）。从上述案例美国、德国和英国来看，美国高校创业有尤因马里恩考夫曼基金会等、德国高校创业有卓越计划等，英国有白皮书《创新国家》等一系列政策或

① 在访谈中亦有多位受访者提到此观点。

措施的支持，中国教育部的 2011 计划的提出在很大程度上亦促进了高校和产业、科研机构间的协同创新。但总体来说政府的支持力度还不够，而且大学的政策不够灵活。

（Rasmussen，2008；Goldfarb & Henrekson，2003；Rasmussen & Borch，2010）的研究结论指出，有效的政策和行动应该是多层次的，这些政策应该被嵌入学科组织的内部和外部中去，如大学管理者、学科管理者、研究团队、产业界伙伴等各层次。又如本书问卷一位受访者建议："各级领导切实推动科学技术转化为现实生产力，才能在实践中更有成效地发挥科技是第一生产力的作用，真正促进社会进步、经济发展。"

打造和维持学科组织的学术创业力同样也需要大量的成本（Winter，2003）。本书所构建的学术创业力的四个构面亦均需要大量的资源去维持、去培育，有国外学者已研究证明，如果大学能提供高水平的支持，那相应的培育出的衍生企业也会具有高成长性（Roberts & Malone，1996；Degroof & Roberts，2004），但是这种高度资源依赖的策略，并不是适合所有的学校、学科，应该综合考虑一下成本、效率再考虑是否采取这种战略。所以对我国政府而言，则应该选取几所有潜力的大学；对学校而言，则应选取有潜力的几个学科；对学科组织而言要选取有潜力的团队或个人进行有差异的重点支持。Shane（2009）研究也有类似结果，鼓励更多的人创业并不是一项好政策，多国的数据显示大量典型的初创公司（typical start-ups）[①] 所产生的就业岗位及经济贡献总和比不上少量的高成长的初创公司（high-growth start-ups），所以政策制定者应停止资助典型的初创公司，而应重点资助高成长性的初创公司，即"停止将花生酱涂得很薄（stop spreading the peanut butter so thin）"。

而本书的实证研究显示，"SX18 政府鼓励创业并制定了相应的政策"，"SX19 学校鼓励创业并制定了相应的政策"的均值分别为 4.829，4.350，并通过了假设验证，而"SX17 学科领导对本学科创业很重视"均值虽更高，为 4.95，但由于其在学术创业力的构面上用因子分析进行效度检验时被删除，而未通过假设验证。说明当前阶段，政府和学校的支持对学科

---

① 指一家注册资金约 25000 美元（以创始人的储蓄为主的），零售或个人经营服务的公司（Hurst & Lusardi，2004）；或者指创始人希望在未来五年产生大约 100000 美元的收入的公司（Haynes，2001）。类似我国一些学校学生开的网店、个体门面等。

组织的学术创业力打造较关键，对绩效的影响也更明显。如案例 ASU 中分析的政策经验：制定了许多促进创业的制度政策，为了简化程序，推出了许可使用模板和赞助研究协议范本，帮助减少创业时在条款和条件谈判花费的时间。同时，阻碍创业行为的政策则尽量减少。如抑制创造性思维，使院长、学科带头人疲于应付报表文书等。

第五节　搭建平台，注重参与，激发创业激情

从上述国外成功的案例还可看出，学科组织学术创业力的提升乃至一所创业型大学的建立，都离不开一个能整合各方财力、汇聚各方人力的科技转化平台。斯坦福和硅谷自然不必多说，再看美国 ASU 的天空之歌（SkySong）办公楼，号称 5 亿美元的世界级的知识、技术研究和商业的组装点。13.5 万平方米密集地充满着创造性的教育、科研、文化、零售和住宅空间，一方面为当地的成熟公司提供空间，另一方面还招聘大型全球性和跨国公司，从而促进大学和创业者能进行有益的交流。英国 IC 的帝国创新集团是英国第一个大学拥有的并上市的商业化公司，作为 IC 的技术转让办公室，以保护和最大限度地利用学院从研究中产生的商业机会，其整合的商业模式成为英国其他高校和世界的榜样，2013 年集团净资产总额约为 2.3 亿英镑，而投资总估值约为 1.8 亿英镑。再如德国 TUM 的 UnternehmerTUM，它是 TUM 创新创业的推动中心，在欧洲亦是数一数二。该中心旨在积极促进解决社会挑战，从而加强德国未来的可持续发展，同样是人才、技术、资金和客户等汇集地。不仅如此，TUM 还有技术转移办公室 TUMForTe。是 TUM 所有和产业合作相关的研究的第一个接触点和中央协调办公室。下设多个能高效服务学术创业的办公室。

而通过本书的实证结果显示，"SX22 能获得专职服务学术创业的行政机构或办公室的帮助" "SX20 成员创业时能获得商业管理技巧的帮助" "OX28 学科组织有鼓励创业的激励政策" "SX21 学科活动能有科技转化平台帮助"的均值分别列倒数第一、第二、第三和第五位。这四个指标均通过了假设验证，即对学科组织的学术创业绩效是正相关的。正说明这四块是我国大学学科组织学术创业力提升的关键短板。

学科组织的核心功能还在于人才培养，从上述几个案例亦可看出，注重学生参与，师生互动，建立鼓励创业的机制、政策，激发师生的创业激

情是提升学术创业力的重要一环。如在斯坦福，教学和科研是密不可分的，学校鼓励学生直接与公司对话合作，而每个教师都会给学生提供各种各样的机会。本书的一位问卷受访专家建议中提道："过去十多年，'国进民退'、全民考公务员等现象，使得具有创业激情的学生越来越少，这与建设创新型国家的愿望是背道而驰的，希望新一届政府能在此方面有所改变。"另一位提道："建议国家在高校内部建立引导学生和老师联合创业的机制，这样可实现学生和老师利益的一致性，从而更好地协同学生的创业激情和老师的科研基础。一定程度上可避免学生或老师单独创业所面临的实际问题。"还有位专家提道："大学老师有教学任务，创业也应该列为重要工作内容，进入奖惩制度。"因此，有浓郁的创业氛围、丰富的学习资源、灵活的授课方式、多元的评价标准，才能造就独具特色的创新创业人才。

从本书的实证结果来看，"OX24 学科成员有创业意愿"未通过假设验证，而"RX12 学科成员内部知识共享、学习型文化良好""RX15 本学科的学生培养能受到产业界的帮助"两指标则通过了假设验证。说明通过学习型的文化和知识共享，让学科的师生均能参与到相关的学术创业过程中来，对学术创业绩效有促进作用。

综上所述，笔者通过理念的更新、学科的整合、合力的凝聚、政策的引导、热情的激发，使自上而下的管理支持和自下而上的学术支撑相结合，同时注重资源整合与机会探索能力结合来培育学科组织二元性（Ambos & Mäkelä et al.，2008），提高其适应性，从而系统地打造学术创业力，最终促进学科组织的学术创业绩效提升。

第七章

主要结论与展望

知识经济时代，科技、教育和产业间需要越来越多更深层次和更有效率的互动，学术创业继而成为重要的研究主题。已有的学术创业文献对大学层次（创业型大学）、个人层次（学术企业家）研究较多，但对学科组织层次研究还较少。国外相关学术创业的文献在逐年递增，而国内相对还较少。

由于学术创业既是内源性，亦是外源性的，更是异质性的，过于静态的研究有所局限，而组织能力指一个组织执行一组协调的任务，利用组织资源，实现一个目的能力。既是资产也是能力，具备一定动态性，因此从（学术创业力）能力的角度将更有解释力。

课题基于学科组织层次构建学术创业力理论模型，借鉴知识管理理论、组织（二元）能力理论和三螺旋理论，结合知识图谱、学科访谈、案例比较、问卷调查、因子分析、多元回归、方差分析，解析学术创业力的内涵和构成等多个维度，并实证研究了学科学术创业力作用于绩效的模型，提出了相应的对策，以期为协同创新、学术创业兴起、新知识生产模式背景下的学科建设提供一种新思路。

第一节　主要结论

本书致力解决的三个问题：

1. 学科组织学术创业能力的概念是什么？

通过大量的国内文献梳理和知识图谱，本书认为学科组织学术创业力是指一系列内部要素和外部要素的组合，是促进传统的大学学科组织向知识创业型组织转型，最终使学科学术创业绩效提升的组织能力。

2. 作为 Y 的学科组织，学术创业（能）力的构成要素是什么？

综合"学科组织不同的要素建设"和"学术创业绩效的多层次影响因素框架体系"相关文献，基于组织能力理论、知识管理理论、三螺旋理论，得出以下结论：

通过对31份访谈资料的内容分析，初步整合构建了学科组织学术创业力四维度理论模型：资源整合能力、学术支撑能力、机会探索能力和管理支撑能力。再通过对美国斯坦福大学、美国亚利桑那州立大学、英国帝国理工学院、德国慕尼黑工大打造学科组织学术创业力措施的案例综合分析，进一步充实了学术创业力的四维度理论模型。最后通过对国内较优秀的246个学科组织的问卷调查，运用探索性因子分析，验证了学科组织学术创业力四维度假设及每个维度的测量指标。

结果显示：资源整合能力因子和RX8到RX16的9个指标均相关；学术支撑能力因子和AX1到AX7的7个指标均相关；机会探索能力因子与OX23、OX24、OX29指标不相关，与OX25、OX26、OX27、OX28指标相关；管理支撑能力因子和SX18到SX22相关，与SX17不相关。本书还进一步分析了四个未通过验证的指标可能的原因，提出了系统打造学科组织学术创业力的重要性。

3. 作为X的学科组织学术创业力作用于绩效的模型（对策）是什么？即学术创业力和学术创业绩效的关系如何？以及不同变量下的学术创业能力的差异分析。

首先，国外一流大学打造学科组织学术创业力的案例的综合分析，对于我国至少有以下几点启示：（1）更新理念，系统的战略规划；（2）学科要提升创业绩效，需与产业紧密联系，尤其是和区域产业的无缝嵌入；（3）注重平衡：学术和创业平衡、基于学科的创新和基于问题的跨学科合作的平衡、基础研究和应用研究的平衡；（4）离不开强大专业的转化平台支撑。

其次，通过246份问卷的多元回归实证分析，在考虑学科组织规模、学科重点级别、学科门类等控制变量的前提下，得出我国大学提升学科组织的学术创业绩效，资源整合能力最为关键，然后依次是学术支撑能力、机会探索能力和管理支撑能力。再通过不同变量下学术创业力的方差分析，发现大学要根据学科的门类、学科组织的生命周期进行差异化的支持，如对工科等创业型学科要加大管理支撑能力的培育，对人文社科等非创业型学科要促使其向创业型学科进行整合、结合来形成自身特色，才能提升学术创业绩效；而对处于成长期的学科组织，要注重其学术支撑能力的培育，促使其向成熟期迈进。

4. 系统打造学科组织学术创业力，提升组织绩效的对策

课题综上述分析，提出了五点对策：更新理念，明确定位，系统打造RAOS；对接产业，基于问题，加速学科整合；人才为本，树立楷模，凝聚团队合力；政策引导，把握差异，分层分类推进；搭建平台，注重参与，激发创业激情。

学科组织学术创业力的打造离不开利益相关者的共同努力。通过理念的更新、学科的整合、合力的凝聚、政策的引导、激情的激发，使自上而下的管理支持和自下而上的学术支撑相结合，同时注重资源整合与机会探索能力结合来培育组织二元性，提高适应性，从而系统地打造学术创业力，才能最终促进学科组织的学术创业绩效提升，使学科组织的功能更好地发挥，并转型为知识创业型组织。

第二节　研究局限和展望

一　局限和不足

学术创业是一个非常复杂的现象，如本书上述分析的那样具有多样性、动态性、层次性、异质性，但国外仍是有相当数量的文献在探究它的概念究竟是什么、特征是什么（Mars，2010）。而对于学术组织的学术创业能力的培育和作用机制的研究国外亦还处于初期阶段（Rasmussen & Borch，2010），而且学术创业能力是动态进化的（Moray & Clarysse，2005），这都给本书增加了难点。

大学学科建设是我国大学永恒的命题，创业型大学的本土化亦任重道远，这些要素的结合使本书的大学学科组织学术创业力的研究成为理论性和现实性都很强的命题。在导师的精心指导和团队的大力支持下，仍只是解决了其部分问题，结合问卷调查时专家所留的建议，本书的一些局限如下：

1. 学科组织学术创业能力的构成要素有待进一步识别

本书通过研究大量的文献、31 份访谈资料，四个国外大学案例、246份问卷初步构建了学科组织的学术创业能力的四维度模型，开发了其测量

问卷，这对后续的相关研究者有一定的参考价值。但是这四维度是否全面、四维度的相对重要性如何，以及各维度的测量指标是否科学，如有问卷受访专家建议"问卷个别选项有点模糊，若能举个例子将更好填写"等，都有待进一步的验证和深入研究。

2. 几个测量指标未通过验证，有待更多的实证

虽然在对样本进行实证研究时，一些测量指标未通过验证是很普遍和正常的现象，本书的 SX17、OX23、OX24、XO29 这 4 个指标在文献论述、案例分析或我们的普遍认识中均属于较重要的指标，但本次研究并未通过验证，这有多方面的原因，本书亦给予了一定的分析，后续研究将持续关注。

3. 学科组织学术创业力的作用于绩效模型有待进一步深化

大学层次、团队层次、个人层次均有自己的学术创业绩效和机制。本书基于学科组织层次（中观层面）整合了学科学术创业的内源性因素和外源性因素，初步构建了学术创业绩效的评价体系和学术创业力的作用模型。但由于不同的学科门类、不同的组织规模乃至不同的大学类型，实际上对学术创业力的作用机制均有影响，如有问卷受访专家就建议"若按管理、工科、医科分开针对性问卷调查将更好"，但限于时间和精力，未能深入地研究。

此外如案例美国 ASU 的"全球参与"准则、英国 IC 的"与世界接触交流"、德国 TUM 的国际化的师资、国际化的课程、国际化的网络（战略联盟）给其创业型大学建设带来的好处，虽已详细展开说明，但学科组织的国际化亦对学术创业绩效有重要影响，这一点在访谈及查阅相关优秀学科组织的基本资料时均有所体现，本书限于精力还未能充分展开，有待后续继续跟踪深入。再如学术创业的后果、（医学学科）伦理或风险如何控制以及它对基础研究的冲击（Poyago Theotoky & Beath et al.，2002）等亦须进一步探讨。

二 研究展望

（一）关注外源性要素

学术创业是内源性和外源性的统一（Etzkowitz，2003）。在国外一流大学的案例和本书的实证研究中不难发现，针对培育学科组织的学术创业能力，其外源性因素起着很关键的作用，本书亦给予大量的关注，后续研

究可在本研究开发的量表基础上，特别关注这些外源性要素。

（二）关注其他层次的学术创业能力

学术创业是多层次的，可分为国家/区域/大学、机构/学科、个人等层次。（Brennan & McGowan，2006），后续的研究可从个人、团队或大学等层次展开研究其学术创业能力、学术创业绩效等。这在导师的团队中亦有同门初步展开。

（三）关注学术创业力测量问卷的优化和实践

企业界对其组织创业氛围的测量有成熟的 CEAI（Corporate Entrepreneurial Assessment Instrument）问卷，一些学者（Hornsby & Kuratko et al.，2002；Marzban，2013）在其基础上开发了适合教育组织的问卷。美国史蒂文斯理工学院学术创业办公室每年用其 AE 问卷对学院的学术创业情况进行跟踪测量，从而保证学术创业战略落实到每一个学科和每一位教师。本书用探索性因子分析初步构建了我国大学学科组织的学术创业力的测量表。因此后续一些致力于创业型大学本土化的院系可在此基础上优化，并用于指导自身实践。

参考文献

[1] Agrawal, A., Henderson, R., "Putting Patents in Context: Exploring Knowledge Transfer From MIT", *Management Science*, 2002, 48 (1): 44—60.

[2] Alvarez, S., Busenitz, L., "The Entrepreneurship of Resource-Based Theory", *Journal of Management*, 2001, 27 (6): 755—775.

[3] Ambos, T. C., Mäkelä, K., Birkinshaw, J., "When Does University Research Get Commercialized? Creating Ambidexterity in Research Institutions", *Journal of Management Studies*, 2008, 45 (8): 1424—1447.

[4] Ambrosini, V., "Tacit Knowledge, Some Suggestions for Operationalization", *Journal of Management Studies*, 2001, 38 (6): 811—829.

[5] Andersson, M., "Regional Innovation Systems in Small and Medium-Sized Regions", *The Emerging Digital Economy*, 2006, 2 (1).

[6] Church, At., "Exploratory and Confirmatory Tests of the Big Five and Tellegen's Three-And Four-Dimensional Models", *Journal of Personality and Social*, 1994, 66 (1).

[7] Azagra-Caro, J., "What Type of Faculty Member Interacts with What Type of Firm? Some Reasons for the Delocalisation of University-Industry Interaction", *Technovation*, 2007, 27 (11): 704—715.

[8] Bassi, L. J., "Harnessing the Power of Intellectual Capital", *Training and Development*, 1997, 51 (12): 25—30.

[9] Bekkers, R., "Catalysts and Barriers Factors that Affect the Performance of University-Industry Collaborations", *Aalborg*, 2010.

[10] Bekkers, R., "Analysing Knowledge Transfer Channels Between Universities and Industry: To What Degree Do Sectors Also Matter?", *Research*

Policy, 2008, 37（10）: 1837—1853.

［11］Bercovitz, J. ,Feldman, M. , "Academic Entrepreneurs: Organizational Change at the Individual Level", *Organization Science*, 2008（19）: 69—89.

［12］Bloom, G. ,*The Social Entrepreneurship Collaboratory（SE Lab）: A University Incubator for a Rising Generation of Social Entrepreneurs*, Oxford: Oxford University Press, 2006.

［13］Boardman, P. C. , "Beyond the Stars: The Impact of Affiliation with University Biotechnology Centers On the Industrial Involvement of University Scientists", *Technovation*, 2008, 28（5）: 291—297.

［14］Bodwell, W. , Chermack, T. J. , "Organizational Ambidexterity: Integrating Deliberate and Emergent Strategy with Scenario Planning", *Technological Forecasting and Social Change*, 2010, 77（2）: 193—202.

［15］Bottazzi, L. , "Innovation and Spillovers in Regions: Evidence From European Patent Data", *European Economic Review*, 2003, 47（4）: 687—710.

［16］Bozeman, B. ,Gaughan, M. , "Impacts of Grants and Contracts On Academic Researchers'Interactions with Industry", *Research Policy*, 2007, 36（5）: 694—707.

［17］Branstetter, L. , "Is Foreign Direct Investment a Channel of Knowledge Spillovers? Evidence From Japan's FDI in the United States", *Journal of International Economics*, 2006, 68: 325—344.

［18］Brennan, M. C. ,Mcgowan, P. , "Academic Entrepreneurship: an Exploratory Case Study", *International Journal of Entrepreneurial Behaviour & Research*, 2006, 12（3）: 144—164.

［19］Bruyat, C. , "Defining the Field of Research in Entrepreneurship", *Journal of Business Venturing*, 2001（16）: 165—180.

［20］Callon, M. , "is Science a Public Good?", *Science Technology and Human Values*, 1994（19）: 395—424.

［21］Caniëls, M. ,*Knowledge Spillovers and Economic Growth: Regional Growth Differentials Across Europe*, UK: Edward Elgar Publishing, 2000.

［22］Cantarello, S. , Martini, A. ,Nosella, A. , "A Multi-Level Model for Organizational Ambidexterity in the Search Phase of the Innovation Process", *Creativity and Innovation Management*, 2012, 21 (1): 28—48.

[23] Cao, Q., Simsek, Z., "Modelling the Joint Impact of the CEO and the TMT on Organizational Ambidexterity", *Journal of Management Studies*, 2010, 47 (7): 1272—1296.

[24] Carmeli, A., "How Top Management Team Behavioral Integration and Behavioral Complexity Enable Organizational Ambidexterity: The Moderating Role of Contextual Ambidexterity", *Leadership Quarterly*, 2010, 21 (3): 578.

[25] Chang, Y. C., Yang, P. Y., "The Determinants of Academic Research Commercial Performance: Towards an Organizational Ambidexterity Perspective", *Research Policy*, 2009, 38 (6): 936—946.

[26] Chen, C., Ibekwe-Sanjuan, F., Hou, J., "The Structure and Dynamics of Co-Citation Clusters: A Multiple-Perspective Co-Citation Analysis", *Journal of the American Society for Information Science and Technology*, 2010, 61 (7): 1386—1409.

[27] Chrisman, J., "Faculty Entrepreneurship and Economic Development: The Case of the University of Calgary", *Journal Business Venturing*, 1995, 10 (4): 267—281.

[28] Churchill, G., "A Paradigm for Developing Better Measures of Marketing Constructs", *Journal of Marketing Research*, 1979, 16 (1): 64—73.

[29] Clark, B., "The Entrepreneurial University: New Foundations for Collegiality, Autonomy, and Achievement", *Higher Education Management*, 2001.

[30] Clarysse, B., "The Impact of Entrepreneurial Capacity, Experience and Organizational Support On Academic Entrepreneurship", *Research Policy*, 2011, 40.

[31] Clarysse, B., "New Trends in Technology Management Education: A View From Europe", *Academy of Management Learning and Education*, 2009, 8 (3): 427—443.

[32] Cohen, J., "Weighted Kappa: Nominal Scale Agreement Provision for Scaled Disagreement Or Partial Credit", *Psychological Bulletin*, 1968, 70 (4): 213—220.

［33］Cohen, N. , "Links and Impacts: The Influence of Public Research On Industrial R&D", *Management Science*, 2002, 48（1）: 1—23.

［34］Colyvas, J. A. , "Disentangling Effort and Performance: A Renewed Look at Gender Differences in Commercializing Medical School Research", *Journal of Technology Transfer*, 2012, 37（4）: 478—489.

［35］Colyvas, J. A. , "From Divergent Meanings to Common Practices: The Early Institutionalization of Technology Transfer in the Life Sciences at Stanford University", *Research Policy*, 2007（36）: 456—476.

［36］Colyvas, J. A. , "From Vulnerable to Venerated: The Institutionalization of Academic Entrepreneurship in the Life Sciences", *Research in the Sociology of Organizations*, 2007（25）: 219—259.

［37］Coup, E. T. , "Science is Golden: Academic R&D and University Patents", *Journal of Technology Transfer*, 1998（28）: 31—46.

［38］Crow, M. , "A New American University: the New Gold Standard", *Inaugural Address*, 2002.

［39］Crow, M. , "The Future of the Research University: Meeting the Global Challenges of the 21st Century", *in Bavaria, Germany: Kauffman-Planck Summit on Entrepreneurship Research and Policy*, 2008.

［40］Crow, M. , "Organizing Teaching and Research to Address the Grand Challenges of Sustainable Development", *Bio Science*, 2010, 60（7）: 488.

［41］Czarnitzki, D. , "Is there a Trade-Off Between Academic Research and Faculty Entrepreneurship? Evidence From US NIH Supported Biomedical Researchers", *Economics of Innovation and New Technology*, 2010, 19（5）: 505—520.

［42］D'Este, P. ,Mahdi, S. ,Neely, A. , "Academic Entrepreneurship: What are the Factors Shaping the Capacity of Academic Researchers to Identify and Exploit Entrepreneurial Opportunities", *Danish Research Unit for Industrial Dynamics Working Paper No.* 10. 2010, 5.

［43］D'Este, P. ,Patel, P. , "University-Industry Linkages in the UK: What are the Factors Underlying the Variety of Interactions with Industry?", *Research Policy*, 2007, 36（9）: 1295—1313.

［44］Degroof, J. , Roberts, E. , "Overcoming Weak Entrepreneurial Infrastructures for Academic Spin-Off Ventures", *The Journal of Technology Transfer*, 2004, 29 (3/4): 327—352.

［45］Desouza, K. C. , "Strategic Contributions of Game Rooms to Knowledge Management: Some Prelimenary Insights", *Information & Management*, 2003, 41 (1): 63—74.

［46］D'Este, P. , Mahdi, S. , "Inventors and Entrepreneurs in Academia: What Types of Skills and Experience Matter?", *Technovation*, 2012, 32 (5): 293—303.

［47］D'Este, P. , Perkmann, M. , "Why Do Academics Engage with Industry? The Entrepreneurial University and Individual Motivations", *Journal of Technology Transfer*, 2011, 36 (3): 316—339.

［48］Di Gregorio, D. , Shane, S. , "Why Do some Universities Generate More Start-Ups than Others?", *Research Policy*, 2003, 32 (2): 209—227.

［49］Donaldson, T. , "Higher Education Journals' Discourse About Adult Undergraduate Students", *Journal of Higher Education*, 2007, 78 (1): 27—50.

［50］D'Orazio, P. , Monaco, E. , Palumbo, R. , "Determinants of Academic Entrepreneurial Intentions in Technology Transfer Process: An Empirical Test", *Ssrn Electronic Journal*, 2012

［51］Dosi, G. , Winter, S. G. , Nelson, R. R. , *The Nature and Dynamics of Organizational Capabilities*, Oxford: Oxford University Press, 2000.

［52］Druilhe, C. , "Do Academic Spin-Outs Differ and Does It Matter?", *The Journal of Technology Transfer*, 2004, 29 (3—4): 269—285.

［53］Duncan, R. B. , "The Ambidextrous Organization: Designing Dual Structures for Innovation", *The Management of Organization Design*, 1976, 1: 167—188.

［54］Eesley, C. E. , *Stanford University' S Economic Impact Via Innovation and Entrepreneurship*, 2010.

［55］Eisenhardt, K. M. , "Building Theories From Case Study Research", *Academy of Management Review*, 1989, 14 (4): 532—550.

［56］Eisenhardt, K. M. , Martin. J. A, "Dynamic Capabilities: What are they?", *Strategic Management Journal*, 2000, 21 (10—11): 1105—1121.

[57] Etzkowitz, H., "Research Groups as 'Quasi-Firms': The Invention of the Entrepreneurial University", *Research Policy*, 2003, 32 (1): 109—121.

[58] Etzkowitz, H., "The Norms of Entrepreneurial Science: Cognitive Effects of the New University——Industry Linkages", *Research Policy*, 1998, 27 (8): 823—833.

[59] Etzkowitz, H., "The Second Academic Revolution and the Rise of Entrepreneurial Science", *Technology and Society Magazine*, *IEEE*, 2001, 20 (2): 18—29.

[60] Etzkowitz. H., Leydesdorff, L., "The Dynamics of Innovation: From National Systems and "Mode 2" to a Triple Helix of University-Industry-Government Relations", *Research Policy*, 2000, 29 (2): 109—123.

[61] Etzkowitz, H., Webster, A., Gebhardt, C., "The Future of the University and the University of the Future: Evolution of Ivory Tower to Entrepreneurial Paradigm", *Research Policy*, 2000, 29 (2): 313—330.

[62] Fischer, M., "Spatial Knowledge Spillovers and University Research: Evidence From Austria", *The Annals of Regional Science*, 2003, 37: 303—322.

[63] Gawel, J. E., *Herzberg's Theory of Motivation and Maslow's Hierarchy of Needs*, ERIC Clearinghouse on Assessment and Evaluation, 1997.

[64] Gillmore, C. S., *Fred Terman at Stanford*. Stanford University Press, 2004.

[65] Glassman, A., "Academic Entrepreneurship-Views On Balancing the Acropolis and the Agora", *Journal of Management*, 2003, 12 (4): 353—374.

[66] Goldfarb, B., Henrekson, M., "Bottom-Up Versus Top-Down Policies Towards the Commercialization of University Intellectual Property", *Research Policy*, 2003, 32 (4): 639—658.

[67] Griliehes, Z., "The Search for R&D Spll-Overs", *Seandinavian Joumal of Economics*, 1992 (94): 29—47.

[68] Grimaldi, R., Kenney, M., "30 Years After Bayh-Dole: Reasses-

sing Academic Entrepreneurship", *Research Policy*, 2011, 40 (8SI): 1045—1057.

[69] Gulbrandsen, M., Smeby, J. C., "Industry Funding and University Professors' Research Performance", *Research Policy*, 2005, 34 (6): 932—950.

[70] Gupta, A. K., Smith, K. G., Shalley, C. E., "The Interplay Between Exploration and Exploitation", *Academy of Management Journal*, 2006, 49 (4): 693—706.

[71] Gurau, C., Dana, L., Lasch, F., "Academic Entrepreneurship in UK Biotechnology Firms: Alternative Models and the Associated Performance", *Journal of Enterprising Communities: People and Places in the Global Economy*, 2012, 6 (2): 154—168.

[72] Hall, B. H., Link, A. N., Scott, J. T., " 'Universities as Research Partners,' ", *Review of Economics & Statistics*, 2003, 85 (2): 485—491.

[73] Hartley, M., Morphew, C. C., "What's Being Sold and to What End? A Content Analysis of College Viewbooks", *Journal of Higher Education*, 2008, 79 (6): 671.

[74] Haynes, G. W., *Wealth and Income: How Did Small Businesses Fare From 1989 to 1998?* US Small Business Administration, Office of Advocacy, 2001.

[75] Heirman, A., Clarysse, B., "How and Why Do Research-Based Start-Ups Differ at Founding? A Resource-Based Configurational Perspective", *The Journal of Tech-Nology Transfer*, 2004, 29 (3/4): 247—268.

[76] Helfat, C. E., Peteraf, M. A., "The Dynamic Resource-Based View: Capability Life-Cycles", *Strategic Management Journal*, 2003, 24 (10): 997—1010.

[77] Henrekson, M., "Measuring Competence? Exploring Firm Effects in Pharmaceutical Research", *Strategic Management Journal*, 1994 (15): 63—84.

[78] Henrekson, M., "Designing Efficient Institutions for Science-Based Entrepreneurship: Lesson From the US and Sweden", *Journal of Technology Transfer*, 2001, 26 (3): 207—231.

［79］Herrmann, W. , "The Future of the European University: Issues, Entrepreneurship, and Alliances. the Future of the Research University: Meeting the Global Challenges of the 21st Century", *Ewing Marion Kauffman Foundation*: 2008.

［80］Hornsby, J. S. ,Kuratko, D. F. ,Zahra, S. A. , "Middle Managers' Perception of the Internal Environment for Corporate Entrepreneurship: Assessing a Measurement Scale", *Journal of Business Venturing*, 2002, 17 (3): 253—273.

［81］Hoye, K. ,Pries, F. , " 'Repeat Commercializers, ' the 'Habitual Entrepreneurs' of University-Industry Technology Transfer", *Technovation*. 2009, 29 (10): 682—689.

［82］Hsu, D. , "Organizing Venture Capital: The Rise and Demise of American Research & Development Corporation, 1946—1973", *Industrial and Corporate*, 2005, 14 (4): 579—616.

［83］Hurst, E. , Lusardi, A. , "Liquidity Constraints, Household Wealth, and Entrepreneurship", *Journal of Political Economy*, 2004, 112 (2): 319—347.

［84］Hussler, C. ,Piccard, F. ,Tang, M. F. , "Taking the Ivory From the Tower to Coat the Economic World: Regional Strategies to Make Science Useful", *Technovation*, 2010, 30: 508—518.

［85］Jaffe, A. B. , "Real Effects of Academic Research", *The American Economic Review*, 1989: 957—970.

［86］Jensen, R. , Thursby, M. , "Facilitating Academic Entrepreneurship", *Analysis*, 2013 (5): 1—17.

［87］Jong, S. , "How Organizational Structures in Science Shape Spin-Off Firms: The Biochemistry Departments of Berkeley, Stanford, and UCSF and the Birth of the Biotech Industry", *Industrial and Corporate Change*, 2006, 15 (2): 251—283.

［88］Jong, S. , "Academic Organizations and New Industrial Fields: Berkeley and Stanford After the Rise of Biotechnology", *Research Polic*, 2008 (37): 1267—1282.

［89］Kenney, M. ,Goe, W. R. , "The Role of Social Embeddedness in

Professional Entrepreneurship: A Comparison of Electrical Engineering and Computer Science at UC Berkley and Stanford", *Research Policy*, 2004 (33): 679—844.

[90] Kirby, D. A. , "Creating Entrepreneurial Universities in the UK: Applying Entrepreneurship Theory to Practice", *Journal of Technology Transfer*, 2006, 31 (5): 599—603.

[91] Kirby, D. A. , "Making Universities More Entrepreneurial: Development of a Model", *Canadian Journal of Administrative Sciences-Revue Canadienne Des Sciences De L Administration*, 2011, 28 (3SI): 302—316.

[92] Klaus, W. , "Innovation and Knowledge Spillover with Geographical Andtechnological Distance in an Agentbased Simulation Model", *Bielefeld University*, 2005.

[93] Klepper, S. , "Disagreements, Spinoffs, and the Evolution of Detroit as the Capital of the US Automobile Industry", *Management Science*, 2007, 53 (4): 616—631.

[94] Klofsten, M. , Jones-Evans, D. , "Comparing Academic Entrepreneurship in Europe-the Case of Sweden and Ireland", *Small Business Economics*, 2000, 14 (4): 299—309.

[95] Kokko, A. , "Technology Market Characteristies and Spillovers", *Journal of Development Economies*, 1996, 43: 279—293.

[96] Krabel, S. , Mueller, P. , "What Drives Scientists to Start their Own Company?: An Empirical Investigation of Max Planck Society Scientists", *Research Policy*, 2009, 38 (6): 947—956.

[97] Krippendorff, K. , "Reliability in Content Analysis-some Common Misconceptions and Recommendations", *Human Communication Research*, 2004, 30 (3): 411—433.

[98] Kwiek, M. , "Academic Entrepreneurship vs Changing Governance and Institutional Management Structures at European Universities", *Policy Futures in Education*, 2008, 6 (6).

[99] Lam, A. , "What Motivates Academic Scientists to Engage in Research Commercialization 'Gold', 'Ribbon' Or 'Puzzle'?", *Research Policy*, 2011 (40): 1354—1368.

［100］Laukkanen, M. , "Exploring Academic Entrepreneurship: Drivers and Tensions of University-Based Business", *Journal of Small Business and Enterprise Development*, 2003, 10 (4): 372—382.

［101］Lazzeretti, L. , Tavoletti, E. , "Higher Education Excellence and Local Economic Development: The Case of the Entrepreneurial University of Twente", *European Planning Studies*, 2005, 13 (3): 475—493.

［102］Lee, Y. , "Technology Transfer From University to Industry: a Large-Scale Experiment with Technology Development and Commercialization", *Policy Studies Journal*, 1994, 22 (2): 384—399.

［103］Lee, Y. , "Technology Transfer and the Research University: A Search for the Boundaries of University-Industry Collaboration", *Research Policy*, 1996, 25 (6): 843—863.

［104］Lerner, J. , "The University and the Start-Up: Lessons From the Past Two Decades", *Journal of Technology Transfer*, 2005, 30 (2): 49—56.

［105］Lewin, A. Y. , Weigelt, *Adaptation and Selection in Strat-Egy and Change*, Oxford: Oxford University Press, 2004: 108—160.

［106］Lin, H. E. , Mcdonough, E. F. , "Investigating the Role of Leadership and Organizational Culture in Fostering Innovation Ambidexterity", *Ieee Transactions On Engineering Management*, 2011, 58 (3): 497—509.

［107］Link, A. , "University-Based Technology Initiatives: Quantitative and Qualitative Evidence", *Research Policy*, 2005, 253—257 (34).

［108］Lockett, A. , O' Shea, R. P. , Wright, M. , "The Development of the Resource-Based View: Reflections From Birger Wernerfelt", *Organization Studies*, 2008, 29 (8—9).

［109］Lockett, A. , Wright, M. , "Resources, Capabilities, Risk Capital and the Creation of University Spin-Out Companies", *Research Policy*, 2005, 34 (7): 1043—1057.

［110］Louis, K. S. , Blumenthal, D. , "Entrepreneurs in Academe: An Exploration of Behaviors Among Life Scientists", *Administrative Science Quarterly*, 1989, 34 (1): 110—131.

［111］Louis, K. S. , Jones, L. M. , " 'Entrepreneurship, Secrecy, and

Productivity: A Comparison of Clinical and Non-Clinical Life Sciences Faculty", *Journal of Technology Transfer*, 2001, 26 (3): 233—245.

[112] Macdougal, D., "The Benefits and Costs of Private Investment from Aboard: A Theory Approach", *Economic Record*, 1960.

[113] Man, T., "The Competitiveness of Small and Medium Enterprises-A Conceptualization with Focus On Entrepreneurial Competencies", *Journal of Business Venturing*, 2002 (17): 123—142.

[114] Manjarrés-Henríquez, L., Gutiérrez-Gracia, A., Carrión-García, A., "The Effects of University-Industry Relationships and Academic Research on the Effects of University-Industry Relationships and Academic Research On Scientific Performance: Synergy Or Substitution?", *Research in Higher Education*, 2009, 50 (8): 795—811.

[115] Markman, G. D., Siegel, D. S., Wright, M., "Research and Technology Commercialization", *Journal of Management Studies*, 2008, 45 (8): 1401—1423.

[116] Markovska, M., "Intrapreneurship-Way of Work in Organizations for Improvement of Working Quality", *5th International Scientific Conference Business and Management*, 2008.

[117] Mars, M. M., "Academic Entrepreneurship (Re) defined: Significance and Implications for the Scholarship of Higher Education", *Higher Education*, 2010, 59: 441—460.

[118] Martinelli, A., Meyer, M., "Becoming an Entrepreneurial University? A Case Study of Knowledge Exchange Relationships and Faculty Attitudes in a Medium-Sized, Research-Oriented University", *The Journal of Technology Transfer*, 2008, 33 (3): 259—283.

[119] Marzban, S., "The Effective Factors in Organizational Entrepreneurship Climate", *Journal of Chinese Entrepreneurship*, 2013, 5 (1): 76—93.

[120] Mayring, P., "Qualitative Content Analysis", *Forum: Qualitative Social Research*, 2000, 1 (2).

[121] Mcmillan, G., Narin, F., Deds, D. L., "An Analysis of the Critical Role of Public Science in Innovation: The Case of Biotechnology", *Re-*

search Policy, 2000, 29: 1—8.

[122] Mom, T. J. , Van Den Bosch, F. A. , Volberda, H. W. , "How to Influence Managers' Ambidexterity: The Effect of the Formal Organization Structure and Informal Relationships and the Moderating Role of Hierarchical Levels", ResearchGate, 2009.

[123] Moon, M. J. , "The Pursuit of Managerial Entrepreneurship: Does Organization Matter?", Public Administration Review, 1999, 59 (1): 31—43.

[124] Moray, N. , Clarysse, B. , "Institutional Change and Resource Endowments to Science-Based Entrepreneurial Firms", Research Policy, 2005, 34 (7): 1010—1027.

[125] Mowery, D. C. , Nelson, R. R. , "The Growth of Patenting and Licensing by US Universities: An Assessment of the Effects of the Bayh-Dole Act of 1980", Research Policy, 2001, 30 (1): 99—119.

[126] Mowery, D. C. , Sampat, B. N. , The Bayh-Dole Act of 1980 and University-Industry Technology Transfer: A Model for Other OECD Governments? Springer, 2005, 233—245.

[127] Mustar, P. , Renault, M. , "Conceptualizing the Heterogeneity of Research-Based Spin-Offs: A Multi-Dimensional Taxonomy", Research Policy, 2006, 35 (2): 289—308.

[128] Nelson, R. , "Observations of the Post-Bayh-Dole Rise of Patenting at American Universities", Journal of Technology Transfer, 2001 (26): 13—19.

[129] Nelson, R. , "The Market Economy, and the Scientific Commons", Research Policy, 2004, 33 (3): 455—471.

[130] Nonaka, I. , "A Dynamic Theory of Organizational Knowledge Creation", Organization Science, 1994, 5 (1): 14—37.

[131] Nonaka, I. , "Organizational Knowledge Creation Theory: A First Comprehensive Test", International Business Review, 1994, 3 (4): 337—351.

[132] O'Reilly, C. A. , Tushman, M. L. , "The Ambidextrous Organization", Harvard Business Review, 2004, 82 (4): 74—83.

[133] O'Shea, R. P. , Allen, T. J. , Chevalier, "Entrepreneurial Orientation, Technology Transfer and Spinoff Performance of US Universities", *Research Policy*, 2005, 34 (7): 994—1009.

[134] O'Shea, R. P. , "Determinants and Consequences of University Spinoff Activity: A Conceptual Framework", *The Journal of Technology Transfer*, 2008, 33 (6): 653—666.

[135] O'Reilly, C. A. , "Organizational Ambidexterity: IBM and Emerging Business Opportunities", *California Management Review*, 2009, 51 (4): 75.

[136] O'Reilly, C. A. , "Organizational Ambidexterity in Action: How managers explore and exploit", *California Management Review*, 2011, 53 (4): 5.

[137] O'Shea, R. P. , "Delineating the Anatomy of an Entrepreneurial University: The Massachusetts Institute of Technology Experience", *R & D Management*, 2007, 37 (1): 1—16.

[138] O'Shea, R. P. , "Universities and Technology Transfer: a Review of Academic Entrepreneurship Literature", *Irish Journal of Management*, 2004, 25 (2): 11—29.

[139] Owen-Smith, J. , Powell, W. W. , "The Expanding Role of University Patenting in the Life Sciences: Assessing the Importance of Experience and Connectivity", *Research Policy*, 2003, 32 (9): 1695—1711.

[140] Owen-Smith, J. , Powell, W. W. , "To Patent or Not: Faculty Decisions and Institutional Success at Technology Transfer", *The Journal of Technology Transfer*, 2001, 26 (1—2): 99—114.

[141] Owen-Smith, J. , Powell, W. W. , "Knowledge Networks as Channels and Conduits: The Effects of Spillovers in the Boston Biotechnology Community", *Organization Science*, 2004, 15 (1): 5—21.

[142] Owen-Smith, J. , "A Comparison of U. S. And European University-Industry Relations in the Life Sciences", *Social Science Electronic Publishing*, 2002, 48 (1): 24—43.

[143] Patzelt, H. , "Strategic Entrepreneurship at Universities: Academic Entrepreneurs' Assessment of Policy Programs", *Entrepreneurship Theory*

And Practice, 2009（1）：319—336.

［144］Philpott, K. ,"The Entrepreneurial University：Examining the Underlying Academic Tensions", *Technovation*.2011, 31：161—170.

［145］Pilegaard, M. ,"An Auto-Ethnographic Perspective on Academic Entrepreneurship：Implications for Research in the Social Sciences and Humanities", *Academy of Management Perspectives*, 2010（February）：46—60.

［146］Ponomariov, B. L. ,"Effects of University Characteristics On Scientists' Interactions with the Private Sector：An Exploratory Assessment", *The Journal of Technology Transfer*, 2008, 33（5）：485—503.

［147］Ponomariov, B. ,Boardman, P. C. ,"The Effect of Informal Industry Contacts On the Time University Scientists Allocate to Collaborative Research with Industry", *The Journal of Technology Transfer*, 2008, 33（3）：301—313.

［148］Poyago, T. J. ,Beath, J. ,Siegel, D. S. ,"Universities and Fundamental Research：Reflections On the Growth of University-Industry Partnerships", *Oxford Review of Economic Policy*, 2002, 18（1）：10—21.

［149］Prahalad, C. K. ,"The Role of Core Competences in the Corporation", *Research-Technology Management*, 1993, 36（6）：40—47.

［150］Provasi, G. ,Squazzoni, F. ,Tosio, B. ,"Did they Sell their Soul to the Devil? Some Comparative Case-Studies On Academic Entrepreneurs in the Life Sciences in Europe", *Higher Education*, 2012, 64（6）：805—829.

［151］Raisch, S. ,Birkinshaw, J. ,"Organizational Ambidexterity：Antecedents, Outcomes, and Moderators", *Journal of Management*, 2008, 34（3）：375—409.

［152］Rasmussen, E. ,"Government Instruments to Support the Commercialization of University Research：Lessons From Canada", *Technovation*, 2008（28）：506—517.

［153］Rasmussen, E. ,Borch, O. J. ,"University Capabilities in Facilitating Entrepreneurship a Longitudinal Study of Spin-Off Ventures at Mid-Range Universities", *Research Policy*, 2010（39）：602—612.

［154］Rasmussen, E. ,Gulbrandsen, M. ,"Initiatives to Promote Commercial-Ization of University Knowledge", *Technovation*.2006, 26（4）：

518—533.

[155] Rasmussen, E. ,Mosey, S. ,Wright, M. , "The Evolution of Entre-preneurial Competencies: A Longitudinal Study of University Spin-Off Venture E-mergence", *Journal of Management Studies*, 2011, 48 (6SI): 1314—1345.

[156] Rasmussen, E. ,Mosey, S. ,Wright, M. , "The Influence of Uni-versity Departments On the Evolution of Entrepreneurial Competencies in Spin-Off Ventures", *Research Policy*, 2014 (43): 92—106.

[157] Rhoten, D. , "Interdisciplinary Research: Trend Or Transition", *Items and Issues*, 2004: 6—11.

[158] Roberts, E. B. ,Malone, D. E. , "Policies and Structures for Spin-ning Off New Com-Panies From Research and Development Organizations", *R&D Management*, 1996, 26 (1): 17—48.

[159] Romer, P. , "Endogenous Technological Change", *Journal of Po-litical Economy*, 1990, 98: 71—102.

[160] Rothaermel, F. T. ,Agung, S. D. , "University Entrepreneurship: a Taxonomy of the Literature", *Industrial and Corporate Change*, 2007, 16 (4): 691—791.

[161] Saxenian, A. ,*Regional Advantage: Culture and Competition in Sil-icon Valley and Route 128 Cambridge*, MA: Harvard University Press, 1994.

[162] Schartinger, D. ,Rammer, C. , "Knowledge Interactions Between Universities and Industry in Austria: Sectoral Patterns and Determinants", *Re-search Policy*, 2002, 31 (3): 303—328.

[163] Schreyogg, G. ,Kliesch-Eberl, M. , "How Dynamic Can Organi-zational Capabilities be? Towards a Dual-Process Model of Capability Dynamiza-tion", *Strategic Management Journal*, 2007, 28 (9): 913—933.

[164] Shane, S. ,*Academic Entrepreneurship: University Spinoffs and Wealth Creation*. Edward Elgar, 2004.

[165] Shane, S. , "Why Encouraging More People to Become Entrepre-neurs is Bad Public Policy", *Small Business Economics*, 2009, 33 (2): 141—149.

[166] Shane, S. ,Venkataraman, S. , "Guest Editors' Introduction to the Special Issue On Technology Entrepreneurship", *Research Policy*, 2003, 32

（2）：181—184.

［167］Shane, S., Reflections on the 2010 amr decade award: delivering on the promise of entrepreneurship as a field of research ［J］. Academy of management review. 2012, 37 （1）: 10—20.

［168］Shinn, T., Lamy, E., "Paths of Commercial Knowledge: Forms and Consequences of University-Enterprise Synergy in Scientist-Sponsored Firms", *Research Policy*, 2006, 35 （10）: 1465—1476.

［169］Siegel, D. S., Waldman, D. A., Atwater, L. E., "Commercial Knowledge Transfers From Universities to Firms: Improving the Effectiveness of University-Industry Collaboration", *The Journal of High Technology Management Research*, 2003, 14 （1）: 111—133.

［170］Siegel, D. S., Waldman, D. A., Atwater, L. E., "Toward a Model of the Effective Transfer of Scientific Knowledge From Academicians to Practitioners: Qualitative Evidence From the Commercialization of University Technologies", *Journal of Engineering and Technology Management*, 2004, 21 （1）: 115—142.

［171］Simonin, B., "Ambiguity and the Proeess of Knowledge Transfer in Strategic Alliances", *Strategic Management Journal*, 1999, 20 （7）: 595—623.

［172］Sine, W. D., Shane, S., Gregorio, D. D., "The Halo Effect and Technology Licensing: The Influence of Institutional Prestige On the Licensing of University Inventions", *Management Science*, 2003, 49 （4）: 478—496.

［173］Stevenson, H., Jarillo, J., "A Paradigm of Entrepreneurship: Entrepreneurial Management", *Strategic Management Journal*, 1990 （11）: 17—27.

［174］Tartari, V., "Crossing the Rubicon Exploring the Factors that Shape Academics' Perceptions of the Barriers to Working with Industry", *Cambridge Journal of Economics*, 2012, 36 （03）: 655—677.

［175］Teece, D. J., "Explicating Dynamic Capabilities: The Nature and Micro foundations of （Sustainable）Enterprise Performance", *Strategic Management Journal*, 2007, 28 （13）: 1319—1350.

［176］Teece, D. J., "Dynamic Capabilities: Routines Versus Entrepreneurial Action", *Journal of Management Studies*, 2012, 49 (8SI): 1395—1401.

[177] Thrift, N., "We Can' T Go On Like this: British Higher Education as It is and as ItCouldbe" (Http: //Www2. Warwick. Ac. Uk/Services/ Vco/Vc/Speeches/)

[178] Toma, J. D., *Building Organizational Capacity: Strategic Management in Higher Education*, Johns Hopkins University Press, 2010.

[179] Tuunainen, J., Knuuttila, T., "Intermingling Academic and Business Activities: A New Direction for Science and Universities?", *Science, Technology & Human Values*, 2009, 34 (6): 684—704.

[180] VanLooy, B., "Entrepreneurial Effectiveness of European Universities an Empirical Assessment of Antecedents and Trade-Offs", *Research Policy*, 2011, 40.

[181] Van Looy, B., "Combining Entrepreneurial and Scientific Performance in Academia: Towards a Compounded and Reciprocal Matthew-effect?", *Research Policy*, 2004, 33 (3): 425—441.

[182] Verspagen, B., De Loo, I., "Technology Spillovers Between Sectors and Over Time", *Technological Forecasting and Social Change*, 1999 (60): 215—235.

[183] Viera, A. J., Garrett. J. M, "Understanding Interobserver Agreement: The Kappa Statistic", *Fam Med*, 2005, 37 (5): 360—363.

[184] Vohora, A., Wright, M., Lockett, A., "Critical Junctures in the Development of University High-Tech Spinout Companies", *Research Policy*, 2004, 33 (1): 147—175.

[185] Walsh, J., Huang, H., "Local Context, Academic Entrepreneurship and Open Science: Publication Secrecy and Commercial Activity Among Japanese and US Scientists", *Research Policy*, 2014, 43 (1): 245—260.

[186] Walter, S. G., "University Departments and Entrepreneurial Intentions a Cross-Level Analysis", *Academy of Management*, 2010 (08)

[187] Wiig, K. M., "Knowledge Management: Where Did It Come From and Where Will It Go?", *Expert Systems with Applications*, 1997, 13 (1): 1—14.

［188］Wiig, K. M. ,Dehoog, R. ,Vanderspek, R. , "Supporting Knowledge Management: A Selection of Methods and Techniques", *Expert Systems with Applications*, 1997, 13 (1): 15—27.

［189］Winter, S. G. , "Understanding Dynamic Capabilities", *Strategic Management Journal*, 2003, 24 (10): 991—995.

［190］Wong, P. K. , "Towards an 'Entrepreneurial University' Model to Support Knowledge-Based Economic Development: The Case of the National University of Singapore", *World Development*, 2007, 35 (6): 941—958.

［191］Wood, M. S. , "Does One Size Fit All the Multiple Organizational Forms Leading to Successful Academic Entrepreneurship", *Entrepreneurship Theory And Practice*, 2009 (7): 929—945.

［192］Wood, M. S. , "A Process Model of Academic Entrepreneurship", *Business Horizons*, 2011 (54): 153—161.

［193］Wright, M. ,Birley, S. ,Mosey, S. , "Entrepreneurship and University Technology Transfer", *Journal of Technology Transfer*, 2004, 29 (3—4): 235—246.

［194］Wright, M. ,Clarysse, B. ,Mosey, S. , "Strategic Entrepreneurship, Resource Orchestration and Growing Spin-Offs From Universities", *Technology Analysis &Strategic Management*, 2012, 24 (9SI): 911—927.

［195］Yang, P. Y. , "Developing Organizational Ambidexterity in Academic Research Commercialization", *Picmet* 2010: *Technology Management for Global Economic Growth*, 2010.

［196］Yin, R. K. ,*Case Study Researeh: Design and Methods*. Thousands Oaks: Sage Publications, 2003.

［197］Yusof, M. , "Categories of University-Level Entrepreneurship: a Literature Survey", *International Entrepreneurship and Management*, 2010 (6): 81—96.

［198］Zahra, S. A. ,George, G. , "Absorptive Capacity: A Review, Reconceptualization, and Extension", *Academy of Management Review*, 2002, 27 (2): 185—203.

［199］Zahra, S. A. ,Sapienza, H. J. ,Davidsson, P. , "Entrepreneurship and Dynamic Capabilities: A Review, Model and Research Agenda",

Journal of Management Studies，2006，43（4）：917—955.

［200］Zellner，C.，"The Economic Effects of Basic Research：Evidence for Embodied Know Ledge Transfer Via Scientist'S Migration"，*Research Policy*，2003，32：1881—1895.

［201］Zucker，L. G.，Darby，M. R.，Brewer，M. B.，"Intellectual Capital and the Birth of US Biotechnology Enterprises"，*National Bureau of Economic Research*，1999.

［202］阿莎·古达：《建立创业型大学，印度的回应》，《教育发展研究》2007 年第 11 期。

［203］包国庆：《高校跨学科研究的评议与管理》，《教育发展研究》2011 年第 9 期。

［204］边伟军、罗公利：《基于三螺旋模型的官产学合作创新机制与模式》，《科技管理研究》2009 年第 2 期。

［205］［美］伯顿·克拉克：《建立创业型大学：组织上转型的途径》，王承绪译，人民教育出版社 2003 年版。

［206］曹艳华：《基于三螺旋理论的科技成果转化组织模式研究》，博士学位论文，北京交通大学，2007 年。

［207］陈艾华：《研究型大学跨学科科研生产力研究》，博士学位论文，浙江大学，2011 年。

［208］陈超美：《CiteSpaceII：科学文献中新趋势与新动态的识别与可视》，《情报学报》2009 年第 28 期。

［209］陈超美：《CiteSpaceII》，Http：//Blog. Sciencenet. cn/u/ChaomeiChen。

［210］陈笃彬、陈兴明等：《切实推进教学研究型大学内部管理体制改革》，《中国高等教育》2011 年第 23 期。

［211］陈红喜：《基于三螺旋理论的政产学研合作模式与机制研究》，《科技进步与对策》2009 年第 24 期。

［212］陈建东：《知识管理理论流派初探》，《中国科技论坛》2007 年第 2 期。

［213］陈劲、阳银娟：《协同创新的理论基础与内涵》，《科学学研究》2012 年第 30 期。

［214］陈静、林晓言：《基于三螺旋理论的我国技术转移新途径分

析》，《技术经济》2008 年第 7 期。

[215] 陈平、盛亚东：《跨学科团队评价指标体系研究》，《科技与管理》2011 年第 4 期。

[216] 陈霞玲、马陆亭：《Mit 与沃里克大学：创业型大学运行模式的比较与启示》，《高等工程教育研究》2012 年第 2 期。

[217] 储节旺：《国内外知识管理理论发展与流派研究》，《图书情报工作》2007 年第 4 期。

[218] 代蕊华、王斌林等：《试论大学发展评估》，《教育发展研究》2007 年第 23 期。

[219] 单佳平：《地方高校学科组织结构模式选择研究》，《中国高等教育》2012 年第 1 期。

[220] 董向芸、沈亚平：《组织群生态理论视角下高校改革与发展战略研究》，《中国高教研究》，2011 年第 10 期。

[221] 范柏乃、蓝志勇：《公共管理研究与定量分析方法》，科学出版社 2008 年版。

[222] 冯志敏、单佳平：《地方大学特色学科的发展策略》，《中国高教研究》2010 年第 2 期。

[223] [美] 弗兰克·罗德斯：《创造未来：美国大学的作用》，王晓阳等译，清华大学出版社 2007 年版

[224] 付娉娉、尚航标等：《企业动态能力及组织能力演化：一个理论框架》，《科技管理研究》2011 年第 16 期。

[225] 傅翠晓、钱省三等：《知识生产研究综述》，《科技进步与对策》2009 年第 2 期。

[226] 高文兵：《学术卓越与一流大学》，《中国高等教育》2006 年第 18 期。

[227] 顾海良：《关于加强研究型大学学科建设管理的思考》，《中国高等教育》2009 年第 9 期。

[228] 郭贵春：《论大学学科建设的"十个转向"》，《中国高等教育》2011 年第 17 期。

[229] 郭纬：《学科建设与发展的生态学思考》，《教育发展研究》2006 年第 15 期。

[230] 韩锦标：《基于知识管理的大学核心竞争力研究》，博士学位

论文，中国矿业大学，2011 年。

［231］韩文瑜、梅士伟：《把握学科规律培育学科文化促进学科发展》，《中国高等教育》2011 年第 7 期。

［232］何郁冰：《产学研协同创新的理论模式》，《科学学研究》2012 年第 30 期。

［233］侯自新：《创新型国家与高水平大学建设》，《中国高等教育》2006 年第 6 期。

［234］胡仁东：《论大学优势学科群的内涵、特点及构建策略》，《中国高教研究》2011 年第 8 期。

［235］黄超、王雅林等：《大学学科成长能力系统构建及其路径》，《高等教育研究》2011 年第 1 期。

［236］黄敏：《基于协同创新的大学学科创新生态系统模型构建的研究》，博士学位论文，第三军医大学，2011 年。

［237］黄培伦等：《组织能力：资源基础理论的静态观与动态观辨析》，《管理学报》2009 年第 8 期。

［238］黄扬杰：《国外学术创业研究现状的知识图谱分析》，《高教探索》2013 年第 6 期。

［239］黄扬杰、邹晓东：《新美国大学框架下的 Asu 创业实践》，《高等工程教育研究》2011 年第 6 期。

［240］黄扬杰、邹晓东：《学术创业研究新趋势：概念、特征和影响因素》，《自然辩证法研究》2013 年第 1 期。

［241］黄扬杰、邹晓东：《新美国大学的自定义式跨学科组织述评》，《高等工程教育研究》2013 年第 5 期。

［242］纪宝成：《发展高水平大学促进高等教育办好做强》，《中国高等教育》2008 年第 1 期。

［243］蒋洪池：《托尼·比彻的学科分类观及其价值探析》，《高等教育研究》2008 年第 5 期。

［244］焦豪：《双元型组织竞争优势的构建路径：基于动态能力理论的实证研究》，《管理世界》2011 年第 11 期。

［245］孔建益、杨军：《地方高校学科建设策略：差异化发展与错位竞争》，《中国高教研究》2008 年第 2 期。

［246］李宝笃：《创业型大学带来人才培养模式变革》，《大众日报》

2012 年 8 月 27 日。

　　［247］李本乾：《描述传播内容特征，检验传播研究假设——内容分析法简介（下）》，《当代传播》2000 年第 1 期。

　　［248］李大勇：《依托行业立足地方走特色发展之路》，《中国高等教育》2010 年第 17 期。

　　［249］李华晶：《学者—学术组织与环境—学术创业研究评析》，《科学学与科学技术管理》2009 年第 2 期。

　　［250］李华晶、王睿：《知识创新系统对我国大学衍生企业的影响——基于三螺旋模型的解释性案例研究》，《科学管理研究》2011 年第 1 期。

　　［251］李晶：《组织创业气氛及其对创业绩效影响机制研究》，博士学位论文，浙江大学，2008 年。

　　［252］李克敏：《发挥产学研合作反哺效应加快大学学科特色发展》，《中国高等教育》2012 年第 1 期。

　　［253］李培根：《转变习惯思维模式拓展学科发展视野》，《中国高等教育》2010 年第 Z2 期。

　　［254］李世超、苏竣等：《控制方式、知识转移与产学合作绩效的关系研究》，《科学学研究》2011 年第 12 期。

　　［255］李育球：《论大学教师学术创新力的基础：知识谱系能力》，《比较教育研究》2011 年第 7 期。

　　［256］李忠云、邓秀新：《高校协同创新的困境—路径及政策建议》，《中国高等教育》2011 年第 17 期。

　　［257］［美］理查德·L. 达夫特：《组织理论与设计（第 10 版）》，王凤彬等译，清华大学出版社 2011 年版。

　　［258］梁传杰、曾斌：《对南京大学学科特区建设管理模式的分析与思考》，《中国高教研究》2009 年第 3 期。

　　［259］林萍：《组织动态能力研究》，博士学位论文，厦门大学，2008 年。

　　［260］凌晨：《基于知识管理的学科会聚平台研究》，硕士学位论文，浙江大学，2007 年。

　　［261］刘凡丰、项伟央等：《宾夕法尼亚州立大学促进跨学科研究的共同资助聘任模式》，《高教发展与评估》2012 第 6 期。

［262］刘献君：《大学校长与战略——我国大学战略管理中需要研究的几个问题》，《高等教育研究》2006 年第 6 期。

［263］刘艳华：《高校学科组织结构及创新行为与学科创新能力的相关性和实证研究》，博士学位论文，河北工业大学，2009 年。

［264］刘洋、魏江等：《组织二元性：管理研究的一种新范式》，《浙江大学学报（人文社会科学版）》2011 年第 6 期。

［265］刘元芳、彭绪梅等：《基于创新三螺旋理论的我国创业型大学的构建》，《科技进步与对策》2007 年第 11 期。

［266］刘则渊、陈悦：《新巴斯德象限：高科技政策的新范式》，《管理学报》2007 年第 3 期。

［267］刘智勇、姜彦福：《新创企业动态能力：微观基础、能力演进及研究框架》，《科学学研究》2009 年第 7 期。

［268］柳岸：《我国科技成果转化的三螺旋模式研究——以中国科学院为例》，《科学学研究》2011 年第 8 期。

［269］骆四铭：《学科制度与创新型人才培养》，《教育研究》2009 年第 9 期。

［270］马德秀：《着力三个突破建设高水平研究型大学》，《中国高等教育》2010 第 Z1 期。

［271］马庆国：《管理统计：数据获取、统计原理 Spss 工具与应用研究》，科学出版社 2010 年版。

［272］马廷奇：《交叉学科建设与拔尖创新人才培养》，《高等教育研究》2011 年第 6 期。

［273］马卫华、许治：《基于资源整合视角的学术团队核心能力演化路径与机理》，《科研管理》2011 年第 3 期。

［274］马志强：《创业型大学崛起的归因分析》，《江西教育科研》2006 年第 7 期。

［275］［美］迈克尔·吉本斯等著：《知识生产的新模式：当代社会科学与研究的动力学》，陈洪捷等译，北京大学出版社 2011 版。

［276］冒澄：《创业型大学研究文献综述》，《理工高教研究》2008 年第 27 期。

［277］牛盼强、谢富纪：《创新三重螺旋模型研究新进展》，《研究与发展管理》2009 年第 5 期。

［278］欧内斯特·波伊尔：《学术水平反思——教授工作的重点领域》，美国普林斯顿：卡内基促进教学基金会 1990 版。

［279］潘东华、尹大为：《三螺旋接口组织与创新中的知识转移》，《科学学研究》2008 年第 5 期。

［280］彭绪梅：《创业型大学的兴起与发展研究》，博士学位论文，大连理工大学，2008 年。

［281］邱均平、马凤：《中国高校在建设世界一流大学过程中的进步和问题——基于 2011 年〈世界一流大学与科研机构学科竞争力评价〉的分析》，《中国高教研究》2012 第 1 期。

［282］邱均平、邹菲：《国外内容分析法的研究概况及进展》，《图书情报知识》2003 年第 6 期。

［283］饶凯、孟宪飞等：《政府研发投入对中国大学技术转移合同的影响——基于三螺旋理论的视角》，《科学学与科学技术管理》2012 年第 8 期。

［284］任玥：《创业文化体系视角下的大学社会服务创新——以 Mit 与 128 公路的兴衰—再崛起为例》，《比较教育研究》2008 年第 9 期。

［285］荣军、李岩：《澳大利亚创业型大学的建立及对我国的启示》，《现代教育管理》2011 年第 5 期。

［286］沈鲸：《双元组织能力：一个整合分析框架模型》，《华东经济管理》2012 年第 7 期。

［287］沈玄武、郭石明：《新知识生产模式下大学学科组织面临的挑战》，《浙江工业大学学报（社会科学版）》2011 年第 2 期。

［288］石变梅、陈劲：《可持续创新：美国史蒂文斯理工学院 Ae 模式》，《高等工程教育研究》2011 第 1 期。

［289］［美］斯劳特、莱斯利：《学术资本主义：政治、政策和创业型大学》，北京大学出版社 2008 年版。

［290］宋东林、付丙海等：《创业型大学的创业能力评价指标体系构建》，《科技进步与对策》2011 年第 9 期。

［291］苏竣、姚志峰：《孵化器的孵化——三螺旋理论的解释》，《科技进步与对策》2007 年第 3 期。

［292］苏跃增、徐剑波：《高校科技创新平台建设的几个问题》，《教育发展研究》2006 年第 23 期。

［293］孙博：《联络人和引导人：波兹坦大学的创业功臣》，《第一财经日报》2013 年 2 月 1 日。

［294］孙国强：《基于生态位理论的高校学科建设评价研究》，硕士学位论文，重庆师范大学，2012 年。

［295］孙珂：《21 世纪英国大学的创业教育》，《比较教育研究》2010年第 10 期。

［296］唐靖、姜彦福：《创业能力概念的理论构建及实证检验》，《科学学与科学技术管理》2008 年第 8 期。

［297］田华：《基于知识溢出的区域性大学发展研究》，博士学位论文，浙江大学，2010 年。

［298］童蕊：《大学跨学科学术组织的学科文化冲突分析——基于组织分析的新制度主义视角》，《教育发展研究》2011 年 Z1 期。

［299］涂俊、吴贵生：《三重螺旋模型及其在我国的应用初探》，《科研管理》2006 年第 3 期。

［300］涂秀珍：《美国创业型大学的文化生态系统及其有益启示——Mit 和斯坦福大学案例研究》，《福州大学学报》（哲学社会科学版）2011年第 4 期。

［301］万永敏、欧阳平凯等：《"顶天立地"促科研打造特色谋发展》，《中国高等教育》2009 年第 1 期。

［302］王贺元、胡赤弟：《学科—专业—产业链：协同创新视域下的基层学术组织创新》，《中国高教研究》2012 年第 12 期。

［303］王建华：《跨学科性与大学转型》，《教育发展研究》2011 年第 1 期。

［304］王建华：《学术—产业链与大学的公共性》，《高等教育研究》2012 年第 6 期。

［305］王梅：《基于生态原理的学科协同进化研究》，博士学位论文，天津大学，2006 年。

［306］王沛民、孔寒冰：《面向高新科技的大学学科改造》，浙江大学出版社 2005 年。

［307］王晓锋：《树立大科学观，创新跨学科科研组织模式》，《中国高等教育》2011 年第 2 期。

［308］王妍莉、杨改学等：《基于内容分析法的非正式学习国内研究

综述》，《远程教育杂志》2011 年第 4 期。

　　［309］王雁：《创业型大学：美国研究型大学模式变革的研究》，博士学位论文，浙江大学，2005 年。

　　［310］王英杰：《大学文化传统的失落：学术资本主义与大学行政化的叠加作用》，《比较教育研究》2012 年第 1 期。

　　［311］王英杰：《在创新与传统之间——斯坦福大学的发展道路》，《北京大学教育评论》2004 年。

　　［312］王媛媛：《封闭与开放：走向学科研究与跨学科研究的统一》，《高等教育研究》2010 年第 5 期。

　　［313］王正青、徐辉：《论学术资本主义的生成逻辑与价值冲突》，《高等教育研究》2009 年第 8 期。

　　［314］魏巍、刘仲林：《国外跨学科评价理论新进展》，《科学学与科学技术管理》2011 年第 4 期。

　　［315］温正胞：《创业型大学：比较与启示（博士后工作报告)》，华东师范大学，2008 年。

　　［316］文少保：《美国大学"有组织的"跨学科研究创新的战略保障》，《中国高教研究》2011 年第 10 期。

　　［317］吴明隆：《问卷统计分析实务——Spss 操作与应用》，重庆大学出版社 2010 年版。

　　［318］吴伟、邹晓东等：《系统多样性理念下的大学排名与分类：实践与借鉴》，《中国高教研究》2012 年第 7 期。

　　［319］吴伟、邹晓东：《德国研究型大学向创业型大学转型的改革—基于慕尼黑工业大学的分析》，《教育发展研究》2010 年第 13—14 期。

　　［320］伍蓓、陈劲等：《学科会聚的起源、模式及影响因素分析》，《高等工程教育研究》2008 年第 2 期。

　　［321］西伯斯坦·格林、帕特里克·库珀等：《知识管理的领导风格与智慧》，《新远见》2012 年第 5 期。

　　［322］夏清华、宋慧：《基于内容分析法的国内外学者创业动机研究》，《管理学报》2011 年第 8 期。

　　［323］肖丁丁、朱桂龙：《产学合作中的知识生产效率——基于一模式 2—的实证研究》，《科学学研究》2012 年第 6 期。

　　［324］肖楠、杨连生：《学科及其"两态"互动的本质》，《中国高教

研究》2010 年第 7 期。

［325］谢志宇：《产学合作绩效影响因素研究》，硕士学位论文，浙江大学，2004 年。

［326］胥秋：《学科融合视角下的大学组织变革》，《高等教育研究》2010 年第 7 期。

［327］徐敏：《高校知识管理综合评价研究》，博士学位论文，哈尔滨工业大学，2010 年。

［328］徐小洲：《高校创业教育的战略选择：美国模式与欧盟模式》，《高等教育研究》2010 年第 6 期。

［329］徐小洲：《英国高校创业教育新政策述评》，《比较教育研究》2010 年第 7 期。

［330］徐小洲：《论世界一流学科建设的战略起点》，《高等教育研究》2007 年第 11 期。

［331］徐永吉：《一流大学如何培养创新创业人才》，《中国教育报》2014 年 2 月 12 日版。

［332］许彦妮：《适应动态复杂环境的组织二元性研究》，《中国人力资源开发》2012 年第 3 期。

［333］宣勇：《大学变革的逻辑》，人民出版社 2009 年版。

［334］宣勇、黄扬杰：《学科带头人的能力与学科组织成长——基于国家重点学科的问卷调查分析》，《高等工程教育研究》2007 年第 6 期。

［335］宣勇：《激活学术心脏地带——创业型大学学术系统的运行与管理》，高等教育出版社 2013 年版。

［336］宣勇：《论创业型大学的价值取向》，《教育研究》2012 年第 4 期。

［337］颜士梅：《并购式内创业维度及其特征的实证分析》，《科学学研究》2007 年第 3 期。

［338］杨连生：《跨学科研究组织发展的现实困境与突破路径》，《中国高等教育》2011 年第 7 期。

［339］杨连生：《大学学术团队创新能力提升的 Swot 分析及其策略选择》，《学位与研究生教育》2009 年第 5 期。

［340］杨林：《综合集成：地方高校实现科学发展的战略抉择》，《中国高等教育》2010 年第 12 期。

［341］杨如安：《知识管理视角下的大学学院制改革研究》，博士学位论文，西南大学，2007 年。

［342］杨素萍：《大学学科的演变：认识论的视角》，《中国高教研究》2009 年第 06 期。

［343］杨天平：《学科概念的沿演与指谓》，《大学教育科学》2004 年第 1 期。

［344］杨玉良：《关于学科和学科建设有关问题的认识》，《中国高等教育》2009 年第 19 期。

［345］叶飞帆：《敏捷高等教育初探——基于学科与专业的视角》，《高等教育研究》2011 年第 12 期。

［346］易高峰：《我国大学衍生企业发展的影响因素分析》，《清华大学教育研究》2010 年第 4 期。

［347］余新丽：《中国研究型大学创业能力研究——基于多元统计分析》，《复旦教育论坛》2011 年第 3 期。

［348］张金福：《政府管理"碎片化"对大学学科建设的影响及其治理》，《中国高教研究》2012 年第 7 期。

［349］张力：《产学研协同创新的战略意义和政策走向》，《教育研究》2011 年第 7 期。

［350］张玲玲：《高校科研团队创新能力提升研究》，博士学位论文，大连理工大学，2010 版。

［351］张平：《我国高校专利技术转化现状—问题及发展研究》，《中国高教研究》2011 年第 12 期。

［352］张伟：《大学跨学科研究系统建构及其对我国大学的启示》，《浙江大学学报（人文社会科学版）》2011 年第 6 期。

［353］张炜：《我国大学跨学科学术组织发展的演进特征与创新策略》，《浙江大学学报（人文社会科学版）》2011 年第 6 期。

［354］张秀萍：《基于三螺旋理论的创业型大学管理模式创新》，《大学教育科学》2010 年第 5 期。

［355］张应强：《我国院校研究的进展、问题与前景》，《高等教育研究》2011 年第 12 期。

［356］赵坤：《大学跨学科组织共同演进的治理因素研究》，《中国高教研究》2011 年第 10 期。

［357］赵中利：《高校学科资源整合与核心竞争力的提升》，《中国高教研究》2008 年第 10 期。

［358］郑南宁：《大学人才培养使命的再思考》，《中国高等教育》2009 年第 5 期。

［359］郑晓齐：《研究型大学基层学术组织改革与发展》，清华大学出版社 2009 版。

［360］钟秉林：《强化办学特色推进教育创新——组建北京师范大学教育学部的若干思考》，《中国高教研究》2009 年第 12 期。

［361］钟伟军：《以学科为核心的大学公共性重建》，《教育发展研究》2009 年第 1 期。

［362］朱崇实：《发挥区位与学科优势推进学校又好又快发展》，《中国高等教育》2008 年第 1 期。

［363］朱庆葆：《学科特色决定办学特色》，《中国高等教育》2011 年第 12 期。

［364］朱学红：《基于三重螺旋理论的高校产学研合作联盟模式研究——以中南大学为例》，《现代大学教育》2012 年第 4 期。

［365］邹晓东：《研究型大学学科组织创新研究》，博士学位论文，浙江大学，2003 年。

［366］邹晓东：《"学部制"改革初探——基于构建跨学科研究组织体系的思考》，《高等教育研究》2010 年第 2 期。

［367］邹晓东：《创业型大学—概念内涵—组织特征与实践路径》，《高等工程教育研究》2011 年第 3 期。

［368］左兵：《重点学科建设及对高校发展的影响》，《教育发展研究》2008 年第 3 期。

访谈提纲

① "您认为当前形势下学科建设该怎么建?"

② "请简要谈谈您参与（或管理）的学术创业（或产学合作）的经历和经验。"

③ "您认为应当如何评价学科组织学术创业绩效的问题?"

④ "您认为提升学科组织创业绩效关键有哪些问题?"

附录二

访谈对象

编号	访谈对象简要信息
F1	浙江大学教授
F2	浙江大学教授
F3	浙江大学教授
F4	浙江大学教授
F5	浙江大学教授
F6	浙江大学教授
F7	北京大学科研部、教授
F8	北京大学科研部、教授
F9	上海交通大学科学技术发展研究院、教授
F10	上海交通大学科学技术发展研究院、教授
F11	北京邮电大学科技园、教授
F12	北京邮电大学转移处、教授
F13	苏州大学科学与技术产业部、教授
F14	苏州大学"2011计划"办公室
F15	中南大学科学研究部
F16	中南大学国家重金属污染防治工程技术研究中心
F17	中南大学粉末冶金国家重点实验室
F18	中山大学科研院 副教授
F19	浙江农林大学某校领导
F20	浙江农林大学某校领导
F21	浙江农林大学某校领导
F22	浙江农林大学某校领导
F23	深圳科创委政策法规处
F24	华南理工大学科学技术处

续表

编号	访谈对象简要信息
F25	南京工业大学、副校长
F26	南京工业大学学科办
F27	浙江工业大学副校长
F28	浙江工业大学科学技术研究院、教授
F29	南京农业大学科研院
F30	南京农业大学副校长
F31	深圳大学科技部教授

注：访谈时，有时在同一单位会同时面对 5—7 个访谈对象，此处根据本书研究需要，整理出相对应的访谈资料共 31 份。

附录三

问 卷

大学学科组织的学术创业力——调查问卷

尊敬的专家/学者/学科带头人：

您好！

产学研合作、创业型大学是当今大学的重要发展趋势，为了进一步了解我国大学学科组织（中观层面）学术创业的现状，探寻大学学科组织的学术创业力构成要素及作用绩效机制，使一些学科组织更好地转型为知识创业型组织，特邀您参与调查，您宝贵的意见将是我们成功的关键！

烦请您于百忙中协助完成这份问卷，问卷匿名，所获得数据只用于科学统计分析，且严格保密，衷心感谢您的支持和协助！

敬祝您万事如意！

如果您对本问卷的相关专有名词不太了解，您可以参考以下说明：

1. 学科组织：由战略、结构、文化、人员、流程和物质技术所构成的大学的基本元素，是大学科研、教学和社会服务及学术创业的基本组织单元。因此本问卷关注的是学科在组织层面如何更好地设计。按照国家重点学科或省重点学科评估对应的名录，主要是指基于您所在二级学科或一级学科的组织。

2. 学术创业活动：学术创业是个宽泛的概念，不仅仅包括技术转移、衍生企业等，还包括大学系统内部的战略更新、转型和创新。而常见的学术创业活动主要有科技园、衍生企业、专利和许可、产业合同研究、产业培训课程、顾问咨询、产业筹资、联合出版和培养有创业能力的学生等。

3. 学术创业（举例）：您所在的学科组织和您的同行所在的组织均发表学术课题，但您的学科在发表课题时还注重尽可能将学术成果商业化或发挥较大的社会效益，并且反哺学术的进一步提升，注重学术和创业的平衡，即是学术创业。并不是所有的学科、老师都要创业，而是强调利用创业促进学术，且学术要更能创造价值。

4. 学术创业力：指一系列内部要素和外部要素的组合，从而促进传统的大学学科组织向知识创业型组织转型，最终使学科学术创业绩效提升的组织能力。

浙江大学科教发展战略研究中心

一 基本情况

1. 您所在的学校以及学科组织的名称是＿＿＿＿＿＿＿＿＿＿＿＿＿

2. 您所在的学科成员规模有多少人？＿＿＿＿＿＿＿＿＿＿＿＿

3. 您所在的学科组织成员中副高以上人数有多少人？＿＿＿＿＿＿＿

4. 近3年来您所在学科组织的学术创业活动主要是

（1）科技园　　　　　　　　（2）衍生企业

（3）专利和许可　　　　　　（4）产业合同研究

（5）产业培训课程　　　　　（6）顾问咨询

（7）筹资　　　　　　　　　（8）产业合作学术出版

（9）培养具有创新创业能力的学生

（10）其他（请注明）

5. 您参与学术创业的动机是（可多选）：

（1）学术兴趣（谜题）　　　（2）物质奖励

（3）声誉　　　　　　　　　（4）其他

6. 您所在的学校是（可多选）：

（1）985　　　　　　　　　（2）211

（3）985工程优势学科创新平台　（4）其他

7. 您的职称：

（1）正高级　　　　　　　　（2）副高级

（3）中级　　　　　　　　　（4）初级及以下

8. 您所在的学科组织经费较多地来源于？

（1）纵向　　　　　　　　　（2）横向

9. 您所在的学科组织级别是（选最高级）

（1）国家重点学科　　　　　（2）国家重点培育

（3）省重点学科　　　　　　（4）校重点及其他

10. 您所在的学科组织类型是

（1）传统学科　　　　　　　（2）新兴学科

（3）交叉学科

11. 您所在的学科门类是

（1）人文社科（哲学、经济学、法学、教育学、文学、历史学）

（2）理学　　　　　　　　　（3）工学

（4）农学　　　　　　　　　（5）医学

（6）管理学　　　　　　　　（7）艺术学

12. 您所在学科组织处在组织生命周期的哪个阶段

（1）孕育期　　　　　　　　（2）成长期

（3）成熟期　　　　　　　　（4）衰退期

二　学科组织学术创业力构面量表

请您结合您自身及所在的学科组织实际情况，给下列指标打分（每个指标为 7 分制：1 = 极不符合；2 = 不符合；3 = 较不符合；4 = 一般；5 = 较符合；6 = 符合；7 = 极符合）

编号	具体内容	极不符合	不符合	较不符合	一般	较符合	符合	极符合
1	学科带头人学术研究能力强	1	2	3	4	5	6	7
2	学科带头人组织协调能力强	1	2	3	4	5	6	7
3	学科带头人有广泛的社会网络	1	2	3	4	5	6	7
4	合理的学科成员梯队结构	1	2	3	4	5	6	7
5	学科内部成员间能良好的团结协作	1	2	3	4	5	6	7
6	学科有良好的创新平台（实验室、研究中心）	1	2	3	4	5	6	7
7	学科组织有良好的社会声誉（信用支持）	1	2	3	4	5	6	7
8	学科的研究能快速回应产业界的新发现	1	2	3	4	5	6	7
9	学科善于在产业链中捕捉主流研究方向	1	2	3	4	5	6	7
10	面对不确定情况学科更倾向采取大胆积极的态度	1	2	3	4	5	6	7
11	学科成员有一定时间自主与产业合作交流	1	2	3	4	5	6	7
12	学科成员内部知识共享、学习型文化好	1	2	3	4	5	6	7
13	学科组织邻近能提供较多的需求的产业	1	2	3	4	5	6	7

编号	具体内容	极不符合	不符合	较不符合	一般	较符合	符合	极符合
14	能把技术和市场的知识整合到学科专业相关课程中	1	2	3	4	5	6	7
15	本学科的学生培养能受到产业界的帮助	1	2	3	4	5	6	7
16	学科的科研能把外部资源整合到组织内部	1	2	3	4	5	6	7
17	学科领导对本学科创业很重视	1	2	3	4	5	6	7
18	政府鼓励本学科创业并制定了相应的政策	1	2	3	4	5	6	7
19	学校鼓励本学科创业并制定了相应的政策	1	2	3	4	5	6	7
20	学科成员创业能获得商业管理技巧的帮助	1	2	3	4	5	6	7
21	学科的创业活动能有科技转化平台的帮助	1	2	3	4	5	6	7
22	学科能获得学校专职服务学术创业的行政机构或办公室的帮助	1	2	3	4	5	6	7
23	学科带头人有一定的创业经验	1	2	3	4	5	6	7
24	学科成员有创业意愿	1	2	3	4	5	6	7
25	学科带头人有一定的自主权（人权、财权）	1	2	3	4	5	6	7
26	学科注重围绕现实问题的进行学术创业	1	2	3	4	5	6	7
27	学科允许打破正规程序保持一定灵活性	1	2	3	4	5	6	7
28	学科有鼓励创业的激励政策（如人事、评价）	1	2	3	4	5	6	7
29	学科组织能获得良好的跨学科网络活动支撑	1	2	3	4	5	6	7

三 学科组织学术创业绩效（即组织绩效）量表

以下是与主要的同行对手相比，近三年，对您所在学科组织的"学术创业绩效"的判断，请您结合自身及所在的学科组织实际情况，给下列各个指标打分。（每个指标为7分制：1＝极不符合；2＝不符合；3＝较不符合；4＝一般；5＝较符合；6＝符合；7＝极符合）

编号	具体内容	极不符合	不符合	较不符合	一般	较符合	符合	极符合
1	学科成员和产业界对学科组织均较满意	1	2	3	4	5	6	7
2	学科组织结合创业活动发表了较多高水平课题	1	2	3	4	5	6	7
3	学科组织培养的学生的创业能力较强	1	2	3	4	5	6	7
4	学科组织有较多高质量专利（自然科学技术）/咨询、版税收入（人文社科）	1	2	3	4	5	6	7
5	学科组织获得了较多省部级以上奖励	1	2	3	4	5	6	7
6	学科组织的科研成果总是能实现成果转化	1	2	3	4	5	6	7
7	科研到款中横向项目所占比重很高	1	2	3	4	5	6	7
8	学科组织科研成果转化活动为学科积累了学术声誉	1	2	3	4	5	6	7

四　您对本研究的建议

1. 您的宝贵建议

_____

2. 若您对本研究结果有兴趣，请留下您的 E-mail

_____

3. 您的头衔：

（1）院士　　　　　　　　　（2）973 首席

（3）中组部"千人计划"　　　（4）长江学者

（5）国家杰青科学基金得主　（6）教育部新世纪优秀人才

（7）其他_____

问卷到此结束，再次衷心感谢您的支持和配合！

后　记

　　本书是笔者在浙江大学教育经济与管理专业的博士论文基础上修改而成的。由衷感谢浙江省哲学社会科学规划后期资助以及中国社会科学出版社的帮助。

　　一路走来，有过欢笑，更有过泪水，没有你们的支持和鼓励，我无法走到现在。正如习近平主席在五四讲话中提到，每一代青年都有自己的际遇和机缘。我清晰明白地走到今天，不是因为我有多努力、多聪明或者多能干，而是因为我幸运地生活在这个国家最美好的时代，并有机缘遇到了我生命中的贵人。

　　感谢我的恩师邹晓东教授。清晰地记得入学后不久，在恩师的办公室接受训话："博士学位并不是你的终极目标，而只是你学术生涯的加油站，你应该充分珍惜把握这几年的学习机会，好好锻炼自己。"此后每个周末我都会风雨无阻来到杭州参加学术例会，从不缺席。本书的选题亦是几经修改，每当我拿着幼稚的想法向老师汇报或发邮件的时候，老师总是宽容、耐心地给我指导和建议，并最终帮我确定了题目和框架，文章的每个环节更是离不开老师智慧的启迪。每当我在月末惶恐地向老师交（学术）租，汇报学习情况的时候，时而清晨时而子夜，老师总会严谨地要求我还要看更多的文献，作更深入的探索。每当信心满满地整理好一篇小论文初稿打算发表的时候，老师总会细心反复地修改，并提出了新的更好的选题和知识点。老师的言传身教、严谨治学，为我树立了终生学习的榜样。无论任何言语都无法表达我对恩师崇高敬意和深深谢意！

　　感谢我的恩师宣勇教授。宣老师是教育部哲学社会科学研究重大课题首席专家，亦有幸让我参与其该课题研究，受益匪浅。同时他是我2005—2008年在浙江工业大学硕士学习时，在教育经济管理领域的启蒙恩师，并让我参与其获奖著作《大学变革的逻辑》的写作，而且无论学习、科研、生活、工作上他都给我无微不至的关怀。在我感到迷茫、困难的时候，宣老师也总会给我不断的鼓励和支持。在本书的选题、撰写上宣老师亦给予了精心的指导和建议，更为我提供了创业型大学实践的大平台，这也对我完成博士论文部分的问卷和访谈调查提供了便利。也感谢宣老师带领下的浙江工业大学现代大学制度研究中心的凌健、张鹏、张凤娟等老师，浙江农林大学战略处侯平处长等团队给我的著作提了许多宝贵的建议。

感谢我国工程教育研究的知名专家浙大科教发展战略研究中心的王沛民教授。我在浙江大学发表的第一篇论文就是王老师给的选题和素材，极大地增强了我学习的动力和信心。在本书的选题和资料收集上，王老师亦给予了悉心的指导和建议。清晰地记得博士生涯的第一年的每个周日晚上，年迈的王老师仍不辞辛劳主持的学术例会，更帮助我养成了阅读高质量外文期刊的习惯，每次例会结束后虽感到疲惫但收获极丰，我由衷地为王老师渊博学识、严谨敬业而折服。也感谢浙大科教发展战略研究中心的各位老师、感谢各位兄弟姐妹：姚威、陈蝉、陈艾华、宋扬、王锋雷、范惠明、陈汉聪、石变梅、高树昱、张丽娜、张子法、陈勇、吴婧姗、王任达、李肖婧、李晨等，感谢有幸与你们一起度过了难忘的博士岁月。尤其感谢导师国家自然科学基金课题组团队的吴伟、王凯、翁默斯、韩旭、徐旭英等同门，与你们一起走南闯北、激荡思想才能顺利完成本书的写作。

感谢多位院士、匿名的长江学者、国家千人等高层次学者及各位老师给予我问卷调查的帮助。是你们的慷慨相助，使得我有让本书能继续做下去的动力，并顺利完成。或许对你们来说这只是举手之劳，无法想象我当时收到一份份来自你们百忙中回复的问卷时是多么的兴奋和喜悦，中国有你们而更加美丽强大。

感谢中国社会科学出版社赵丽、张依婧等对本书付出的巨大努力，感谢温州医科大学相关校领导、创业发展研究院黄兆信院长、王志强、俞林伟、黄蕾蕾、李雨蕙等各位同仁的支持和帮助。

2015 年 9 月
于求是园